重新发现中国　主编｜贺雪峰 沈山

治城

中国城市及社区治理探微

王德福　著

Managing A City

Exploring the Governance of Chinese Urban Communities

GUANGXI NORMAL UNIVERSITY PRESS

广西师范大学出版社

·桂林·

ZHI CHENG: ZHONGGUO CHENGSHI JI SHEQU ZHILI TANWEI

图书在版编目（CIP）数据

治城：中国城市及社区治理探微 / 王德福著. —桂林：广西
师范大学出版社，2021.1
（重新发现中国 / 贺雪峰，沈山主编）
ISBN 978-7-5598-3280-1

Ⅰ．①治… Ⅱ．①王… Ⅲ．①城市－社区管理－研究－中国
Ⅳ．①D669.3

中国版本图书馆 CIP 数据核字（2020）第 192443 号

广西师范大学出版社出版发行

（广西桂林市五里店路 9 号　邮政编码：541004）

网址：http://www.bbtpress.com
出版人：黄轩庄
全国新华书店经销
深圳市精彩印联合印务有限公司印刷
（深圳市光明新区白花洞第一工业区精雅科技园　邮政编码：518108）
开本：889 mm × 1 240 mm　1/32
印张：10.125　　　字数：200 千字
2021 年 1 月第 1 版　　2021 年 1 月第 1 次印刷
定价：49.00 元

目　录

所谓"城市"

——换个视角看中国城市治理空间的深刻重组

如果用一个词来概括城市的特点，我想用"集聚"。

城市是一个各种要素高度集聚的空间。或许，城市里面才有所谓"小众"的说法。哪怕你有再特殊的趣味和癖好，也总能在城市里——尤其是大城市——找到同类。你们可能并没有出生在同一座城市，却因机缘巧合会聚到了一座城市。乡村社会里就难有"小众"的空间，在那里，小众往往意味着极端、孤独、边缘，意味着社会性死亡。

城市化是农村人财物向城市汇聚的过程，而全球化和市场经济，则意味着要素配置向沿海、向大都市的集聚。要素密集，则要素交流的密度同样密集，由此引发的事件也是高度密集的，所以城市显得很热闹。

城市：集聚效应

我无意也没有能力去阐述"集聚"的具体含义，只想讨论它对我们理解城市基层治理的意义。

我第一次做城市社区调研，是去南京，便受到了"集聚"的冲击。那次，我跟几位学友去一个高档商品房小区访谈，这个小区以居民自组织发达而闻名，获得无数荣誉，也经常接待来自全国各地的学习考察团。我们调研一番发现，小区居民自组织能力确实很强，单是各种文体活动类组织就有四五十个之多，非常符合如今各地政府对社区治理创新的要求，难怪名声在外。可是，稍作了解就发现，其组织能力强几乎是不可复制的。因为这个小区汇聚了太多的社会精英，有政界高官、商界精英，还有著名律师、高校教授，等等。作为一个国际小区，来自全世界20多个国家的居民就有200多人。于是，一些有钱有闲的人自发组织一些俱乐部活动，喜欢"玩"而且会"玩"的人多，参与的人也就多了，慢慢就成了气候。再加上政府有意扶持，"精英集聚"也就成了"组织集聚"。这让其他普通小区如何学得来？更有趣的是，这个小区的业主自治却长期陷于混乱，几届业委会都因派系斗争而难以正常运转，跟物业公司的矛盾也层出不穷。业委会副主任跟我们形容，他们还处在"战国时代"。看来，精英们利益博弈的能力，一点都不逊色于组织起来一块玩的能力。

后来，去的城市多了，类似情况就见得更多了。其实不只是精英集聚，各类人群在城市的特定空间都会形成相对密集的分布，他们的社会活动又具有同质性，集合起来便绘成了一幅非常有趣的城市治理图景。在这方面，老旧小区会有老年人和流动人口聚集的治理样态，高档小区会有社会精英聚集的治理样态，等等。集聚自然会形成集聚效应，"小众文化"便是集聚效应的一个小小样本。在老年人口聚集的老城区，小公园、小广场等公共空间的利用率会特别高，同样的建设投入，若是放在新城区，利用率往往就不如老城区。在这样的集聚空间里，无论是跳广场舞还是打太极拳，抑或是唱戏、打牌，老人们总能够形成自己的趣缘群体，并不需要政府大费力气去组织。只是，这样的自组织往往是超越社区边界的，不像南京那个高档小区般有利于政府包装宣传。

集聚会使正效应放大，同样会使负效应扩大化。比如，政府建设一个垃圾中转站，若是放在乡村社会，因其集聚性较差，负效应会局限在较小的范围内；城市就不同了，它的集聚性甚至可能将负效应放大到远超出其实际波及的范围。这就是集聚效应所具有的放大功能，它很容易导致小事扩大化。再比如，村庄中因一点消防隐患发生意外，影响不过几户，要是在散居村落，可能都影响不到别人；但在城市里就不同了，人财物高度聚集，星星之火很容易燎原。又比如，社区里的精神病患者，特别是有攻击倾向的病患，若是没有控制好，一旦跑到人员聚集区发病，后果不堪设想。集聚效应内在的放大功能，使小概率事件的风险性变得无比巨大，而城市往往又是各种类型的人员集会比较多的空间，也因此，最近这些年政府在小概率事件上防控力度越来越大。再小的事情，如果不能得到及时有效的治理，放在城市这样一个要素集聚的空间里，都有可能变成大事。

这便是集聚对于我们理解城市治理的一个很重要的意义。当然，这并非全部。

3

"每天不一样"

我所在的城市有个响亮的口号："武汉，每天不一样！"这口号实在不该被武汉独享，而完全可以作为整个中国城市的生动写照。"每天不一样"，代表的是变化，是发展，而且还要加之以一个修饰词——"快速"。如果说"集聚"是所有大城市的共性，那么快速的发展和变化，则无疑是中国这样一个发展中大国特有的城市景象。

城市快速发展的第一个治理意义，是城市治理空间的重组。住建部发布的《2016年城乡建设统计公报》（见表1）显示，仅仅在2011年到2016年的五年时间里，我国城市建成区面积就从4.36万平方公里猛增到5.43万平方公里，城区人口也从4.1亿增加到4.8亿。国家统计局的一份数据显示，到2016年末，我国地级以上城市中，市辖区户籍人口100万—300万人口规模的城市数量增长迅速，达到121个，比2012年增加15个；300万—500万人口规模的城市13个，增加4个；500万以上人口的城市达13个，增加1个。城市规模的迅速扩张背后，是我国正在快速推进的城市化进程。到2016年末，我国常住人口城镇化率已经达到57.4%，城市户籍人口年平均增长率3.5%，更是远高于同期全国约5‰的人口自然增长率。

表1. 2011—2016年城市建成区面积和城区人口

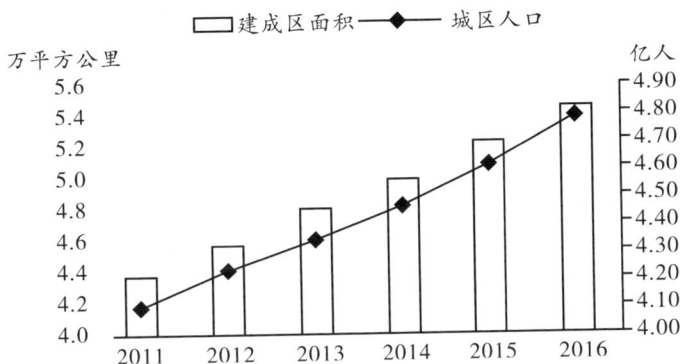

——引自住建部《2016年城乡建设统计公报》

　　在城市化快速推进的同时，城市更新也在同步推进。城市化更多表现为城市空间的外延式扩展，是增量，而城市更新则意味城市既有空间的内部重构，是存量调整。城市更新主要是对城市空间中分布的旧城区、城中村、老工业区等空间的再开发，它带来的不光是空间形态的重构，更是社会结构的重组。由于上述地区往往区位优势明显，更新改造后，居住成本、生活成本也更高，从而带来新的业态格局：一些原住民或被集中安置到远城区，或通过货币安置分散到城市不同空间，城中村聚集的流动人口也随之外迁，高收入群体成为新社会结构的主力。我曾经调研过的南京市秦淮区某街道，仅"十二五"期间的5年里，通过旧城改造，拆迁总面积约15万平方米，动迁近3000户、9000人。北京实施的非首都功能区疏解，本质上也是对城市空间的重组。这样的重组对城市治理带来的深刻改变是

序　言

不容忽视的。

表2. 2009—2016年乡镇、街道变化情况

乡、镇、街道（个）	年份							
	2009年	2010年	2011年	2012年	2013年	2014年	2015年	2016年
乡	14848	14571	13587	13281	12812	12282	11315	10872
镇	19322	19410	19683	19881	20117	20401	20515	20883
街道	6686	6923	7194	7282	7566	7896	7957	8105

表3. 2009—2016年自治组织变化情况

自治组织（万个）	年份							
	2009年	2010年	2011年	2012年	2013年	2014年	2015年	2016年
居委会	8.5	8.7	8.9	9.1	9.5	9.7	10	10.3
村委会	59.9	59.5	59	58.8	58.9	58.5	58.1	55.9

——摘自民政部《2016年社会服务发展统计公报》

　　城市治理空间重组的一个表征，便是作为城市基本治理单元的街道办事处和社区数量的变化。街道办事处和社区居委会，代表着不同于乡镇和村委会的城市治理方式，从它们的数量变化，能够看出我国城市治理单元的变化情况。根据民政部《2016年社会服务发展统计公报》（见表2、表3）的数据显示，截至2016年年底，我国共有街道办事处8105个，比2009年增加了1419个，而居委会则有10.3万个，居民小组142.0万个，居委会成员54.0万人，居委会数量比2009年增加了近2万个。我调研的黄冈市黄州区赤壁街道，总共有26个社区，其中12

治　城

个是近年来新成立的。城市治理空间重组当然不仅仅是治理单元的变化，城市治理的变化也不仅仅是治理空间的重组，但这确实是一个非常基础的因素，它从一个侧面反映了我国城市治理，特别是基层治理，仍然同城市本身一样，处于快速发展变化中。

城市快速发展的第二个治理上的意义是，一个阶段有一个阶段的治理议题。有些情况这个阶段会集中出现，并成为治理焦点，但过一个阶段，可能就不再是焦点，甚至议题本身都不复存在。我这两年做城市调研时明显发现，我国城市正在进入物业纠纷的爆发式增长期，其中，围绕物业更替引发的群体性冲突事件，近几年更是屡屡见诸报端。这是一个新的重大治理议题。为什么现在会进入物业纠纷高发期呢？这就与我国城市房地产市场大发展的周期有关。简单地说，我国从1990年代末启动住房制度改革，房地产市场则从2003年前后开始进入高速发展期，一大批封闭式的商品房小区雨后春笋般兴起，迄今已有15年；经过这么长时间，建筑自然折旧和使用耗损，现在正好进入了居住质量下降、小区维修高峰的时期。这是一个客观规律。当很多学者还在聚焦所谓业主维权运动时，他们似乎没有意识到这样一个静悄悄的变化。这对基层治理带来的挑战是巨大的，尤其考虑到我国的业主自治发展还很不成熟，更会放大这种挑战。另外，我还明显注意到，从北京举办奥运会开始，上海、广州、深圳、杭州、南京等发达大城市申办和举行大型节事活动越来越多，这是城市发展到一定阶段的必然现象，这些重大事件对城市治理的影响也是非常巨大的。诸如此类的阶段性治理议题还有很多，这些都是我们在理解当下的中国城市基层治理时不应忽视的重要变量。

从直辖市到县级市

城市间的差异，也是我们认识基层治理时不可忽视的重要变量。刻画城市差异的指标可以有很多，可能对治理发生实质影响的因素也会有很多，这里，我想着重讨论的有两个，一是城市政治地位，二是城市区划格局。当然，这两个问题都很复杂，这里的讨论主要来自我的一些主观的调研感受，也只是简单地探讨其对城市基层治理的影响。

所谓城市政治地位，一个最直观的衡量指标就是城市等级。在我国的行政等级序列中，有直辖市、副省级市、地级市、县级市的划分，湖北省还划分有副地级市；此外，还有首都、省会、首府、普通城市等的区分；就立法权意义来看，以前还有"较大的市"这个序列。

城市等级的影响不容小觑。我们知道，行政等级往往意味着行政权力，而权力又很大程度上决定着重要资源的配置，它既可以影响城市发展，也影响城市的治理能力。同样是一个街道办事处，在北京市属于处级单位，在武汉市则是副处级单位，而在普通城市却只是个科级单位。行政级别的不同也就意味着城市在政府机构设置、职责核定、资源配置上的差异。

行政级别对立法权也有重要影响。直到2015年3月立法法修改之前，大多数地级市是没有地方立法权的。现在，设区的市则被赋予了在城乡建设与管理、环境保护和历史文化保护等三个方面的立法权，这三个方面都与城市管理紧密相关，也说明，各地级以上城市在城市管理方面获得了更大的自主权。在物业管理的地方立法上，拥有经济特区地位的深圳，早在1994年就颁布了第一部《深圳经济特区住宅区物业管理条例》；而作为一直没有地方立法权的黄冈市，直到2013年才颁布了一部仅属于规章性质的《黄冈市物业管理实施细则》；获得立法权后，黄冈市于2016年颁布了第一部《黄冈市区住宅专项维修资金管理办法》，总算有了一部结合黄冈实际的地方性法规。从事物业管理和业主自治实践及研究的人都知道这两部法规的重要意义，更知道实践中情况千差万别——黄冈市连一家一级资质的物业管理企业都没有，如果缺乏一部符合本地实际的物业管理条例，一些不符合省级条例要求标准的问题可能就会引发争议。

我对区划格局在基层治理中的影响的感知，也来自黄冈。黄冈市是一个单区市，下面只有一个黄州区，长期实行"市区一体"。我去调研时，黄冈正值"全城创卫"的攻坚期，其"创卫"的运动式治理模式鲜明地体现了单区市的特点：黄冈市所有市级部门全部挂点社区，区级相应部门配合，在社区组建指挥部，市级领导担任指挥长，直接下沉到社区一级组织创卫工作。所有的人员和资源配置，都是直接从市级一竿子插到底。这在多区市是不可想象的。区划格局对市区两级权力配置影响巨大。再以黄冈为例，黄州区甚至没有区级城管部门，市城管执法局直管市区城市管理工作。而在大多数多区市，城管执法力量早已经下沉到街道一级，佛山市甚至组建了街道一级的城管分局。无独有偶，绍兴也长期维持单一城区的格局，2013年才将绍兴县和上虞市改设为区，形成今天三个区的格局。于是问题来了：绍兴市2015年获评全国文明城市时，是以越城区为主体创建成功的，当时的绍兴县和上虞市并未参与创建；但是，全国文明城市复查时，没有创建基础的柯桥区和上虞区则要被纳入进来。

城市基层治理研究，当然不只是在城市研究基层治理，"城市"更应该是对基层治理产生实质影响的因素。我这里讨论的几点，还只是一些粗浅的感性认识，只为引出一些治理的话题。更加细致和深入的讨论，还要放在对具体治理议题的分析中展开。

一

发现城市

集合式居住

居住的革命

如果要评选新世纪以来对中国人生活影响最重要的事件，住房改革肯定是绕不过去的。1998年，我国实行了近40年的住房实物分配制度宣告终结。2003年，国家提出让多数家庭购买或承租普通商品住房，将大多数家庭的住房问题推向了市场。房地产业由此进入高速发展期，城市居民居住条件迅速改善。2000年，我国城市居民人均住宅建筑面积为20.3平方米，到2016年，这一数字变为36.6平方米。居住面积扩大并非居住条件改善的全部，却无疑是影响居住舒适度的基础因素，它意味着人们可以实现更加丰富自由的居住模式。

居住模式的改变则是全方位的。

从家庭层面看，居住面积扩大意味着室内功能空间更加完善，多居室使得家庭成员更加私密的居住需求能够被满足，更多的家庭可以实现老年人与成年子女的居住分离，彻底改变了居住紧张时期几世同堂的困窘，但也同时造成了代际疏离和对老年人的照料缺失。

从社会层面看，福利分房时代，相同的住宅来源途径，促成了大量单位小区的形成，而获取住房的依附性又将人们的迁移能力降到最低，小区很容易形成熟人社会。住房市场化给予了人们购房自主权，家庭购买力几乎成为决定小区居住群体的唯一因素，在此基础上形成的居住小区彻底成为陌生人社会，职业、地域、年龄等身份属性则高度异质化了。即使在老旧小区，随着住房交易和社会流动，居民的熟悉程度也大大下降。成套住宅的功能完备性，空前增加了家庭生活的私密性，以前共用厨卫带来的频繁互动，包括争吵与纠纷都消失了；同时，因共用小区电梯、绿地等共有设施和公共空间而引发的矛盾纠纷则不断增多。以前，无论是住单位公房还是政府公房，房屋和公用设施维修，以及居住区保洁、保安等管理问题，都有相应管理部门负责；现在居民则必须缴纳物业费，聘用专业的物业公司来对小区共有设施进行维修管护，对小区公共空间进行保养和管理，还要缴纳住房维修资金，来应对共有设施的大型维修和更新，等等。这个过程中要处理的互动关系和事件，其复杂性和难度远超从前。单位建设居住区时，会优先考虑通勤问题；而现在，职住分离已成常态，越是大城市，这个问题越严重。不仅职住分离，城市功能分区还带来了人们休闲购物、健身娱乐等社会活动与居住空间的分离，住宅小区几乎只剩下纯粹的居住功能，甚至，在一些住宅小区集中又远离中心城区的地方，还形成了"睡城"。这进一步弱化了人们在小区内的社会性需求，但同时也增强了人们对小区满足其生活化需求的期待。我们完全可以毫不夸张地将这种改变，称为"居住的革命"。

许多研究者更关心居住模式变化背后的深层变革，以及由其带来的政治社会转型，其中最受关注的，无疑是产权性质变化及其影响。的确，从公房向私房的变化，意味着人们获得了房屋这一重要生活资料的完整支配权。俗话说"有恒产者有恒心"，房屋从公有财产变成私有财产，城市居民从单位福利分配体系的依附者，变身为独立的财产所有者，这个转变不可谓不深刻。从社会层面看，产权性质的变化必然带来人们对产权权益的主张，权利意识由此产生，维权行为理所应当。于是，这些年来，针对开发商和物业公司的维权运动、针对政府公共建设的邻避运动等城市社会运动层出不穷，城市居民自主选举业主委员会实行业主自治也日益普遍。许多人从中解读出了他们所期待的学术意涵，认为这意味着中国人公民意识的集体觉醒，市民社会正在形成。对于这些人来说，居民委员会这个自治组织已成为不可挽救的"怪胎"，其越改越严重的行政化顽疾早已让人对通过其实现基层民主的路径丧失了耐心和信心，他们把兴趣和热情毫不吝啬地投向了新生的业主自治运动，业主委员会便肩负起开辟中国基层民主新局面的历史性重任。这里面的逻辑被学者精辟地归结为：行动锻造公民，抗争生产社会，维权改变中国，即"居住的政治"。[1]

作为学者，当然有理由，也有义务对"居住的革命"这一社会现象进行学术解释和学术想象，只要其解释和想象不要走

1　参见郭于华、沈原、陈鹏主编：《居住的政治：当代都市的业主维权和社区建设》，广西师范大学出版社 2014 年。

得太远，以至于社会实践本身反倒成为拖累。我所在的学术研究团队长期从事农村研究，我本人也做了多年的农村调研，虽未曾亲历村民自治诞生期学术界的研究热潮，却也从师长口中和文献阅读里略有感触。不得不说，如今的一些研究，让人颇有时空错置、似曾相识之感。在做了城市调研，了解到事情的一些复杂性后，就更觉其对"居住的革命"误解之深。这些学者或许对从西方社会引进的相关理论有太深的执念，便在"私有产权""社会运动""市民社会"这几个概念之间做了简单的线性关联，却忽视了其背后复杂的社会环境。我想要指出的是，居住的革命终究是在中国的制度与社会环境中发生的，它孕育出的是中国式的居住模式。住房私有权这个共性因素，完全不能抵消中西方城市社会更为深刻的差异。

中国式居住：集合住宅

关于"中国式居住"的关键词中，至少有两个比较重要："集合住宅"与"高密度居住"。集合住宅是住房私有权，或者更准确地说，是建筑物区分所有权所存在的物化空间，它在客观上给定了人们实现其产权权益的空间关系。高密度居住则是产权人，或者扩大到全体居民，依据产权关系所形成的社会空间，它是人们实现其产权权益必须要关切到的，包括但不限于相邻关系在内的社会关系。

"集合住宅"是来自日本的术语，不同国家叫法不一，指的是多户住宅构成的一种建筑形式。《中国大百科全书》中对

"多户住宅"的定义是："在一幢建筑内，有多个居住单元，供多户居住的住宅，多户住宅内住户一般使用公共走廊和楼梯、电梯。"集合住宅由来已久，更随着现代城市的发展而普遍化。

西方著名建筑大师勒·柯布西耶设计的"马赛公寓"被公认为现代集合住宅的里程碑作品。这栋公寓大楼共有18层，有23种不同的居住单元，共337户，可供1500—1700名居民居住。除了住宅外，这栋大楼的7—8层是商店和洗衣房等公用设施，第17层有幼儿园和托儿所，楼顶则是屋顶花园和健身场所等。怎么样，是不是感觉很熟悉？没错，这正是当下我国城市最普遍的住宅楼结构，只是其中的公用设施全部被转移到住宅之外，与其共同构成了功能完善的居住小区。尽管集合住宅源自西方城市，但它现在却并非西方城市居民主流的居住形式。开发商们建设集合住宅的初衷，是为了解决工业化带来的工人住房困难问题，而在二战以后，集合住宅所具有的土地利用率高和居住容纳率高等优点，使其成为政府重建城市和更新城市的首选建筑形式。但是，集合住宅也存在天然的缺陷，居住拥挤必然影响舒适度。于是，越来越多的中产阶级搬离这些位于中心城区的集合住宅，到郊区购买属于自己的独立住宅。

汽车工业的发展进一步助推了这种居住行为，世界城市化史上著名的"城市郊区化"（或者叫"逆城市化"）由此产生。在美国，拥有一套郊区独立住宅也成为中产阶级"美国梦"的重要内容。与此同时，位于中心城区的集合住宅，则成为政府保障性住房的主要供给方式，大量城市低收入阶层，包括少数族裔、外来移民、边缘群体等人群，便汇集到这些被高收入阶层和中产阶级抛弃的高层集合住宅中。这里问题丛生，矛盾多发，更是战后美国等西方国家城市运动的主要策源地，造成了发达国家城市中心区的"社会塌陷"。1970年代末开始，西方国家开始推进以振兴中心城区为主的新一轮城市更新，加上大城市日益严重的交通拥堵放大了职住分离的不适，部分高收入阶层开始重新搬入中心城区，出现了所谓"再城市化"现象。不过，并不能认为"再城市化"会改变西方发达国家城市的居住形态。实际上，能够购买中心城区集合住宅的几乎都是高收入阶层，而且这样的集合住宅与低收入阶层居住的集合住宅完全不能相提并论，因为前者都是位于黄金地段的豪宅，户型宽敞、设施一流，且居住密度很低。

可以用一组数据来呈现集合住宅在不同国家城市居住形式中的比重：2001年，美国住宅总计1.19亿套，其中独立式住宅占76.8%，美国人普遍认同的标准是，一套住宅中每个房间使用超过1人就算拥挤；2008年，日本3300万栋住房中，独立住宅占91.23%，三大都市圈中，关东大都市圈独立住宅占86.87%，中京大都市圈占91.49%，近畿大都市圈占90.84%。我国缺乏相应的统计，但无论从实践经验还是学界研究来看，集合住宅已成为我国城市最主要的居住形态。考虑到我国人多地少的基本国情，集合住宅更被认为是区别于西方的"中国式居住"的必然选择。进一步看，我国集合住宅不仅数量多，而且具有明显的高层化特点。一般来说，7层及以上住宅属于"高层住宅"，以此为标准，美国2001年7层及以上的住宅只占1.8%，日本7层及以上的住宅占9.02%，即使是首都东京，高层住宅比重也只有19.43%，15层以上的住宅更是只有2.52%。相比之下，我国城市的高层住宅则是住宅形式的主流。[1]

即使同为集合住宅，我国的居住形态也是独具特色。在欧美等发达国家，集合住宅主要作为出租公寓和政府公共住房存在，无论是哪种，居住者都是租户为主（租户也主要是刚就业的工薪阶层和低收入阶层），而其所有者要么是政府，要么是私人老板；我国除了部分政府公租房外，集合住宅几乎都是私人所有。产权属性的作用就在这里体现出来了：简单说，在住宅维修管理等事务中，所有者的责任是最大的，而接受所有者委托的管理主体（如物业公司），要在上述事务中频繁与所有者和使用者打交道。所有者数量多少对交易成本的影响是决定性的。即使面对使用者，管理主体也可以借助所有者的力量施加更有效的影响。还有一个重要区别在于，欧美国家的公寓式集合住宅往往并不附带有小区等公共环境，在物业管理上属于"大厦型物业"，即物业管理活动都发生在封闭的楼栋内；我国的居住小区就不同了，小区公共环境所衍生的管理事务与楼栋内的事务完全不同，不仅数量更多而且复杂程度更高。

居住在集合住宅组成的小区里，意味着要承受独立住宅所不存在的问题。这些问题可以大致分为三类，一是建筑形式衍

1　本节有关数据来源于以下文献，恕不一一注明。刘美霞：《中美住宅形式对比研究》，《中国建筑信息》2004 年第 6 期；金海燕、任宏：《中外城市住宅高度形态比较研究》，《城市问题》2012 年第 1 期；周建高：《论我国住宅集合化的弊端与破解路径》，《中国名城》2012 年第 7 期。

生的问题，二是集合居住产生的相邻关系问题，三是高密度居住衍生的问题。建筑形式衍生的问题主要有：集合住宅本身具有的居住舒适度缺陷；住宅毗邻存在安全问题的连带性，最典型的就是火灾，一户着火，很容易因建筑物相连而蔓延；高层建筑的高空抛物、高空坠落等问题，高空抛物既造成小区环境卫生问题，又存在造成伤亡事故的可能，有媒体做过调查显示，61.56%的人遭遇过高空抛物，15.88%的人被坠物砸到过。30克重的重物从4楼落下，能让人头顶起肿包；从8楼坠下，可致头皮破损；从18楼掉下，会砸碎行人的头骨；从25楼坠下则可致人当场死亡——而这个重量仅相当于半颗鸡蛋。[1]几年来由此引发的诉讼案件更是不胜枚举。集合居住产生的相邻关系问题主要有：房屋装修对建筑物安全的影响，以及因相邻居住产生的油烟、噪声和漏水等而导致的纠纷。集合住宅中存在大量的建筑物共有共用部分，即使正常使用都可能影响他人，更不要说一些过度声张个人权益而侵犯他人和公共利益的行为，比如饲养宠物。至于第三类问题，高密度居住几乎是集合住宅必然形成的居住样态，也是理解"中国式居住"的第二个关键词，需要单独论述。

1　丁波：《民生调查〈高空抛物，如何收得住手？〉②：高空抛物伤人该谁买单？ 多数受害者表示取证难自认倒霉》，http://zjnews.zjol.com.cn/system/2015/07/02/020722264. shtml，2015 年 7 月 2 日。最后访问日期：2019 年 6 月 3 日。

中国式居住：高密度居住

对我们这样一个人口大国来说，基于利用有限土地尽可能承载更多人口的考虑，高密度住区几乎是最优选择。从1949年后早期的低层（1—3层）、多层（4—6层）高密度职工新村、单位小区，到21世纪以来主流的高层、超高层高密度住区，无一不是高密度住区。与独立住宅组成的住区相比，集合住宅组成的住区在单位面积上承载的人口数量显然要多出许多。中心城区的高密度居住最为明显，不可替代的区位优势使其土地价值寸土寸金，加上中心城区大多通过旧城改造方式供地，单块开发土地面积往往并不大，这进一步推高了其新建住宅小区的居住密度，常常达到1500人/公顷，比如在广州越秀区，新建小区的容积率几乎都超过5.0，为数不少的超过8.0。[1]2014年的《成都市城市规划管理技术规定》中，主城区住宅容积率普遍在4.0甚至更高。我在深圳罗湖区调研时，更是深感当地住区人口密度之高。我们去过的一个名为"新天地名居"的小区，用地面积仅1万多平方米，建筑面积却达到10万多平方米，容积率高达9.0，这个小区由5栋31层的超高层塔楼连接组成，居住着1600多户，即四五千人口。

高密度居住带来的问题可以归结为"拥挤效应"。1962年，心理学家约翰·卡尔霍恩利用小白鼠做了著名的"拥挤实

1　胡晓青：《中国城市住区居住密度特征》，《住宅科技》2015年第6期。

验"，他发现一定空间内的小白鼠密度在达到正常密度的2.5倍以后，其行为活动出现明显异常，即"行为沦丧"：部分强壮的小鼠更为狂躁和具有攻击性，另一部分小鼠则出现"病理性退缩"。这种高密度带来的行为异常便是"拥挤效应"。现代大城市的拥挤已成为常态，无论是上下班高峰期的道路拥挤，还是休闲高峰期商场、广场、公园的人员拥挤，都让我们在享受现代化城市生活的便利的同时，不得不忍受与更多的人挤在一起。拥挤已成为"城市病"的代名词。而从居住区来看，拥挤意味着上下班时的电梯拥堵，意味着小区公用设施更高的使用强度，意味着频繁忍受他人行为负外部性带来的侵扰。拥挤对人们心理与行为的另一个重要影响是，它进一步强化了人们对居住和家庭生活私密性、舒适性的需求。从拥挤的城市道路和公交地铁上回到家里，人们渴望的是不受侵扰的身心放松：关上房门享受私密生活的自由与惬意、温馨与甜蜜，或者到小区花园、广场享受家人一同活动的亲密和放松。这种情况下，人们在小区内的社交需求会降到最低，陌生他者的介入往往会变成不礼貌的侵扰。在居住空间中度过的时间是那么有限而且宝贵，这就使得任何的侵扰都变得不可忍受，而人们对侵扰的反应也就很容易变得急躁和粗暴。一颗小石子都可能让平静的湖面掀起波澜，一点鸡毛蒜皮的小事都会引发巨大的争吵。冷漠与暴躁，不过是一枚硬币的正反两面。

群体的陌生化会放大这种拥挤效应。在一个熟人社会中，人际互动的预期长久且稳定，人们对社会支持的需要又会强化地缘关系的重要性，亲密交往的功能需要会一定程度上替代私密生活的需要。在一个陌生人组成的社会空间中，无论是交往预期还是社会支持需求都大为弱化，而人们对生活私密性和自由性的需要则会压倒对亲密的地缘交往的需要，亲密交往更多被安排在居住空间之外的城市公共空间中，通过血缘、业缘关系来实现。在一个拥挤的熟人社会中，人们基于长久的交往预期和对社会支持的需要，会对生活交集中的接触与摩擦，有更高的耐受度，个人行为也会更多考虑到机会成本问题，社会舆论、群体制裁才会成为可能。而在拥挤的陌生人社会中，这种耐受度会显著降低，机会主义行为的成本更低，人们往往更容易走极端，要么自由而且冷漠，关起门来过日子，要么暴躁容易冲动，蝇头小利都会变成意气之争，互不相让，鸡毛蒜皮的小事也很容易扩大化，非要分出个是非对错，事情变得难以收拾。

集体行动之困

此时再回头思考"居住的革命"的问题，应该可以认识到，中国城市的居住革命产生的，是一个集合式的高密度居住空间，而且是一个陌生化的社会空间。这样的居住空间既分布在城市中心区，也广泛存在于新城区，构成了我们城市社会的基础单元。西方发达国家的城市空间格局和社会单元具有更为明显和彻底的阶层分化特点，其主要发生在中心城区的，以边缘群体、特殊群体为主体的社会运动，天然带有反抗阶层分化、争取"被认可"的权利的基因。而以中产阶级为主体、低密度独立式居住为主要形态的社区，也与我们高密度集合式居住的社区完全不同。在我们的社区中，陌生人之间的拥挤效应所产生的人际交往问题，社区整合问题以及社区事务的数量、复杂程度等，都不是前者可以比拟的，在这样的基础上，无论是实现业主自治也好，还是居民自治也好，都面临先天的缺陷。抛开这个基础，就会犯将问题简单化的错误。

我以为，居住的革命在我们的城市基层治理语境中的最重要含义，是如何达成有效的集体行动，以实现真正的城市基层社会单元的善治。当下中国式居住所形成的这个高密度、陌生化的社会单元，从基层治理主体关系的角度看，即物业公司与大量分散的业主之间，大量分散的业主与业主委员会之间，居民委员会与大量分散的居民之间，地方政府和执法机构与大量分散的居民和治理对象之间，等等，无一不面临交易成本高的问题。要改变这种广泛存在的制约基层治理的"一对多"的结构性困境，关键在于使大量分散的业主能够有效组织起来，实现集体行动。组织起来，才有力量，才能更有效地化解身边的小事，才能更好地维护自身合法权益，才能更好地实现不同主体之间的协作共赢。而这一切，都建立在正确认识"中国式居住"社会意涵的基础上。

在上述意义上，中国式居住，以及由此形成的高密度陌生化社会单元，是我们认识和理解我国城市社区和社区治理的起点。

也说"社区"

何谓"社区"?

社会学者提到"社区",总是言必称滕尼斯。这位德国社会学家100多年前写了一本书,国内一般翻译为《共同体与社会》;后来,国内早期社会学家又将"共同体"译成"社区"。从那以后,"共同体"和"社区"就构成了一对既有差异又有共同内涵的学术概念。不过,即使从学术话语体系来看,也很难说"社区"有共识性的概念内涵。我在这里更无意再从滕尼斯那里开始,做一番学术谱系的梳理,摆出"社区"的若干种学术定义来。我更关心的是,实践中的"社区"到底意味着什么。

1980年代,民政部借用这个概念,先后提出"社区服务"和"社区建设","社区"开始"飞入寻常百姓家",成为社会用语。1998年国务院机构改革,民政部基层政权司被赋予一项新职能,机构名称也改为"基层政权与社区建设司"[1];随

后，轰轰烈烈的城市社区建设运动在全国展开，"社区"作为城市基层社会治理的基本单元正式确立，城市社会从此拥有了一个同乡村社会的"村庄"相对应的基层社会单元的名称。不过，"社区"同"村庄"仍有巨大差异。

在实践话语中，"村庄"有两层意涵。首先，它是一种被村民普遍认同的具有归属意义的物理空间。村庄是有社会边界的，具有标识人们社会身份的功能。在乡村社会生活的语境中，人们提到"张家村的人"，大致上是可以调动起相应的"默会知识"的："张家村"就是那个村里家家都有小汽车的村，"张家村的人"比较老实或者比较狡猾，诸如此类。其次，村庄往往又被村民作为"村民委员会"这个基层政权组织[1]的代称。"到村里找书记"、"到村里办事"，指的就是去村委会。因此，"村庄"作为基层治理单元，同村民认同的基本社会单元是重合的。在一些丘陵山区，自然村落同建制行政村并不重合，但在乡村社会长期频繁细密的社会互动与治理实践中，行政村的社会单元意义也逐步确立起来了，尽管在村民的认同谱系上，它远远比不上"生于斯死于斯"的自然村落。

在实践话语中，"社区"的意涵就单薄得多了。首先，虽然作为一个建制性的基层治理单元，社区的法定身份已然获得学界和政府的广泛接受与应用，但在城市居民中的认同度依然偏低。"社区"同样会被作为"社区居民委员会"（包括社区

1　严格来说，"村民委员会"和"居民委员会"并不属于一级政权组织，但又确实具有基层政权属性。

基层党组织）的简单代称，但大多数居民同社区基层组织和工作人员的接触并不多，不开证明不办事的话，基层组织在居民生活中几乎毫无存在感。村级组织和村干部就不同了，即使不办事，作为一种权威性身份，村干部仍然可以广泛参与到村庄社会互动中，并在重要公共活动（如红白喜事）中获得特殊礼遇。跟社区基层组织和工作人员互动最多的是老年人，特别是老年人当中那些喜欢参加活动、拥有某些兴趣特长的人。他们说起"到社区去"、"社区的人工作很辛苦"时，"社区"的意涵是非常清晰的，就是代指社区基层组织。正是在这个意义上，作为基层政权组织的社区居委会和党组织，要获得广大城市居民的认同，仍然任重道远。从"社区建设"到"和谐社区建设"，民政部已经掀起两轮全国性的社区建设运动。作为政府公共服务供给的一线平台和社会管理的末端，社区基层组织在居民生活中理所当然要频繁现身。可尽管如此，屈指算来近20年，大多数普通居民不知道居委会大门朝哪里开的状况仍然相当普遍。一些社区基层组织为了"刷存在感"（当然主要是为了丰富居民生活），大搞特搞各种活动，自己搞不赢还花钱请社会组织来帮忙搞。效果如何，其实大家心知肚明。用不着再花钱请专业评估机构来评估，只要随便到居民当中问问，就能知道大家对社区基层组织的知晓率究竟提高多少，这是衡量活动效果最简单的指标。这个话题先按下不表。

再来看"社区"的第二个意涵，即作为社会单元的"社区"，是否已经被社会接受了呢？答案显然是否定的。"社区"在标识城市居民身份上的作用几乎为零。我工作的单位是武汉大学，主校区比较大，分布着三个社区，其中一个原来叫作"珞珈社区"，现更名为"武大文理学部社区"。"武汉大学"和"珞珈社区"，哪个的社会标识作用更大是显而易见的。城市居民显然更愿意用某某小区或某某单位来指称自己生活与工作的方位，"小区"的地理标识作用无须赘言，其区位和房价所折射的社会地位属性同样更容易被理解和接受。"社区"能标识什么呢？什么都不能。"社区"该有多尴尬！

我们就是要在这样"尴尬"的基础上，开启我们对"社区治理"的认识之路。

放不下的"共同体"

尽管实践中的"社区"同学术话语中的"共同体"相去甚远，可它们毕竟存在割舍不断的亲缘关系。所以，不光是学者们对"社区"充满了共同体的期待，政府部门在借用"社区"概念时，也接受了其作为"共同体"的预设。《民政部关于在全国推进城市社区建设的意见》中的第一句话就是："社区是指聚居在一定地域范围内的人们所组成的社会生活共同体。"社区建设一直在追求的，就是将人们凝聚起来，增强社区认同，将原子化的陌生人整合为现代社会的共同体。

这些年，我去了不少城市的社区，发现各地社区建设花样百出，实质上都是一个逻辑，就是让人们走出家门，增加互动，相互熟悉，密切感情；其采取的形式基本上是搞各种活动。这个逻辑和这种形式并不让人意外，政府和基层工作人员也不可谓不用心努力，然而效果却只能说差强人意，距离"社会生活共同体"的目标，恐怕还"不知其几千里也"。

农村是在血缘基础上形成了地缘关系的整合，也就是费孝通先生所说的，地缘只是血缘的投影。除去血缘的基础，另一促成农村地缘关系的重要因素，就是农民对村庄社会支持网络的功能依赖。农民不可能完全依靠自己应付生产生活中的所有事务，他对社会支持网的需要，部分依靠血缘关系和姻缘关系，部分则需要村庄社会关系来满足。传统农业社会如此，工业社会里农民进城务工还是在强化这种功能依赖。如此一来，超越生活功能需要之上的，意义归属层面的需要也就衍生出来，村庄就此成为一个涵括功能与归属的总体社会。而城市与农村不一样，改革开放40年，彻底解放了个体，城市居民不光从单位体制的职业依附关系中解脱出来，而且也从住房分配体制下的生活依附关系中解脱了出来。原来的老小区，尽管还有大量老年人在生活，但也早已随着居住的杂化而失去往日的熟人社会性质。新建的商品房小区，则纯粹由毫无瓜葛的人偶然聚到一起。每个家庭都是独立的，甚至因为彼此不熟悉而是匿名的。中国城市的商品房小区都是高密度的集合式居住格局，小区规模动辄几千上万人，放在许多农村，都是一个小乡镇的体量。在这个人口体量上，社交密度得有多高，人们才能形成信息的互通，进而熟悉和亲密起来？

最关键的是，人们是否有足够的功能需要，也就是足够的动力走出家门，在小区里建立和扩大自己的社会支持网呢？不能说完全没有，毕竟人是社会性动物，社交需求是本能，但不能过高估计其动力。理由有三。

其一，城市生活的魅力之一就是陌生带来的自由。居住空间里彼此保持陌生，就可以让自己安全地享受个性化的生活方式。在陌生的居住空间里，每个人都可以卸下职场空间里那些"不得不"，释放自己的个性，不被他人打扰，不被目光打扰，不被舆论打扰。即使因为生活半径有限，而对小区社交有更高需求的老人来说，小区的社会交往也是要保持距离的，要能够自由进入和退出。相比之下，村庄太熟悉了，个性化是要被亲密的目光注视，被密集的话语议论的。亲密是要让渡相当程度的个人隐私和自由才能换来的。对中国人来说，不让渡部分隐私，就是没拿彼此当自己人。自己人不能见外，就有干涉别人的理直气壮。一个熟悉而亲密的小区，某种意义上背离了城市生活的属性。

其二，居住空间社交功能的简化，是通过城市其他空间的社交功能来补充的。公园、广场、绿道、购物中心等等，大量的公共空间给人们提供了社交和休闲的机会。公共空间的好处是人们可以自由选择社交对象和社交内容，只要不违背要求极低的社会规则，你可以一个人在人民广场吃炸鸡，也可以约三两好友一醉方休，怎么愿意怎么来，怎么舒服怎么来。城市公共空间和公共服务的强大存在，让人们不需要在小区内建构和经营强有力的地缘性社会支持网，更加使得人们对小区的功能依赖降低。

其三，在流动性极高的城市社会，地缘关系本就是脆弱和不确定的。学缘、业缘、趣缘关系要比地缘关系可靠得多，也重要得多。这些非地缘关系是在工作、学习和兴趣实践的频繁互动中自然形成的，地缘关系却需要单独去建构和经营，而其建构和经营又天然与城市生活的私密化要求存在冲突，那么人们为什么不直接经营好非地缘关系呢？当然，如果有足够的内在需要，地缘性交往也会产生。这次新冠肺炎疫情期间，武汉市民为了团购生活物资，就产生了空前的地缘性互动，也形成了一些线上组织。不过，这毕竟是应急性的，生活恢复正常后，这些互动能否继续维持，还有待观察。

正因为如此，社区基层组织绞尽脑汁、想方设法搞活动，甚至为了吸引成年人的参与，而在小孩子身上打主意，希望通过亲子活动增加成年人之间的互动。这样做效果肯定还是有的，但指望由此建立强有力的地缘关系联结，并不现实。这最多增加人们接触的机会，而真正决定人们是否持续交往下去的，却仍然是兴趣、性格等其他因素。这种社区建设方式更主要的问题还在于，活动能够吸引来的，都是愿意来的，因而注定是少数派。相当多的社区，活动搞了很多年，愿意参加的永远愿意参加，每次来的都是老面孔，有些人甚至七老八十行动不便还要来，以至于社区干部怕出意外，要劝阻他们不参加；而不愿意参加的永远不会参加。社区建设，可以在社区内形成若干基于兴趣的小圈子，但无法指望由此形成共同体。因此，我们还是放下那个共同体的执念比较好，免得耗费大量资源，却只起到了"千金拨四两"的效果。

"存在感"怎么刷？

作为社会共同体的"社区"难以形成，并不意味着作为基层政权组织的"社区"就不需要增强人们的认知和认同。所以，社区基层组织还是要通过做工作来"刷存在感"，让居民感知到"社区"的存在，感知到"社区"的必要性。唯有如此，社区基层党组织才能真正称得上基层的"战斗堡垒"，社区才能真正意义上成为"治理单元"，维护社会秩序的稳定，社区基层组织才能真正提高组织力，有权威，更有能力将分散的居民组织起来，合作办好小区内的生活中的小事，让生活更美好。

那么，"存在感"怎么才能刷成"认同感"？

我觉得，现在的社区建设没有真正找到正确的用力方向。社区活动和社区服务搞了很多，却并没有转化为更多居民对社区基层组织的认知和认同。转化率低的原因，主要还是这些活动没有真正同居民在社区生活中真正的"痛点"结合起来。所谓社区生活的"痛点"，就是居民在居住空间中最关切，但又靠一己之力难以解决得好的问题。居民对居住空间功能要求非常简单，越是简单，但凡出点问题，直接影响到其生活，感知就会格外强烈。谁都想回到小区，简简单单、不受干扰地过安静生活；出了问题，就会降低其生活质量，降低其几乎倾全家之财力才买到的房子的居住品质，能不恼火吗？"痛"就要解决。怎么解决？理想的办法当然是居民组织起来，管理好自己的小区，靠自己的力量化解这些问题。业主自治，聘请专业的物业公司，就是现在商品房小区最主要的方式。老旧小区先天条件不足，没办法，只能更多依赖政府兜底。然而，这样其实形成了一个很不好的预期：再好的小区都要老化，等到将来这些商品房小区老到靠自己持续不下去时，政府是不是也要管起来呢？

当然要管，因为人民政府为人民服务天经地义。老旧小区的居民就是这么想的，也是这么要求的。问题是，照现在这种兜底的方式管，政府肯定是吃不消的，而且也管不好。所以终究还是要将居民自己组织起来，组织好，主要靠自己的力量化解问题，政府发挥引导和补充的作用，毕竟很多问题靠居民自己是解决不了的。所以，问题就转化为，政府，特别是社区基层组织，如何才能在"引导"和"补充"的过程中，将居民组织好，化解生活中的问题。

许多人以为，多搞活动，居民熟悉了，社区有了社会资本，就能够组织起来了。然而，实践早就"打脸"无数次。这背后存在一种"全民参与"的误区，以为居民自治就是要所有人都广泛参与进来。这是不现实的。社会的常态是有人积极有人消极，大多数人不吭声，保持沉默，跟着走，随大流。真正将居民组织起来，不是要去动员所有人，而是抓住关键群体，也就是抓住居民当中的积极分子，靠积极分子实现对更多普通人的"二次动员"，而大多数普通人也乐得通过积极分子实现间接的参与，我称之为"媒介式参与"。所以说，社区基层组织要把工作重心放到识别、动员、激励和保护积极分子上来，建立一个社区层面的动态的积极分子库。每个问题的发生，都会影响到数量不等的居民，利益直接相关的人更有解决问题的意愿，基层组织就可以通过积极分子去带动这些利益相关的居民，一起来协商处理问题。社区生活中的"痛点"，大多是些鸡毛蒜皮的小事，靠基层组织不可能直接应付得过来。有一个具有广泛代表性的积极分子库，就可以随时从中调取合适的人出来，输送到因问题而产生的合作事务中。积极分子负责带动居民，社区基层组织负责帮忙协调资源，共同促成问题的解决。基层组织在每一次问题化解中的现身，不是去代替包办，也不是事前事中不管不问，事情闹大了再去救火，而是能够巧妙地和居民建立关系。能够解决问题的基层组织，才能真正得到居民的认可与认同。

　　我以为，一个强有力的能够将居民组织起来的社区基层组织，才能真正成为"社区"的化身，也才能真正凝聚人们对"社区"本身的认同。这就是我理解的"社区建设"，主要依靠提高问题解决能力的基层组织建设而实现的社区建设。

治　城

老城：生活有机体

老城≠社会塌陷

欧美发达国家城市的老城区，往往因为聚集了大量外来移民、社会底层群体、少数族裔和社会边缘群体，而成为问题高发、秩序混乱的地方，出现严重的"社会塌陷"。也正因为老城区聚集的群体并不掌握话语权，城市更新改造的过程中就会出现资本、权力同底层群体权利的冲突。知识精英特别注意这个问题，由此形成西方城市研究中一些非常重要的理论传统。我们的老城区，从形态上看，与发达国家有相似之处，比如也会出现建筑形貌和基础环境的老旧衰败，也会成为城市低收入群体的聚集地，等等；因此，许多研究者在西方理论的指导下，将自己的情怀投射到老城区的居民身上，声讨旧城改造中权力和资本的霸道。

我这些年去了不少地方的老城，对上述问题却有些不同的看法。老城区确实有低收入群体聚集，但"低收入"本身并不足以解释老城居住群体的社会特征。这里聚集的老年人、进城务工群体、新入职的青年工薪阶层等，从经济收入上来看，确实有相当部分属于低收入阶层。但同西方社会的社会底层和少数群体不同，他们不能说是社会底层，而是这个社会主流人群的组成部分。老年人收入虽低，但生活有保障，退休生活安闲而又舒适；青年工薪阶层和进城务工群体只是选择老城作为人生跳板，他们在这里实现人生的向上跃升。他们不像西方社会的底层那样，因为整个社会的阶层固化而丧失向上流动的机会。也因此，尽管老城区确实因为居住群体复杂，导致社会治安状况容易出问题，但远远称不上"社会塌陷"。

2015年7月，我第一次社区调研，是在南京市的秦淮区，也就是"老城南"地区。这里的社区由相当多数十年房龄的单体楼栋和老旧民房组成，居住着大量老年人。本地年轻人基本都通过买房的方式搬走了，留下父母和长辈。老人选择留下，并不完全因为被社会排斥，而更多是主动选择：他们喜欢这里便利的生活设施，习惯熟悉的社会环境。政府近年来连续进行的老旧小区改造，大大改善了基础设施状况，也提高了居住舒适度。总体来看，居民的生活是安逸的，社会是充满活力的，更何况旁边就是名闻天下的秦淮河景区。

2016年8月，我又跟学友到绍兴上虞城区调研，这种感觉更强烈。上虞老城区并不大，北至西横河，东至百沥河，南到杭甬铁路，西至曹娥江边，用地面积300公顷，居住容量约6万人，全部位于百官街道办事处辖区内。百官自上虞置县后就一直是县治中心。1954年，上虞还治于百官，经过60多年发展，上虞城区也从龙山脚下快速拓展。县城迁回百官后，县治中心最初位于龙山路西北（今滨江豪园），县城最主要的行政机关、商业设施和公共服务设施等基本都设在横街以上的解

治城

放街和龙山路上，即俗称的"上堰头"。到了1980年代，"下堰头"开始崛起，上堰头逐渐衰落。随着上虞城北新区开发，许多商品房住宅小区建成，行政中心迁移，大通购物中心、上百万和城等大型商业综合体建成，一些优质教育和医疗等公共服务资源也开始向城北布局，城北迅速崛起为上虞新的城市中心。同新城区相比，老城区虽然存在硬件设施老化、停车难等问题，却也具有公共服务资源集中、生活便利度高等优势，属于老化且成熟的城市社会空间，并未像欧美等城市出现郊区兴起与老城区衰退的现象。所以说，虽然老城区出现了老化现象，但由于其仍然拥有充足的市场就业机会和优质的公共服务资源，依然保持了相当的活力。这是我们认识中国城市老城区的特点和应用西方城市更新理论时必须注意的基本前提。

绝对老化与相对老化

作为城市居民的居住空间，老城区从居住环境上看，其鲜明特点是"老化"。这可以从两个方面理解，一是绝对老化，二是相对老化。这里以绍兴上虞区为例做一些说明。

绝对老化主要是指住区基础设施等硬件条件的老化。上虞老城区房屋大多建成于20世纪80年代末90年代初，建筑寿命已经长达30年，但其老化程度其实远没有很多大城市老城区严重。按照《民用建筑设计通则》（2005）规定，普通建筑物的设计使用年限至少是50年，但是，由于时代局限，当时缺乏统一的建设标准和规范，建筑质量本身并不高。上虞区建设部门负责人跟我们说，如果按照现在的标准衡量，这些房子都属于危房，甚至可能连三四级地震都无法抵御。而且，由于设计缺陷和使用年限过长，下水管道损坏、堵塞问题突出，几乎每次遇到强降雨都会发生严重的积水问题。还有些问题在老旧小区改造过程中也暴露出来，比如房屋地基脆弱，管道开挖可能造成其沉降甚至开裂等。绝对老化造成的问题是普遍的。比如房屋漏水，社区居民调解工作主要就是在处理这类问题；比如线路老化和乱搭，很容易引发短路等安全问题；再比如雨污管道合一，既造成环境污染，还很容易堵塞管道，导致积水或污水外溢。此外，老小区的内部道路大多也年久失修，路面破损严重，居民出行不便，且老年人容易发生人身安全问题。这些现象都属于绝对老化，即建筑物自然折旧或使用耗损引起的客观的质量下降问题。

另一类是相对老化。同绝对老化相比，这类老化主要是由于硬件设施滞后于居民需求变化而引起的，即其问题并非由于硬件条件质量下降，而是不适应居民的新需求造成的。应该说，相对老化也是难以避免的，住区的设计与建造主要针对当时的居民结构和社会需求，其固化为相应的物质空间结构后就比较稳定了，而居民结构和社会需求则在不断变化。作为单位集资房，这些小区当时针对的都是正在工作的中青年人，30年后他们都步入老年，不同年龄层次的需求当然会有差异。相对老化的问题主要集中在两个方面，一是停车难，二是公共活动空间不足。这两个问题也是所有老旧小区普遍存在的难题。随着生活水平提高和人们交通出行方式的改变，私家车拥有量爆发式增长，时间不过十年左右。在这些小区建造的年代，人们的主要出行方式还是自行车，所以小区设计中虽已为每家建造了附属房，用来停放自行车和堆放杂物，但面积都只有几平方米。附属房用来停放电动车都显不足，更谈不上停放汽车，居民只好将车辆停放在小区绿化带、楼间空地，或者公共道路上。一些开放式小区的"好处"是，小区内部有几条城市次干道和支路通过，居民将其作为夜间停车的主要场所。车辆无序停放引发的问题比较多，除了日常摩擦，最大隐患在于堵塞消防通道，一旦小区内发生火灾，消防车辆可能难以顺利抵达目标区域。公共活动空间不足的问题是随着人们健身休闲需求的增加而产生的。特别对于老年人来说，受限于身体条件，他们的生活半径比较小，更加依赖步行可达的活动空间。在老旧小区，室外空间呈现绿化有余而活动空间不足的现象，即花草树木等植被茂盛，以致通风透光不足，又缺乏较为宽敞的公共活动场所，室内空间同样有限。相对于每个社区动辄一两千人的老年人口，现有的老年人活动室数量严重不足。除此之外，还有一些问题也可以归为相对老化，比如没有管道燃气、多层住宅平顶造成的漏水、不保温等问题。这些问题也是随着人们生活需求变化引起的，但因为居民需求存在差异，使得上述问题的影响就不是均质的、普遍的了。

绝对老化和相对老化对居民的影响是不同的。前者是对所有居民基本生活的基本需求的影响，影响面更广；后者则是对部分居民的特殊需求的影响，比如，停车难影响的是有车家庭，公共活动空间不足影响的是行动能力有限的老年人，没有

29

相应需求的居民并不会受到住区相对老化的影响。

正是这种差异，使得老旧小区在改造过程中不可避免地遇到了很多困难甚至阻碍。除了施工过程中必然会造成的扰民问题外，居民需求不一致造成的施工难题同样突出。其中，主要集中于对相对老化问题的化解上，比如，要缓解停车难和活动空间不足问题，势必要在有限的小区空间里进行内部调整，主要方法是减小绿化面积，以增加停车位和公共活动设施。但没有停车需求或活动需求的居民可能并不支持甚至抵制，即使统一增设停车位和活动空间，设在哪里，怎么设计等都很容易引发矛盾。相对地，对绝对老化问题的化解，反而大多容易操作，无论是道路修复还是管道改造，这些问题的解决受惠的是绝大多数居民，更容易得到普遍的支持，遇到的困难也主要是施工难度大等工程建设问题，而很少像相对老化问题的改造那样，引发居民间的纠纷。

生活有机体

若从城市功能上看，"老化"就非但不是老城区的劣势，反倒成了优势。原因很简单，"老化"往往代表着"功能成熟"。老城区是数十年城市建设与发展的积累，实现了优质公共服务资源的高度聚集。一些县级城市和中小城市老城区面积较小，使得优质资源分布密度更高，便利性极好。老城区的居住小区功能都比较单一，主要是居住功能；但小区与老城区的城市空间紧密关联在一起，构成了一个区域性的功能支持系统，老城区居民的基本生活需求都可以从这个功能支持系统中得到满足，此外，该系统还具有低成本和高度便捷的优势。同时，服务供给的市场空间也为大量外来人口提供了生存机会，他们在这里从事一些小型餐饮、零售、家政等服务行业的工作，成为老城区社会生态系统的重要组成部分。在这个意义上，老城区成为一个具有内部活力的生活有机体。老旧小区的功能有限性与周边公共服务设施的完备性构成了老城区城市空间的特有属性。同新建商品房小区大多规划有丰富的小区内部功能设施相比，老旧小区的居民对周边区域性的功能支持系统更加依赖，同城市公共空间的互动更为密切，小区与区域空间构成了紧密的有机关联，这是老城区更加具有社会性活力的基本原因。

正是成熟的功能设施，为老小区形成生活有机体奠定了基础。认识社区生活有机体，需要区分居民生活的三个层次，即家庭生活、社区生活和社会生活。所谓家庭生活，顾名思义，就是居民家庭边界内的生活内容。社区生活，则指居民在家庭之外、社区以内所参与的休闲、社交、公共事务治理等内容，考虑到与周边环境的紧密关联性，居民在社区周边步行范围内的生活内容也可视为社区生活的一部分。更为关键的是，相邻区域内公共空间的社交对象、生活内容往往与社区紧密相关，这是其与城市中心广场等大型城市公共空间相区别的地方。社会生活则是指居民超越社区边界的，以整个城市为半径的休闲、社交等生活内容。社会生活发生在地理空间上与社区相对隔离的城市空间内，其互动对象也基本与社区居民无关。简单区分这三个层次后，我们就可以更加清晰地认识到老小区作为生活有机体，同新小区的关键区别。简要说来，老小区是一个家庭生活与社区生活紧密关联的生活空间；新小区则往往以家庭生活为主，社区生活非常少，社区居民更依赖于社会生活。一个社区能够形成生活有机体，关键在于社区生活是否丰富。社区生活是让居民从家庭生活走出来，与邻里打交道，并在邻里互动中产生出社区公共性的必要条件。

老社区的社区生活主要包括以下两个主要内容：一是群体性的休闲生活，主要是以趣缘性组织为核心展开的休闲，和以麻将馆、棋牌室、小区公共空间为基础展开的开放性、大众性休闲。趣缘性组织的休闲活动往往需要一定的才艺和特长，会唱会跳，爱好书法美术等等，因此会天然形成一定的门槛，导致其直接参与度不会很高。普通居民最多通过观看表演进行间接参与。后一类休闲活动则不需要特殊技能，其中以在墙根处、树荫下的公共空间的闲聊开放程度最高。大多数普通老年人更愿意出入这些场所，即使不直接打牌打麻将或者参与聊天，光是围观本身就能带来休闲效果。二是传播信息生产舆论的社交生活。老年人的群体性休闲本身就具有社交功能，群体性休闲不同于养花种草这类个体性休闲，它本身就依赖于邻里互动。同社会生活领域的社交相比，社区生活中的社交具有重要的信息传播和舆论生产功能，也正因为具备此功能，老小区才具备了一定程度的熟人社会的特点。

当然，除此之外，社区生活还有一个重要内容就是关于社区公共事务的。不过，居民对于公共事务的关心和参与一般来说很少是其日常生活的一部分，而具有明显的社区动员的特点。但是，丰富的社区生活为居民参与社区公共事务奠定了基础，正是因为居民有社区生活的内在需求，所以他们对社区软硬环境才会形成直接的关切。相比之下，新小区居民的社会生活需求主要是通过社区之外更广阔的城市空间实现的，对社区的需求仅限于家庭生活和小区硬环境，而后者依托于物业公司提供，因此，他们对于社区公共事务的参与意愿就要比老小区低得多。

在这个意义上，老城区的更新改造应该致力于强化和优化生活有机体的功能，同时，从生活有机体的角度出发，也能够合理分配小区空间与区域空间的改造资源。比如，就不一定非要将小区或者社区从区域空间中割裂出来，单独进行功能完备性的改造，也不必非要在小区内狭小逼仄的空间里，螺蛳壳里做道场，想方设法增加公共空间，其实完全可以将其与周围空间作为一个整体，从畅通区域空间内的功能支持系统出发，进行统筹设计与改造。这样，也可以实现资源更优化的配置。

二

多元主体

主辅结构

　　言必谈多元，这几乎是当下社区治理研究的普遍现象。从单位制到社区制被认为是从一元主体到多元主体的线性演进。当然，其中还预设着一种隐含的价值判断："一元"是落后的，而"多元"是先进的，是现代的。相应地，社区治理的理想样态应该是多元共治，多主体参与。协商治理、合作治理、多中心治理等等，则是最常见的理论资源。人们对这个理想模板的使用是如此得心应手，就像标尺一样，成为衡量社区治理实践的主导标准。人们要么对业委会、社会组织的出现欣然乐见，要么就对它们的发育不足疾呼，要求政府放权，投入更多资源，开放更多空间，让这些多元力量成长，尽快实现多元共治的美好局面。如今，这也不仅仅是学术界的流性话语了，我们去过的所有城市，接触到的大多数区、街道干部，特别是民政部门，对此都是高度认可的。推动社区治理、实现多元共治已经成为实实在在的政策了。我们都知道，理念一旦变成政策，就意味着真金白银的投入。以我们有限的调研发现，一些发达的城市（只是某个区的投入，而非全市），仅在引入社区服务型的社会组织上，投入的财政资源都数以百万计。

二　多元主体

多元主体的真实样态

说实话，我们做社区调研的最初阶段，还真是对社区的"多元"开了眼界。

南京社区调研时，在雨花区的丁村社区，我们第一次见到，这样一个小小的社区，竟然号称引进了二三十个社会组织。这个社区也是各种考察团、参观团喜欢光顾的地方，就在我们调研时，一位市领导就带领浩浩荡荡一车人来参观，重点自然是社会组织培育。随后在隔壁的竹园社区，我们更是遇到全国知名的社区自治典型——社区互助会，竹园社区据说孵化出了40多个社区俱乐部。不过，随着调查的深入，最初的那点震撼很快就被疑虑取代了。

当时，我们更多还是在社区的特殊性上讨论，认为这两个社区社会组织的发达是由其特殊的社区基础决定的，难以复制。丁村是个村改居社区，社区集体经济发达，年均集体收入800万元，有足够的资金"养"这些社会组织——包括一些社区主任向我们"吐槽"其水土不服的组织。竹园同样特殊，竹园小区是南京最初一批高档的国际化小区之一，居民群体以公务员（不乏政府官员）、企业家、外籍人士为主，全职太太特别多，社区互助会发起的那些高大上的俱乐部，也才有了基本群众。但是，这种模式放到一般社区和老旧小区肯定是不合适的。再后来，调查的地方多了，见得多了，我便越发认识到，几乎所有的社区服务型的社会组织，都像是悬浮在社区之上的一层油，游离在社区治理实践之外，无论是促进社区整合、推动社区建设，还是解决社区治理的实际问题，其作用都微乎其微。很多社会组织本质上更像是一个经营社会事务或社会服务的市场组织，市场性远大于其社会性。这一点不改变，社会组织很难作为一支积极力量，为社区治理发挥作用。在杭州调研时，候门社区书记很坦率地讲了她对社会组织的看法，与我们的判断高度一致：

对于社会组织，我们能看到的，最多是来搞搞活动，比如老年节，也就是来包包粽子，唱唱歌，就过去了。我看到的社会组织，要么是专业搞活动的，要么是搞便民服务的（养老），其实这些社区也能做，就是花点钱花点精力。帮助社区解决实际问题的没有，毕竟他们没在社区做过，不了解情况。另外，就是环保类的也蛮多的，最多到社区来搞搞活动，但也没什么意义，不解决实际问题。我就说一句话：有了社会组织，社区还是这么忙。我们需要的是真正可以帮助居民解决问题的。其实你说你搞活动，（居民）不出来的还是不出来，能吃到饺子的就那么几个人。上面每年拨到社区支持社会组织的经费还是很多的。我们今年的老年活动中心，引进了一个护百岁的社会组织，让他给我管理，他们能做的就是给老人做做体检，量量血压，上上课。这是他们自己找上门来的，现在有两个30来岁的人常驻。其实，他们也是抱着经济目的来的，希望以后做理疗可以收费。我们就是场地免费给你用，便民服务要免费，其他也管不了。其实，他跟社区签的合同是只提供场

二　多元主体

地。跟街道也有合同，经费是街道拨的。

业委会是另外一个新兴的治理主体。随着住房市场化，越来越多市民拥有了具有独立产权的房子，住进了商品房小区，成立业主委员会，引入物业管理公司，实施小区业主自治。我们一开始也对这股新生力量抱有不小的期待，几乎所有研究都告诉我们，业主维权行动标志着中国民间社会力量的成长。

然而，调研时，我们接触到的第一个有关业委会的信息就是"负面"的。前面提到的竹园社区下辖的竹园小区正在发生业委会斗争，前任业委会被指集体腐败，不仅贪污小区公共收益，而且与物业公司存在利益输送，据说所有业委会成员都被免收物业费和停车费。而在花庙社区，社区书记提起业委会不禁怒火冲天，原因是业委会极其强势，不配合居委会工作，以小区属业主所有为由，对居委会在小区内的各种活动处处设卡，居委会在小区里悬挂宣传条幅也要经过业委会同意。这位书记反复强调：业委会必须要在居委会领导下，不能与居委会并列。调研过那么多地方，我们很少遇到运行良好的业委会，其中业委会与物业公司的关系尤其重要：业委会与物业关系不好的，小区物业管理就会很差，居民意见大；业委会与物业关系好的，小区物业管理可能好一些，但业委会就会受到来自业主的质疑，认为二者有利益交换。总体来看，还是以关系不好的居多，不少业委会认为他们天然就是监督物业的。不过，2016年在佛山和杭州，我们连续遇到两位新上任的业委会主任，在经过多年乱局之后，这两位主任都认为业委会与物业的关系是合作与监督的关系，既要监督更要合作，绝对不能变成对立关系。从业委会与居委会的关系来看，在实践中，后者主导作用明显，花庙社区那种业委会"欺负"居委会的确实罕见，业主也好，业委会也好，还是认为应该在居委会领导支持下开展工作。实际上，居委会在协调业委会与物业的关系，以及当业主自治陷入困境后出来善后，支撑困局等时刻，都发挥着关键作用。

至于其他有可能成为多元力量的，各地政府也在积极倡导和推动的，就是辖区单位了，尤其是机关事业单位和国有性质的企业。在实践中，常见的提法叫作"社区共建"，尤以党建推动为多，比如佛山的"1+N+X"的"区域化党建"模式。辖区单位参与社区共建，主要还是希望激活他们拥有的优势资源，为社区提供必要的支持。所以，单位对共建的实质性参与其实并不多，主要是开放活动场地、支持活动经费、派人参与社区活动（比如医院的义诊）等，也就是以物质支持和联合办活动为主。社区共建一定程度上有助于增加社区的治理资源，但指望通过共建，让单位实质性地解决社区治理中的基本问题，不太现实。

主辅结构的基本格局

总而言之，我的感觉是，目前被给予较高期待的一些多元力量，虽然确实存在，也在一定程度上发挥了各自的作用，但很难作为积极的治理主体，为社区治理做出实质性贡献，他们的作用与社区党组织和居委会完全不能等量齐观。基层组织在社区治理中的主体地位和主导作用依然不可动摇。这些多元力量充其量可以在社区治理中发挥补充作用，显然够不上与基层组织并驾齐驱的地位。所谓多中心治理是脱离现实的，中心只有一个，其他的远远算不上中心。也因此，所谓多元共治，在社区治理实践中呈现的是基层组织为主，其他社会力量发挥程度不等的辅助作用，这样一个主辅结合的基本格局。

在众多辅助力量中，与基层组织互动最密切、参与社区治理最积极有效的，其实是另外一股力量，这就是社区干部最常提到的"居民骨干""积极分子""志愿者"。如果说，社区是国家延伸到社会中的特殊的手或腿，那么这些积极分子便是社区基层组织散布在居民中间的特殊的手或腿或眼睛或耳朵。社区治理最活跃、最有行动能力的，是基层组织与积极分子组成的这样一个"主辅结构"。由积极分子构成的社区辅助力量，实际上也是业委会和社区内生型社会组织的主要组成力量（所以，其实可以抛开这些形式上的组织，而更多关注行动主体，这也是为什么这里只讨论积极分子，而不纠结于业委会、楼组长等的原因）。在这个意义上，我们有理由认为，中国社区治理真实的治理结构（更恰当地说，是更准确的表述）是主辅结构，而非多元主体；治理机制也应该是主辅协同，而非多元共治或多中心治理。

在既有的研究中，作为社区治理主要辅助力量的积极分子，一直处于"关注有余，重视不足"的状况。为什么这么说呢？其实只要做一点调研，都不难发现积极分子在社区参与中的身影，也不难发现这个群体的基本特点（女性多，老人多）。但是，还没有研究真正认识到积极分子在中国式社区治理中的独特作用。受理论范式的局限，研究者大多将这些人视为居民参与中的特殊情况，有的还会将其视为居民整体参与不足的表现，毕竟这个群体年龄偏大、数量有限。相比之下，研究者的学术兴趣和关注重点，都放在了社会组织、维权精英等"新兴"力量上，以至于后者任何一点行为，都会被进行不适当的过度解读。我们最开始也没有对积极分子给予足够的重视，也一度认为积极分子群体是游离于广大居民的特殊力量，社区依赖这个力量，恰恰说明社区动员的困境。不过，从南京调研开始，无论是在上海这样发达的超大城市，还是在黄冈这类中部地区的小城市，抑或是在佛山这种社会组织发育的先行城市，我们总是反反复复地听到社区干部在强调积极分子的作用。就在这次杭州调研时，我才突然意识到，积极分子的"特殊"，或许正是中国社区治理的"一般"。

回顾社区演变史，更加能够佐证这个判断。在单位制时代，居委会实际上就是靠兼职的居委会干部（简称"居干"）与广大积极分子支撑起来的。到了20世纪八九十年代，这种状况并没有发生根本改变。虽然居委会的专职化程度在提高，有的城市出现了专职居干，但数量很少，许多工作依然需要积极分子的参与。在佛山调研时，一位刚退休的居委会主任回忆说，那时候居委会就她一个主任是专职的，工作离不开积极分子的帮助。从计划生育、收取卫生费，到纠纷调解等等，积极分子几乎介入到居委会的全部工作当中。时至今日，那位老主任还跟当时的积极分子保持着深厚的私人情谊，有人生病会去

二　多元主体

探望，有人去世还要去吊唁。如今，社区制日益成熟，居委会已经完全实现专职化，社工人数也空前增加。尽管如此，社区工作还是离不开积极分子的参与。当然，如今的参与程度与以往相比已经不能同日而语，积极分子的"积极"程度要比以前弱了很多。一方面，社区工作的专业化、技术化程度提高，需要专职社工来做；另一方面，积极分子群体本身的角色意识也发生了变化，他们更愿意参与那些社会性的事务，而远离行政色彩明显的事务。

积极分子之所以能够一直成为社区基层组织主要的辅助力量，是因为社会始终具有内生出这个群体的机制。大多数普通居民其实对公共事务天然地不太关心：上班族早出晚归，对社区依赖性很小，自不必说大多数老人，也更愿意轻轻松松过自己的生活。相应地，社区中也总是有那么一些性格比较外向，为人比较热情，爱操心、爱"管闲事"的人；而且，这个群体集中在刚退休，子女尚未结婚，或婚后尚未生育，又或者第三代已经长大的老人，他们的家庭负担比较轻，时间充裕，其中一些人愿意通过参与公共事务打发时间。退休后，个人与社区的关联度要比工作期间大很多：年纪大了，生活半径也会缩小，对社区生活的依赖性也增加了，对社区宜居状况也更加敏感更加在意，对社区管理的要求也提高了。总而言之，个人与社区关联的紧密度是基础，是前提，个人秉性则决定了这个群体数量不会太多。但是，这个群体可以发掘，可以培育，可以壮大，可以再生产，也就是说，可以始终维持一定的数量。于是，基层组织与积极分子一起，构成了社区治理比较稳定的主辅结构。

主辅协同与混合治理

作为辅助性力量，积极分子在社区治理中发挥的作用主要有以下几个方面。

积极分子的基础性功能是基层组织的信息媒介。一方面，社区是国家延伸到社会中的神经末梢，要为国家治理需要提供某些方面的基础信息。比如社区要承担人口普查、经济普查等周期性的战略性数据采集，以及常规性的流动人口、计划生育等信息采集，这类信息变动性强，社区更有能力及时获取；还有一类特殊需要的信息采集：杭州迎接G20峰会，社区就做了很多特殊数据的采集工作，比如排查瓶装煤气、空置房等，这些数据可能在国家常规治理中必要性不高，但在特殊时期会有特殊需要。杭州柳巷社区书记说，社区在采集基础信息方面的优势得天独厚，以排查瓶装煤气为例，职能部门和燃气公司都做不了，社区只用一周时间就完成了80%，而且准确性极高。另一方面，社区要及时将社情民意收集起来，或作为社区工作的参考，以回应居民诉求，提高社会管理能力；或向上汇报，这是国家治理必不可少的基础工作。在上述两个方面，积极分子都发挥着不可或缺的作用。在社工职业化以后，社工几乎都不是本社区居民，且行政任务繁重，也影响了他们入户走访的频率；而积极分子分散在居民中间，本身就是居民，因此能够及时地反映社区情况。小区哪里堆了垃圾，楼栋里哪家又换了新租客，有什么搬进搬出，居民又对社区工作有什么议论、意见、要求，等等，都可以由积极分子传递到社区。除了"上传"，还要"下达"：上面和社区有什么工作部署，积极分子可以帮忙发发通知，告知居民，并利用与居民聊天、跳舞等各种时机进行宣传。信息媒介也就是常说的"桥梁"。缺乏这个"桥梁"，社区知晓社情民意的灵敏度要大为弱化，而且很多工作也会因为缺少积极分子这种社会性力量的"润物细无声"一样的"帮腔"，而更加被动。

积极分子还要发挥应付性作用。所谓应付性作用，就是帮助基层组织完成上级要求的一些需要居民参与的活动。比如，哪里有个什么健康讲座，或者什么宣讲，每个社区都会被分配一定的参与任务，这时就要找几个积极分子去"凑人数"。同样，社区活动也是如此，一方面举办活动要靠积极分子，参与活动实际上也是靠他们。其实，有些活动本身也算一种福利，比如义诊、企业宣传（会有礼品发放）等，让积极分子参加本身也是对他们的一种回报。许多活动没有积极分子的带动，普通居民的参与效果会更差。毕竟，活动现场先由积极分子把场面撑起来，其他居民也会有从众心理，产生扎堆效应。由于这方面的事情大多是为了应付上级任务，或者为了对外展示，实质意义不一定很大，所以可称之为应付性的作用。

还有一类属于特殊性作用。特别是在遇到政治任务，包括重大活动和应对重大公共事件（防非典、登革热等公共卫生事件）等时，积极分子会被动员起来，做志愿者，协助社区完成任务。这类事件往往时间比较集中，需要紧急动员，需要居民参与，而且参与越广泛越好。实际上，普通居民的参与热情并不一定因为这是政治任务就会特别提高，事不关己者还是多数。所以，积极分子就成为社区动员的主要力量。此时，一些平时不是太积极但是又比普通居民热情稍高的准积极分子，就会在社区动员和其他积极分子带动下被激活。一来二去的，其中一些准积极分子就变成了积极分子，补充进社区的辅助性力量中来。

就是在上述方面，积极分子体现着他们对社区的辅助性作用。作为主导力量的基层组织，一方面要完成行政服务和行政任务，另一方面则要开展社区服务，进行社会管理，当他们可以使用的正式治理资源不足时，或者使用非正式手段更有效时，积极分子就会被动员起来。二者相辅相成，相互协同，共同完成社区的混合性治理。

中国有中国的国情。在一个具有悠久历史的集权体制中，权力结构中向来只能有一个主导性力量，其他都不能与之并列，而只能发挥辅助性作用。也就是说，我们向来是一个主辅结合的结构，而非分权制衡的结构。多元并列，更可能造成混乱，而非善治。我们历来有"厨子多了做不成饭""家有千口主事一人""主心骨"等说法，其实都是对这种主辅结构的描述；"一个好汉三个帮"则提醒我们，主导性力量必须要有辅助性力量的辅助、辅佐，否则也是做不成事的。社区治理也逃不脱这种历史逻辑。社区治理中的主辅结构与协同，并非多元主体的共治，而是有主有次的运作模式。所谓多元共治、多中心治理，其实都是基于西方政治实践经验的总结。多元、多中心预设的并列式的分权结构，要求相互制衡，在此基础上进行所谓协商合作。中国人似乎并不习惯这种模式，这是一种没有"主心骨"的模式。更何况，其实在社区这样的基层社会，分权制衡是最不重要的，重要的是有主体来承担责任，解决问题。或许可以说，多元共治其实是个分权结构，主辅协同则是分责结构。基层组织的主导地位，既是权力，也是责任；而其他社会力量没有内在要求去做与基层组织并列平等的多元中的一元，何尝不是一种免责的逻辑使然？"各人自扫门前雪，休管他人瓦上霜"便是免责逻辑的生动体现。

所以说，抛开那些带有鲜明预设的理论，真正进入中国社区的治理实践吧。

社工更替

"这一拨儿都要退了"

"要问这么细啊，我得打电话问问胡书记。"张主任在接受我们访谈时，多次提到"胡书记"。张主任30多岁，担任鲁里社区居委会主任只有一年半时间，对社区有些情况不熟悉，也在情理之中。胡书记年届退休，加上身体不太好，换届时便卸任了居委会主任一职。上级考虑到社区工作的延续性，希望胡书记将张主任"扶上马送一程"，便挽留她留任一届社区书记。这样一来，鲁里社区便成为绍兴市越城区少有的书记、主任分设的社区。当我们见到胡书记时，很快便明白张主任为什么这么尊重她了。

胡书记对社区情况可以说是如数家珍，信手拈来。她自信地对我们说："外面有人讲话，我光听声音就晓得是哪个人。社区每家的房屋结构、居民素质，我基本都掌握。"熟悉情况是做好社区工作的基础，胡书记的这个基础显然夯实得非常牢固。胡书记1998年到居委会工作，2001年三个居委会合并组成社区，她一肩挑起书记主任两个职务，迄今20年没有挪过地方。超稳定的长期工作经验，给了她"闻声识人"的自信。

访谈期间，好几位社区居民到胡书记办公室，或反映情况，或拉拉家常，那种类似多年故交之间的随意、坦率和亲密，几乎让人完全忽略了他们之间还存在"书记"与"居民"两种身份的差别。回顾自己近20年的社区工作，胡书记动情地说："走在路上，有人跟你打个招呼，喊你去他家吃个便饭；遇上下雨了，有人主动递过来一把伞……想起这些，就是最大的幸福。"

在绍兴越城区调研时，我们遇到不止一位"胡书记"。胡书记和花场社区的朱书记、沈庄社区的王书记，是街道三位资历最老的社区主职干部，他们的共同特点是：第一，都在2001年绍兴社区建设时期进入社区，可谓元老级人物；第二，都有10年以上的单一社区主职干部经历；第三，都将在本届任期后退休；第四，都曾是下岗职工；第五，都是女性。朱书记说："我们这一拨儿就剩我们几个了，等我们退了，就都是他们年轻人的天下了。"

"这一拨儿都要退了"不只是绍兴的现象，我国的很多城市都在经历这样一次社区主职干部的世代更替。在我去过的城市里，杭州、深圳等城市早已完成更替，社区工作者基本实现了彻底的年轻化，80后、90后正在成为社区工作者的主力。有的城市，如佛山、武汉、无锡等，则正在经历更替，部分老城区或者镇转街（即乡镇转设为街道办事处）区域，还有一批年龄较大的社区干部。黄冈市黄州区、绍兴市上虞区的社区主职干部则仍然以中年以上女性为主，干部年轻化刚刚起步。或许可以说，这批社区工作者的退出，意味着一代"居委会大妈"

集体退出历史舞台，一代年轻化、知识化，以及专业化的社区工作者，开始集体登场。

基层社工的代际更替

不知自何时何地开始，人们对包括"两委"成员在内的社区工作人员的称呼变成了"社工"。我刚开始做社区调研时，很自然地把"社工"对应到了"社会工作者"身上，不过很快就搞清楚，此"社工"非彼"社工"，是"社区工作者"的简称。（当然，政府是希望实现两种社工的融合的，除了直接招聘专业社会工作者进社区，还通过设置物质奖励，激励社区工作者们考社工资格证，提高社工持证比例。比如，北京计划到2020年将社区社工持证比例提高到30%。）在此之前，"居委会干部"是更为普遍的称呼，书记主任自不必说，分管民政、社保、卫生、调解等各条线的干部，也往往被称为民政主任、卫生主任、调解（治保）主任等，居民也习惯称他们为"居委会干部"。从"居干"到"社工"的转变，未尝不是政府为推动社区去行政化而有意为之，何况，"居委会干部"已经无法涵盖社区两委之外（如社区服务站）的工作人员。虽然现在很多年纪大的居民还是习惯老称呼，但经过多年实践后，"社工"的接受度显然更为普遍了。这一称呼的转变，恰恰体现了社区工作者代际更替的过程。这次更替所发生的，便是胡书记这一代"居委会大妈"向张主任这批年轻社工的转型。

大体来说，我国城市居委会构成人员经历了三次比较明显的代际更替。第一代是最典型的"居委会大妈""小脚侦缉队",他们的最显著特点是兼职,半职业化。这一代人在1980年代就逐步退出了历史舞台。第二代则是首批专职化的"居委会大妈",这批专职居干在1990年代中后期集中进入居委会工作,在20年后的今天,他们中的绝大多数已经或者即将退休。第三代是更加职业化和知识化的年青一代社区工作者,他们中最年长的,伴随世纪初的社区建设而进入社区,最近10年则是其集中登场的时期,目前他们已成为城市社区工作人员队伍的主要构成力量。当然,这个粗线条的划分,只是为了概括我国城市居委会构成人员变迁的主要方面。在这之外,还存在一些阶段性的人员构成特点,比如中华人民共和国成立初期,城市基层政权重建,各地陆续选出一批出身贫苦、政治觉悟高、愿意热心为新政权工作的人,以取代国民党时期的保甲人员。被称为"新中国第一个居委会"的小市居民委员会,其首任居委会主任便是个黄包车夫。随着国有工业体系在城市普遍建立起来,单位体制形成,加上城市居民委员会体制正式确立,第一代"居委会大妈"们也就正式成为城市基层组织稳定的组成人员。此外,目前在一些"村改居"社区,可能还保留着村庄的权力配置结构。

第一代居委会干部以女性为主,这个性别格局延续至今,也就此落下了"居委会大妈"的称呼。"大妈"们当然并不是一开始就是大妈,但确实以中老年妇女为主,加上工作年限一般比较长,自然而然也就成了"大妈"。直到20世纪八九十年代,还有城市从退休的干部职工中聘用居委会干部的情况。

这时期的居委会干部的职业化程度是比较低的，他们拿的是补贴而非工资，所以主要由赋闲在家的女性家属，或者由单位工会、妇联等干部兼任，也因此，一些依托单位的职工居住区，也被称为"家委会"。虽然物质激励较少，但居委会职位所具有的政治地位和社会地位，还是提供了一定的吸引力，吸引一批中老年妇女投身其中。单位制和严格的户籍制度，使得那个时期的城市居民流动性比较低，居民区也就形成了一个熟人社会；居委会干部的在地化程度和工作稳定性比较高，因此都能与居民建立比较密切的关系。不过，由于这时期居委会职能比较简单，绝大多数居民又主要与单位发生联系，所以与居委会之间的关联强度相对要低一些。

第二代居委会干部几乎全部来自下岗再就业的职工。1990年代开始，城市国有企业改制拉开帷幕，到世纪之交进入高峰期。国企改制和单位解体不但使得居委会职能迅速膨胀，而且产生了数以千万计的下岗职工。居委会和后来的社区成为这时期安置部分下岗女工的重要选择。国企改制比较早的上海市，在1990年代中期集中从下岗工人中选聘了一批居委会干部，这批人也被冠以时任上海市委主要负责同志的符号，被称为"黄菊干部"。大多数城市则在1990年代的国企改制高潮开始，公开招聘大量下岗工人进社区。同时期掀起的社区建设和不断膨胀的社区职能，也为接纳下岗工人再就业提供了更多的职位空间。同上一代相比，这批居委会干部的职业化程度大大提高了。一是其基本上都通过严格和正式的招聘程序，签订了劳动合同；二是报酬实现了由生活补贴向劳动工资的转变；三是在

二 多元主体

地化程度弱化，岗位流动性增强。居委会和社区工作的岗位从此开始面向整个城市的居民开放，而不再局限于本居民区或本单位成员。这时期工资水平还比较低，多的也只有两三百块钱，但毕竟是个再就业机会，更关键的是，这份工作同机关企事业单位相比，更能够兼顾家庭，劳动强度不高，对年龄、学历、技能等方面要求相对较低，对下岗女性来说相当具有吸引力。我们调查到的许多当时进入社区的老社工，都是冲着上面几点，抱着试试看的心态，"误打误撞"进来的，以至于许多人后来颇有些"后悔"，因为社区工作并不像他们原来想象的那么简单。这一代居委会干部完整经历了国企改制和单位解体的过程，也经历了社区职能转型的全过程，是承上启下的关键一代人。

新一代的基层社工，实现了彻底的职业化。从我们的调研来看，大致不晚于10年前，各地陆续提高社区工作者的招聘门槛，年轻化、高学历等开始成为标配要求。这个时期也大致对应高校扩招带来的海量大学毕业生进入就业市场的阶段。2005年，国家颁布《关于引导和鼓励高校毕业生面向基层就业的意见》的文件，明确提出"大力推广高校毕业生进村、进社区工作"，并在薪酬、职位晋升、公务员招考、考研等各方面给予激励政策。与农村轰轰烈烈的"大学生村官"计划同步的，便是城市社区大量招录大学毕业生。其目标都是实现文件所要求的"争取用3到5年时间基本实现全国每个村、每个社区至少有1名高校毕业生的目标"。10多年来，越来越多的大学生到社区工作，越是大城市，这个比例越高。

同上一代居委会干部相比，这时期的社区岗位大大超出了居民委员会的范畴，社保、民政、计生、劳动等岗位伴随着公共服务下沉而增设，这些岗位最初往往被称为"协管"或"专干"，有的就是相关职能部门单独招聘派驻到社区的，后来随着社区体制改革，基本上实现了其与民政部门招聘的社区工作者的统一管理，许多城市将其统归到社区服务站，并将他们统一称为"社工"。社区工作比"再就业"意义上的补充性职业更进一步，成为彻底的正式职业，在佛山、无锡甚至深圳等城市，已经被认同为一份相当体面的工作。这一代社工与上一代居委会干部相比，除了人力资源禀赋上的差异，其职业稳定性普遍差了很多，许多人以社区为职业生涯的跳板，通过考公务员等方式离开了。但依然有一些人留了下来，并成为社区重要的主职干部。我在杭州上城区调查时，发现社区书记主任几乎全部是工作10年左右的80后大学生。上一代人是通过社区工作实现了职业生涯的转型，而这一代人则是从社区起步，其中相当一部分走上了主职干部岗位，迎来了职业生涯的黄金期。

社区职能转型

社区职能转型是基层社工代际更替的内在推动因素。纵观三代基层社工的更替，明显能看出一条职业化、正规化的轨迹。从身份属性上，甚至可以说基层社工属于没有行政身份的行政人员。他们没有纳入行政编制，却承担着很多行政工作，其考核管理也基本与体制内人员没有差别。用一个流行的说法，这就是社区行政化的重要表现。其所折射出的社区职能转型，从量的层面看，是职能日益繁多，而从质的层面看，则是社区是国家在城市重塑基层治理单元的结果。

中华人民共和国成立初期，城市基层政权重建，最迫切的是恢复社会秩序，居委会的主要职能就是发掘和动员基层群众，维护社会治安。随着单位体制确立，城市居民工作生活的全部内容几乎都被单位垄断，衣食住行、生老病死，概莫能外。绝大多数人归属单位，绝大多数事务依靠单位解决，单位及其家属生活区不仅成为一个社会单元，也成为城市里面最重要的国家治理单元。居委会则成为单位之外的剩余人口和剩余事务的管理组织，主要是组织居民开展爱国卫生运动，维护社会治安等，职能单一且治理功能薄弱，自然也就不需要多少正规的人员配置。改革开放以后，随着城市经济体制改革，国有企业开始剥离部分社会职能，加上大量知识青年返城和农民进城，城市流动人口日益增加，单位作为社会单元和治理单元的功能受到冲击。

1986年，民政部适时提出开展社区服务，依靠居委会举办一些原本由单位承担的社会福利事业，为城市居民提供生活服务。全国的居委会都掀起了一场大办社区服务业的热潮，通过社区服务搞创收。国企改革不断深入，大量下岗职工涌入社会，企业不断剥离其社会职能，淡化其作为治理单元的属性，劳动就业、养老医疗、计划生育等等事务被剥离出来，并逐步转给居委会。正是在这个背景下，民政部提出"社区建设"。用社区取代单位，重塑城市的社会单元和治理单元。社区是升级版和加强版的居委会，比"居委会"这样一个群众自治组织，更能涵盖其作为城市基本单元的社会属性和治理属性。社区职能升级强化的内在需求，加上下岗职工再就业的外在需要，推动了基层社工由第一代向第二代的转型。这个时期，正是我国城镇社会保障体系大变革的时期，社区所要应对的，是数以千万计的下岗职工，以及日益增多的实施社会化管理的退休职工。让很多从那个时代过来的老社工记忆犹新的是，社区办公场所几乎天天要被满腹怨气的下岗工人挤满。他们既要学习新的政策知识和技能，适应社区体制，还要冲在第一线，尽可能化解社会怨气，提供公共服务。这个时期大致持续了10年，可以说是一段"非常时期"。在这个"非常时期"，国家相对稳定地完成了大规模的国企改制，实现了数千万人的再就业，建成了一套基本适应新形势的社会保障体系和公共服务体系。也正是这10年，社区建设出现了一个"意想不到"，并且一直被诟病的问题，那就是严重的社区行政化。但不可否认的是，日益行政化的社区，出色地稳定了大转型时期的城市基层秩序，而这一代基层社工，也通过这些实实在在的工作，通过打赢这场硬仗，实现了从下岗职工向基层工作者的漂亮转身。社区，由此真正成为国家在城市的重要社会单元和治理单元。

随着大规模的国企改制和职工下岗潮基本结束，社区体制确立并稳定下来，社区工作也从上一阶段的适应、磨合、打硬仗，转入常规服务和建设阶段。如果说"非常时期"的社区治理更具有"硬治理"的色彩，那么在常规时期则更多体现出"软治理"的特点。

这时期社区建设面临的新形势是：一方面，随着城市房地产开发，新型居住小区大量涌现，并日益成为城市最主要的居住形态之一，物业管理、业主自治等事务成为社区治理的新生变量，居民对社区的需求开始出现一些新的变化，需要社区予以回应；另一方面，城市发展推动着城市管理水平的提高，以"创文""创卫"等为标志的城市创建活动也开始成为社区治理的重要内容，城市管理重心的下沉和公共服务的前移，也对社区工作者的专业化提出了更高要求。与之相关的另一个变化，就是政府内部管理科学化、信息化、规范化建设，延伸到对社区工作的考核和管理，社区工作者除了要做居民工作，还要能够熟练掌握信息技术，以应对这种管理要求的变化。正是在这个背景下，具备年龄和知识优势的大学生开始充实社区工作者的队伍。他们学习能力强，既擅长应用新的信息技术，又能够及时掌握不断变动和复杂化的政策知识，比老一代社区工作者更适应日益规范化和科学化的管理制度。

社区治理进入常规时期后，社区工作都是琐碎繁复、鸡毛蒜皮的小事，社区治理水平的可比性较低，这时候，城市创建衍生出的社区创新，便成为日益重要的衡量指标。从实践来看，所谓社区创新，基本集中在培育或引入社会组织、实施居民自治等方面，这些工作同前一阶段的应对下岗职工咨询、化解社会怨气、维护社会稳定相比，要软很多，更加考验社区工作者出点子、做方案、包装项目等方面的能力。于是，一批在这方面能力突出的年轻社工逐步成长起来。我在无锡滨湖区调研时，一位80后的社区书记说，他原来工作过的美湖社区，因为在社区创新上亮点众多，输出了一大批年轻的社区干部。在这些工作上，两代社工之间的差距非常明显。调研时，经常有老社工说："做群众工作，他们不如我们；搞社区创新，我们不如他们。"当社区创新日益主导社区治理，基层社工的更新换代恐怕也就难以逆转了。

自组织："简"而"小"

从"花友会"到"绿缘"

在杭州市花岭社区，"花友会"是一个小有名气的社会组织。它现在的正式名称是"绿缘社区环境营造服务中心"，简称"绿缘"，是在区民政局正式登记注册的社会组织。从"花友会"到"绿缘"，标志着这个社会组织实现了从民间自发到正规化的转型。不过，尽管"绿缘"更名注册已经多年，还是有会员居民习惯称之为"花友会"。

花友会，顾名思义，是一群热爱种花养花的居民自愿组成的群体，是个典型的趣缘群体。2012年组成时，花友会只有十几个成员，都是刚刚退休又热爱养花的社区居民。成立的初衷，就是为花友们提供一个互通信息、交流经验、切磋技艺以及资源互惠的平台。最初，花友会还没有可供开展集体活动的场所。后来，因缘际会，社区居委会恰好有了一处上百平方米的露天平台，前来推广城市阳台菜园的公司在推广失败后，留下了相当多的花盆、支架和输水管道，花友会便在居委会支持下，将其改造成了"空中花园"。花友会的成员到花卉市场捡被丢弃的花卉苗木，又捡来花盆、土壤，带回来精心培育，如今花园里的3000多盆花几乎都是这么捡来的。我们调研时，很是为"空中花园"的壮观所叹服，尽管由于来源比较偶然和随机，花卉品种显得有些杂乱，但在老人们的精心栽培和用心布置下，花园显得井井有序，活力盎然。

花友会的发展在2013年迎来了转折。这年，区民政局倡导各街居大力发展社区社会组织，并引导有条件的社会组织到民政局登记注册。在社区分管社会组织的社工的建议与帮助下，花友会正式更名注册。对于当年的注册过程，会长刘阿姨直言"跟注册个公司似的"。之所以要注册，其中一个很重要的原因就是只有正式登记的社会组织才有资格获得政府的项目支持。果然，三年来，花友会几乎每年都能申请到政府的项目资金。2014年获得了8000元，2015年获得区级1万元和街道8000元，2016年迎接G20峰会获得了2万元。这些项目经费主要用于购置和更换工具、帽子、肥皂等用品，特别是买肥料和花。G20峰会的资金主要用于购买鲜花向居民免费赠送，目前已经送出第一批共699盆。花友会还参与了红阳公益小镇项目，"街道和一些公益组织出钱，我们出力"，在花岭社区西区营造了几处花园或者景点。花友会最多时有38名成员，如今，正式会员29人，设会长一名，副会长两名。就在今年，花友会对成员进行了一次"清理整顿"，劝退了一些年龄过大或身体不好的老人，以及极少数参与活动不积极的成员。

社区有一个30来岁的男老师，大学本科毕业，喜欢养花，主动找到会长，希望加入"绿缘"。他说，他年轻有文化，一来可以帮忙做一些老人不方便做的体力活，二来可以帮忙操作电脑，做工作总结宣传等工作。几位老人认为确实有需要，虽然组织主要针对老年人，一个年轻小伙子加进来有点不合适，但还是答应了。没想到，这个人进来以后"做的跟说的完全不一样"，一是不遵守花卉管理制度，经常不来值班（也就是浇水等日常管理），他早上8点到晚上9点都在上班，没法值班；二是搞不好团结，跟老人们吵架；三是承诺的操作电脑等总是推脱有事，从来没有落实。最近一次，小伙子又跑来说，要请假三个月，因为比较忙。老人们认为夏季的三个月正是高温需要大量浇水的时候，这时候请假不来还不如退出。最终经过讨论，将这个小伙子清退了。有个小插曲是，一些老人很看不惯小伙子的穿衣打扮，一位老阿姨说："一个大男人，扎个辫子，跟个女孩子似的，像什么话，在学校会带坏小孩子的。"

始料未及的"变味"

花友会向"绿缘"的转型，出现了一些始料未及的新情况，在成员中间也引发了一定的分歧。其中争议最大的就是组织建设的正式化。

花友会是居民自发组织的社区社会组织，民政部门在日常管理和考核中也做到了分类管理，将其与其他类型社会组织区别开来。尽管如此，花友会还是不得不拿出一部分精力来应付他们的监管要求。一方面，申请政府项目资助必然要进行精心准备，其中主要工作就是进行方案设计与论证，若非居委会的年轻社工义务帮忙，仅靠花友会这些并不熟悉电脑操作的老人们，根本无法参与项目竞标。即使这样，老人们还是要花费一定精力，准备材料和参与竞标程序。当然，申请中标后，项目还要进行最终的检查验收，同样需要准备材料，会长刘阿姨说"没想到申请点钱要这么麻烦，政府的钱真是不好拿，钱又不多"。另一方面，花友会要制定各种管理制度，还要"制度上墙"进行展示，最麻烦的是要进行工作记录和工作总结，每年要向上级部门汇报，迎接相应的检查。这些工作主要靠电脑操作，这也是当初同意那个年轻男老师入会的重要原因。

花友会除了组织自身的建设，现在还要开展党建工作。花友会有七名党员，符合成立党支部条件，成立了直属街道党工委的党支部，由会长兼任书记，设组织委员、宣传委员各一名。本来，这些居民党员的党组织关系都在社区党委，都在过正常的组织生活。花友会单独成立党组织，且直属街道党工委，这也使得他们不得不按照更高的要求，进行党员管理和开展组织生活。比如"两学一做"活动，花友会党支部的成员要按照街道的标准抄党章，要抄整个第一章；如果组织关系仍然在社区党委，只需要抄第一章第一条。这些六七十岁的老党员对此很有些哭笑不得。更始料不及的是，有些成员对花友会单独成立党组织并不理解，认为是"会长想当官"，"都是虚的"，"我还是退休支部的，叫我抄我是不抄的"。

正式化不可避免地带来了组织运行的某种程度上的形式化。其实，许多被要求制定的严格规范的规章制度实际意义都不大，更多是为了挂在墙上供人参观。一些对外的宣传工作对组织发展也似乎并无必要，被一些成员认为是吹嘘，"自己玩就好了，到处去吹，非要让人家都知道"。这些一定程度上形式主义的工作，与迎接大量的检查和参观有很大关系。如今，花友会已经成为社区和街道的一张名片，在全区都有了一定的知名度，每年接待的参观团非常之多。调研时，有一位自花友会创建时就加入的阿姨说："参观的人多了，接待的多了，就要让你吹了，吹得越好就（越能）评上去，上面才会给钱。""我们就不喜欢这种东西。要成立支部，（制度、活动照片等）要贴出来，就变味了。"在她看来，原来很简单的一个组织，现在的变化她已经"弄不灵清了"。

"小"而"简"

花友会的遭遇很具有典型意义。

目前，几乎所有城市社区中都存在居民自发组织的各种类型的组织，比如广场舞队、歌唱队、象棋小组等等。同花友会一样，这些自组织都是有相同爱好的居民聚在一起，开展兴趣活动的团体。自组织绝大多数具有鲜明的自愿性、非正式性和自由松散的特点，加入退出比较自由，很少有正式规范的管理制度，也不会建立完整的领导机构以及相应的换届制度等。活动经费来自成员自愿的捐献，以满足基本的活动需要为准，数量不多，自然也不需要设置规范的财务管理制度和聘请专职财务人员。说是自组织，本质上它们的"组织性"很弱，功能也非常简单，除了最主要的与兴趣爱好直接相关的互动，最常见的延伸活动就是一起吃饭或旅游。根据我们的调研，能够从兴

治城

趣活动延伸到其他活动的少之又少。这与城市居民的生活与社交方式有关。这些趣味活动，只是居民生活中众多功能需求的一部分，他们的休闲和社交需求还有更多的渠道去满足，而且许多在社区之外。城市完善的社会文化服务设施为居民提供了更多的选择空间，便利的交通条件则大大扩展了居民的生活与社交半径，除了那些高龄老人的活动半径比较受限制，绝大多数居民并不局限于社区生活，社区自组织自然也就很难成为他们休闲活动的全部。在这个意义上，社区内的居民自组织天然地难以"长大"，功能也会比较简单。小而且简，便成为绝大多数居民自组织的基本特点。

居民自组织属于广义上的社会组织的一种类型，小而简则构成了居民自组织与其他类型社会组织的根本区别。小而简，说白了就是非正式、低成本，就是灵活自由，这恰恰使自组织与居民的生活高度契合，它内生于居民，服务于居民。众多类似的自组织并存，低成本地满足了居民的差异化需求。居民自组织对社区建设和社区治理更为积极的意义在于，这些自组织当中汇聚了不少有热情、有公益心，又有一定能力的居民，如果社区基层组织能够及时发现他们，则居民自组织不失为一个向社区输送积极分子的便捷渠道。花友会的骨干力量就是花岭社区的积极分子，其中不乏身兼多职的。比如，会长身兼楼组长、志愿者、护河员等，一位副会长身兼楼组长、退休工人自管小组长、垃圾分类督导员等多职，他们中的很多人在杭州迎接G20期间，还当起了社区治安巡逻员。我们都知道，居民积极分子对于社区工作有着非常重要的意义，很难想象当下动辄上万人的社区仅靠十几个居委会工作人员如何治理得好。在这个意义上，社区基层组织需要也应该积极为居民自组织的发展提供力所能及的支持，并从中培养、发掘社区治理的辅助力量。

　　但是，这种支持应该是有限度的，要采取合适的方式。一般来说，社区以及上级政府的支持主要是为居民自组织开展活动提供场地和经费支持。这些支持大多不是固定的，也受地方政府财力和社区自身条件的限制。也因此，我们发现，绝大多数社区中，基层组织与居民自组织之间的关系并不紧密，居民自组织的活动自主性非常大，仍能保持着其小而简、自由灵活的特点。花友会的遭遇之所以具有典型意义，就是它实际上构成了一个样本，一个在某种程度上被地方政府和基层组织"过度"支持和"过度"利用，以至于有些丧失自身优越性的样本。近年来，许多城市政府在培育和发展社会组织上投入的资源越来越多，对社会组织的监管也逐步严格规范，可是，当这些支持和监管落到社区内小而简的居民自组织头上时，效果可能会适得其反。回头看花友会的遭遇，可以发现，正规化对于组织自身的发展实际意义并不大。正规化固然使其获得了申请政府项目支持的资格，也因此得到了可观的资金支持，却也带来了其他方面的消极影响。两相比较，利弊得失恐怕并不容易简单判定。问题是，政府的资金支持完全可以采取其他方式，特别是对于这种居民自组织，也有必要采取与其他类型社会组织不同的资金支持方式。至于让其承担很多迎检和参观任务则更属多余，居民组织能够在服务居民的同时，向社区输送积极分子，协助做一些有助于社区建设和社区治理的小事就足够了。

　　总而言之，社区居民自组织的特点，一曰"简"，二曰"小"。"简"就是保持非正式性，不要搞什么制度化、规范化建设，也不要让其负担太多的功能，一个组织做好一件事就可以了。"小"就是规模不宜过大，成员进出自由。成本低、管理简约、自由灵活，从居民中来，到居民中去。要将居民自组织与其他类型的社会组织区别管理和支持，不宜拔苗助长，更不应该使其不堪重负，做那些与其自身属性不相关的事情。有关部门和社区基层组织，应该在合适的范围内给予支持，在社区中培育大量"小且简"的居民自组织，让社区自身焕发活力，为社区建设与社区治理增添动力。也就是说，每一个组织单独来看都是小而简约的，但数量多了，就可以从不同的层面，用不同的方式，将不同的居民组织起来做不同的事情，社区就真正拥有了活力。

社会组织

"做了些锦上添花的事"

2015年我到南京雨花区调研，了解到当地建有南京市最大的社会组织孵化中心，便慕名去参观了一番。1500平方米的现代化办公场地，走廊两侧墙上琳琅满目的展示，让我们几个刚开始做城市调研的人大开了眼界。

不光是场地支持，政府的资金投入力度也相当大，区财政每年投入1000万元设立社会组织培育发展资金，用于专项扶持、考核奖励、购买服务等。区委组织部还每年拿出10万元设立社会组织党建发展经费，为每家社会组织提供每年5000元的党建工作启动资金，让我们深感政府培育社会组织的热情之高、力度之大。说实在的，连"孵化""出壳"这类说法都是第一次听说，以前只知道孵化企业的，没想到社会组织也可以孵化。但同时我也有些不解，现在社区基层组织建设还任重道远，基层社工待遇又不高，政府要是把这1000万用于增加基层组织工作经费，或者多配置几名专职社工，或者提高一下社工待遇，不也挺好么？对社会组织[1]如此慷慨，却对自己的基层组织左控制右限制，有意思。

我的"不解"，似乎与学界和政府的主导思路有些格格不入。现在提倡"小政府、大社会"，社会组织便是"大社会"的一部分，是需要发展壮大的；而基层组织呢，虽然从法律上讲，它作为居民自治组织，本身也具有社会属性，但似乎还是被归到了"小政府"里面。在具体的操作上，便是通过政府购买服务的形式，引入专业社会组织进社区，为居民提供服务。其背后是西方发达国家从1980年代开始的所谓新公共管理运动，政府供给而不直接生产服务，由专业的组织去生产和投递服务，既可以控制政府规模膨胀，又能提高服务供给效率。按照这个逻辑，由专业社会组织去提供专业的社区服务，要比基层组织更合适，其专业化的供给方式可以称为社会工作方法，相比之下，基层组织擅长的群众工作方法就不够专业了。

那么，社会组织在社区中究竟发挥了什么作用呢？我发现，社会组织进入社区主要有这样几种类型。一种是常驻型的，深圳每个社区的社区服务中心由一家专业社工机构常驻，佛山的社区则建有家庭综合服务中心，也是由专业社工机构常驻，不同之处在于，后者的服务范围会辐射周边几个社区。第二种是流动型的，这种最普遍，是随着政府购买服务的变动而变动，今年是A组织，明年可能是C组织。大多数城市都是由政

---

1 "社会组织"涵盖范围非常广，行业协会、基金会以及居民的自组织都被称为社会组织，这里特指的是专业社工组织、环保组织等从事社区服务或者在城市社区开展活动的专业性社会组织，居民自组织上一篇已讨论，不在此列。

二　多元主体

府部门和群团组织购买服务，也有少部分是社区自己引入。苏州从2016年开始，每个社区每年有20万元党组织为民服务专项经费，除了部分固定开支，其余大多是由社区自主向社会组织购买服务。社会组织在社区中所做的事情还真是不少，大致上以居民服务、社工服务和社区建设几类为主。居民服务有助老助残、儿童教育、居民文体活动等，专业社工服务则是特殊人群的心理矫正、临终关怀等，社区建设类包括居民调解、居民自治等。

效果怎么样呢？实际情况很复杂，细述起来恐怕可以单独写一本书。我倒是想用杭州一位社区书记的话来概括："锦上添花的多，雪中送炭的少。"什么意思呢？"锦上添花"描述的是额外的，附加的，甚至可能是多余的，是没了它，太阳照常升起。"雪中送炭"则是必需性，是必要性，是不可替代性，是没它不行。这样的例子不胜枚举。

这里举一个比较典型的例子，说它典型，是因为这个社区几乎集齐了我所能见到的所有类型的社区服务类社会组织。这个社区在南京，全国闻名，就是前文提到的丁村社区。因为它引进了几十家专业社会组织，各级政府荣誉加身，各类参观络绎不绝，我们在那调研时，还赶上市人大的一位领导带了一车的人大代表去参观。这是个村改居社区，居民大多数都是原来当地种花的农民。村改居社区的特点就是有自己的集体资产，这个社区每年有800万元的开支预算。有钱好办事（社区主任说社会组织进社区的瓶颈就是"钱"），精明的社区主任就花钱引进很多社会组织，成立了社区社会组织服务中心，先后引入了十几家社会组织，目前常驻的就有5家，每个社会组织每年给予6至8万元经费，常驻社工一般每家3至5人，主要依靠大学生实习做兼职。这些社会组织中，一个提供养老服务，一个搞居民调解，一个组织老人妇女搞手工编织，还有一个搞临终关怀，最后一个搞困境儿童陪护。效果呢？致力居民调解的那个社会组织，主任说她每次调解都要带上那个"小社工"，现场教学，等于做了免费督导，但根本指望不上，让他们给社区矫正对象做心理疏导，也没有任何效果，矫正对象们还是愿意跟这位热情帮他们找工作甚至介绍对象的主任打交道；提供养老服务的社会组织，主要做的是给老人打扫卫生，剪指甲，陪聊天；临终关怀是主任说的"打造全生命周期服务"的最后一环，实际上没有多少老人愿意接受，家属也不理解；手工编织的那个组织现在基本上做成个小公司了，带领一些妇女老人卖手工品，既能打发时间还能挣钱，但也就十来个人参加；困境儿童陪护的社会组织稍微好一些，可是它面向全区的服务对象也只有40个，只是每周六周日教孩子们做游戏，学音乐等。

我想指出的是，这些服务明显大多是附加性的、额外的，有的甚至是不必要的。居民调解和社区矫正，依靠基层组织的群众工作完全可以应对，养老服务要是很专业也就罢了，问题是社会组织提供的也只是简单的服务，这些若是基层组织人手多一些，或者将低龄老人组织起来，同样可以通过社区自我供给。我的一个总体判断是，现在社会组织所提供的社区服务，几乎80%以上都是额外服务，还没有体现出社会组织的专业优越性来。

二 多元主体

"有了它，社区还是这么忙"

不能说社会组织对于社区治理没有起到积极作用。它们在基层组织陷于过重的行政任务，而对居民需求回应不足的情况下，在一定程度上发挥了替代作用，向部分居民提供了一些服务，其中有些针对特殊群体的专业服务，也是基层组织做不了的。不过，我们还是要厘清这里面的几个问题：

一、社会组织提供的服务，哪些是真正来自居民的实际需求，而非社工理念或外部植入？需求是有弹性的，也是可以被塑造的，这就存在服务供给方引导需求的风险，也存在其将虚假需求同实际需求相混淆，从而误导服务购买方购买范围的风险。简单来说，不是需求去决定供给，而是供给决定了需求。这是要警惕的。

二、即使是那些居民的实际需求，是否政府就应该去购买？换言之，政府购买和供给的服务中，是否存在过度供给的问题？购买服务本来是为了建设小政府、有限政府，可如果政府购买了很多本不应由其供给的服务，那就背离了初衷。

三、如果既是居民的实际需求，又确实应该由政府供给，是否专业化的供给方式效率更高？如果是，那确实应该由社会组织来承担，但如果不是呢？

四、社会组织在社区中通过专业化方式提供服务，它同基层组织的常规社区工作是什么关系？

我想，还有很多的问题，都值得我们去思考，这比笼统地

治 城

说好或者不好，应该还是不应该，更有意义。这里我想讨论一下最后一个问题，因为这个问题在调研的过程中一直在困扰着我：抛开对社会组织提供的服务的具体评价，从基层组织的角度来看，社会组织好像并没有真正有助于提升他们的治理能力。我困扰的是，果真如此的话，政府投入巨量资源，支持社会组织进社区——这种资源投入在某种程度上甚至重于对基层组织建设的有效投入——意义到底是什么？仅仅就是花钱做好事，为人民服务？

我第一次意识到社会组织与基层组织工作的脱节，就是在南京的那个明星社区。你会发现，社区主任在讲社会组织所做的事时是一套话语，可是在讲社区工作的困难时，又是另一套话语。一方面，社会组织提供了一些专业、有针对性、很人性，甚至很洋气的服务；可另一方面，这些"洗脚上楼"的花农还是不交物业费，乱扔垃圾，不配合社区的很多工作。社区在花钱为居民提供"全生命周期服务"的同时，却并没有换来居民同心协力共建美好家园的积极性，社区还是只能靠自己的工作人员去做工作。后来去杭州调研，一个明星社区，社会组织的活动场所在一所清末的大宅院里，各种功能空间设置齐全，活动表更是排得满满当当。可是，社区书记却在向我们大倒苦水，倾诉的还是那些问题：老旧小区管理难，居民参与度低，社区工作者们既要应付行政任务还要搞环境卫生，等等。

社会组织的存在，似乎只是为这个明星社区的光环又增添了一抹亮光，可这光环背后，还是社区常规治理的一地鸡毛。后来到其他社区调研时，我直接向年轻的社区书记提起这个困惑，她直率地说："你让我说，我也搞不懂上面为什么这么搞，反正我只知道，有了社会组织，我社区还是这么忙。""有了社会组织，社区还是照样忙"，这位书记总结得真是精辟，一下子就把二者的关系说清楚了。我们都知道现在社区治理存在很多问题，其中最突出的，就是社区治理全是基层组织在动，而居民不动。有人认为，基层组织都在做行政工作，对居民需求回应不足。政府的办法是，基层组织做不来的，我花钱请人帮你做，于是便有了社会组织进社区。既然居民需求有人回应了，获得感提高了，这下不说感恩政府，居民至少也该行动起来，建设美好家园了吧。现实是，根本没那回事。政府投入资源，社会组织供给服务，并没有转换为社区的治理绩效，更不要说提高社区的治理能力。"还是照样忙"的意思就是，有你没你，一个样。

或许有人会说，提供服务就是提供服务，这是政府应尽的义务，不应该附加其他功能，不应对社会组织苛责。这种看法就太片面了。恐怕全世界都没有这样单纯的事情，政府花费的公共资源，不能只是简单做点好事，尽点义务。对于国家，这是巩固执政基础；对于基层，它应该有利于提升基层治理绩效。吊诡的是，社会组织进社区后，不仅基层组织"照样忙"，还有可能让后者"更加忙"。许多地方都把培育和发展社会组织作为重要的行政任务，对基层组织来说，这无疑又增加了一个任务。比如，社会组织来到社区，人生地不熟，现在居民警惕性这么高，社工上门做调研总要居委会派人带着；社会组织搞活动需要有居民参与，一般都是靠居委会让积极分子帮忙做动员做宣传。南京有位社区主任更是热心，还帮忙社会组织找驻区单位拉资源，帮忙教社工怎么做居民调解，等等。前不久一位自己做社工机构的朋友跟我抱怨说，现在社区都不欢迎他们社会组织，认为他们帮不上忙还添乱。他说，如果不是上级政府有要求，社区书记们根本不会搭理他。成也"上级要求"，败也"上级要求"，基层终归是没有积极性的。

社会工作与群众工作的辩证法

　　社会组织的优势在其专业性，但其劣势也是其过于专业，专业本身就是行动的边界，能力的边界。社会组织专业化的工作方式也就是社会工作，擅长策划和组织活动，这倒是在社区很受欢迎，因为居委会大妈们做起事情来头头是道，但就是不会写，尤其不擅长包装。现在政府的资源分配都实行项目制，申请、答辩、检查、验收等全套流程，都极其考验基层工作人员的文字和表达技巧，居委会大妈们倒是很欢迎社会组织的社工们帮忙处理这些事情。但是说到做群众工作，社会组织的劣势就暴露了。

　　相对地，基层组织的劣势在其不专业，但这恰恰也是其优势。专业往往意味着规则化、标准化；而基层组织面对的是"百人百心"的群众，需要看人说话，该紧的紧，该松的松，这种灵活的应对能力恰恰排斥专业化。基层组织"不专业"的工作方法也就是俗称的群众工作法。群众工作法的首要原则，就是能够与群众打成一片，深入到群众中去，群众拿你当自己人，才会真心地认可你、支持你。这就是专业性的社会工作和非专业性的群众工作之辩证法。

擅长做社会工作的社会组织，解决不了居民最头疼的小区垃圾堆放问题，化解不了噪音扰民等邻里纠纷，而这些恰恰是绝大多数居民日常生活的基础性需求。基础性需求的弹性比较小，属于刚性需求。特殊性需求是有弹性的，是个性化的，有的可以由社会组织来供给，更多的还是需要自我供给，居民应该自己支付成本满足自己的个性化需要。这部分需求不适合政府利用公共资源来回应，政府的供给只能是标准化的，标准化供给面对个性化需求必然存在张力，政府非要去做，既浪费公共资源，还会吃力不讨好。社区居民基础性需求的专业化程度和技术性要求都不高，但是每天都会重复产生，需要建立日常性回应机制。社会组织一来工作方式过于专业化，二来流动性强，信息的不对称天然限制其能力。基层组织就不同了，它的优势恰恰在于群众性和在地性。基层组织是搬不走的，它与居民之间存在超稳定的关联，能够更加全面掌握基层社会和居民诉求的信息。群众性的优势在于少花钱、多办事，既能办小事，也能集中力量办大事。它可以发现群众中的积极分子，通过积极分子将更多普通居民带动起来，政府只需要少量的资金支持，群众就能在基层组织的引导下，自我回应公共服务需求的偏好。因此，群众工作天然适合回应群众的基础性需求。社会工作回应日常性、基础性的群众需求，则额外增加了服务供给和服务监督的成本，而且效率低下。

有人觉得，群众工作太老套了，在后革命时代去深入群众动员群众，怎么可能？再加上有些人总是不自觉地把动员群众跟特定含义的政治运动关联起来，觉得比较起来，还是社会组织的社会工作来得更现代、更先进。社会工作当然有其用武之地，尤其是在其经过有效的本土化之后；不过坦白说，它或许擅长应对少数特殊个体，却不适合应对数量众多的、百人百心的普通群众。时代在变，群众工作的方法当然也要与时俱进。需要改变的是技术层面的操作和运用问题，与群众打成一片，深入群众才能动员群众的基本原则是不能变的。

现在基层组织搞群众工作确实存在很多问题，主要有：第一，基层组织过于行政化，科层化的成分大大超过了其群众性的一面，基层工作人员不能自主支配工作时间，去灵活机动地深入群众。基层社工们真是忙啊，好不容易走出办公室去入户，都要倍加珍惜机会，利用一次入户完成好几项工作。现在的居住方式对私密性的要求高了，上班族又经常白天大门紧锁，入户难度比过去高出很多。入户难，时间少，就尽量少入户，少去打扰群众；可越是少入户，跟群众接触就越少，群众就越觉得你入户是个小概率事件，就越不习惯你去打扰，如此恶性循环。第二，现在基层社工队伍建设，强调年轻化、知识化、专业化，这不是根据群众工作的需要所制定的标准，而是科层组织职员的标准。好些个大学生选择进社区，看重的是这份工作可以坐办公室，将其作为考公务员的备胎，或者作为考公务员失败的退路，把社区工作者的身份当成了"类白领"。我在绍兴调研时，一位中年的社区卫生协管员说，现在的小年轻吃不得苦，出去打扫卫生都是全副武装，帽子、口罩、墨镜，为了防晒把自己裹得严严实实，居民看了都当笑话，说丧失了以前居委会干部的工作作风。这并不是说，做社区工作就要"面朝黄土背朝天"，只是当你在身份上把自己搞得过于"白领化"，而不像普通群众中的一员，恐怕自然会跟群众产生距离。

有问题就解决问题。基层组织没有时间精力去灵活自主地做群众工作，就要通过社区改革和社区减负，给他们时间和精力。现在的问题是，一方面在改革，另一方面却把很多有利于做群众工作的机会，通过服务外包的方式给了社会组织，这就有点吊诡了。把基层组织解放出来，却又把服务机会给了别人，那让基层组织做什么？这是很多搞居站分设改革后，居委会边缘化的重要原因。它无事可做，当然会变得边缘。

坦率地说，现在社会组织进社区，做的事情不是太少了，而是太多了，做了很多不适合它做的事情。把那些非专业的群众工作方法做得了、做得好、做起来更经济的事情清理出来，还给基层组织吧。

积极分子

　　每个社区都会有一支由居民组长和楼栋长组成的积极分子队伍，他们是社区工作人员的主要助手。这些年，我去过十几个大小城市调研，这些社区中的积极分子有多有少，发挥的作用有大有小，可总体来看，重庆长寿区的社区积极分子明显更加"积极"。

　　各城市社区的积极分子有几个共同特点。一是构成群体主要是退休后的中低龄老年女性。所谓中低龄，即年龄范围多在50岁—75岁之间。当然，也有一些年龄更大的老人参与其中。我在苏州姑苏区杨枝社区调研时，就遇到一位80多岁的老太太，不光本人仍然积极参与社区活动，而且动员能力很强，几乎随时可以聚齐十几二十个老人，供社区"调遣"。但考虑到风险问题，社区一般会劝说高龄老人主动退出。二是这个群体普遍个人和家庭负担不重。一方面他们都有养老金，个人养老不成问题，另一方面不需要或者已经完成给子女带小孩的任务。负担不重而又有时间，这是其能够参与社区活动的前提条件。三是他们普遍有热情、有公益心，关心社区工作，喜欢参与公共活动，喜欢"管闲事"。长寿区的社区积极分子也具有上述特点，我们调研的黄湾社区，年纪最大的居民组长是一位

68岁的王阿姨，她做组长已经近10年，是公认的最负责任的组长之一。有趣的是，她的老伴原来也做过组长，后来因为身体原因退出，便动员她接任了。

长寿区社区积极分子独具特色的地方在于，他们在社区工作中发挥的作用更加积极。一般来说，居民组长和楼栋长的作用主要是上传下达，在社区基层组织和居民之间发挥桥梁纽带作用。一方面，将社区的工作部署和各类惠民政策传达给居民，另一方面，将居民反映的问题和诉求传达给社区，也包括作为社区的信息员，提供社区所需要的一些信息。此外，他们的辅助作用还包括：一、作为社区志愿者的主要组成力量，做一些公益事务，比如捡垃圾、环保宣传等；二、协助社区完成上级任务，比如开会、办讲座等充当居民代表，实际上是"群众演员"。

总体来看，这些事务都不是特别密集的事务，都是可以"顺便"完成的。只是，当遇到"创文""创卫"，或者类似G20峰会等重大政治任务时，尤其是在环境卫生、治安巡逻等方面的工作量，会多一些。相比之下，长寿区的积极分子实际上形成了与社区工作人员的分工，所做的工作虽然都是辅助性的和补充性的，但却是社区工作中必不可少的组成部分。

这主要体现在如下几个方面。

他们是所在区域居民合作事务的主要负责人，以单体楼栋或居住区域为单位的合作事务，包括收取卫生费、环境卫生管理、停车管理等，都由楼栋长或组长负责。"负责"表现为：收取相关费用，组织居民开会协商和决策，并在具体实施过程中发挥牵头作用。一些合作事务需要动员其他热心居民参与，但组长和楼栋长仍是当仁不让的牵头者。黄湾社区兴山路4号小区是个老旧小区，没有固定停车位，停车秩序长期混乱；借着创建文明城区的机会，居民组长易阿姨带领楼栋长，组织居民开会，制定了停车管理方案，有车的30几户居民每家交50块钱，找人划了车位，在小区门口安装了一道简易的小铁门，彻底改善了停车秩序。类似这样的小规模合作事务还有很多，基本都是组长和楼栋长组织居民实施，总体效果还不错。当然，他们做得最多的也是最常规的工作，还是收取卫生费和打扫卫生。长寿老城区主要是单体楼栋组成的开放式居住区，没有物业管理，长期以来都是各家缴纳卫生费，聘请保洁人员负责，其中部分保洁人员就是由楼栋长或组长担任的。卫生费也不多，一般是每家十几二十块钱，主要用来给保洁员发工资。组长和楼栋长如果不兼职保洁员，就要发挥监督作用，督促保洁员做好卫生，而且经常要自己动手。上文提到的那位王阿姨，就经常自己动手，清理负责区域内的建筑垃圾。

他们是负责区域内民事纠纷的第一调解人。要求组长和楼栋长参与居民调解并不鲜见，但组长和楼栋长作为第一责任人却是我第一次遇到。他们不光要调解楼上楼下漏水、噪音扰民等邻里纠纷，还会参与到家庭内部纠纷的调解中。居民都习惯找组长和楼栋长，除非他们调解不了，才会让社区干部，主要是综治专干介入。

也是最关键的，组长和楼栋长都被纳入社区工作的考核体系当中。除了参加每月固定的例会，社区经常召集他们开会，

二　多元主体

布置任务。同时，社区制定了比较严格的奖惩制度，考核这些积极分子。比如，环境卫生方面，如果被上级督察组发现负责区域内有垃圾并被扣分，社区就要扣组长的钱，每次几块到几十块不等。年终时，社区会召开表彰大会，对工作优秀的组长和楼栋长进行表彰。这个考核机制的效果还是比较好的，我们访谈到的组长和楼栋长都说："这是个面子问题，别人能做好，我为什么做不好？"

长寿社区积极分子的独特作用之所以可能，关键是其身份的建构逻辑不同。一般来说，积极分子都属于社区治理中的"非正式"力量，而长寿的独特性在于将其"半正式化"了。

半正式的身份包含多层含义。

首先是群众性，这是积极分子区别于社区正式工作人员的基本身份属性。积极分子是居民中的一分子，居住和生活在本社区，熟悉居民的关切和诉求，熟悉且方便获取相关情况，与本社区，特别是其所居住的楼栋或片区，有着紧密的利益关联，具有关心和参与相关事务的内在动力。更重要的是，群众身份有利于在与居民的日常生活互动中建立人情关系，这是其协助社区落实一些治理任务必不可少的非正式治理资源。

其次是公共性，这是"积极分子"区别于普通群众的关键要素。"组长""楼栋长"等"职务"一般是经过居民推选——推选形式比较灵活——产生的，"选举"主要不是"授权"（因为并无"权力"可授），而是一种身份确认，是居民确认其超越于自己"私"身份之上的"公共身份"的方式。公共身份使其有了协助社区做相关工作的合法性，其入户走访、宣传，做劝说、动员工作才有了资格。

　　"群众性"和"公共性"是目前绝大多数社区积极分子所能获得的双重身份属性，但是有了这双重属性，积极分子仍然是"非正式性"的，他们仍然是社区治理体系的补充力量，是志愿性的，他们与社区基层组织的关联主要是基于本身的"志愿精神"，和与社区工作人员建立的私人关系。因此，基层组织只能是请他们帮忙，而不能用"布置任务""安排工作"等类似"上下级"的等级制规则要求他们。也因此，积极分子的作用便是必要而有限的，与社区基层组织的弱关系，决定了他们不可能深度参与到社区治理当中。

　　长寿的独特之处在于，在上述双重属性之外，给积极分子赋予了"半正式性"身份。"半正式性"身份的确认，主要是通过"固定报酬"，或者更准确地说是"补贴"，来实现的。长寿区居民组长每月可获得440元"报酬"，楼栋长是220元，此外，兼职保洁员等还可以获得额外收入。这份报酬同社区工作人员一样，是由政府财政保障的。这样一来，积极分子就与政府和社区建立了某种半正式的劳动关系。"半正式"是因为其区别于正式工作人员，不需要严格执行上下班等工作制度，不需要经过公开招聘等程序；但因为领取固定报酬，他们拥有区别于志愿者性质的非正式身份，而必须"对得起这份工资"。表现就是，社区可以对其建立相对严格的考核制度，他们也认为自己与社区是"上下级关系"，甚至组长与楼栋长也是"上下级"关系。

　　"半正式"是对"非正式"的质的改变。它将这些居民中内生的积极力量正式吸纳到社区治理体系中，成为一支可以充分调动的社会力量，实现了对社区正式力量"非在地化"的必要且重要的补充。所谓"非在地化"，是指社区正式工作人员几乎都是非本社区居民，他们执行严格的工作制度，非工作时间几乎不与本社区居民打交道，因而在一定程度上难以彻底嵌入到社区生活中。这种"非在地化"会对社区积累非正式治理资源产生一定的消极影响。近年，随着社区工作人员的年轻化和高学历化，这个问题更加明显。有了这样一支可靠的半正式力量队伍，就能够起到一定的弥补作用。同"非正式"力量相比，社区对其调动和配置能力更强，前文所述的积极分子介入到居民小规模合作事务、纠纷调解等便是证明。正是这"关键一招"，使得长寿社区的积极分子，成为社区治理中非常重要的力量，也是其社区治理体系最重要的特点和优势。

长寿的做法是一种有益的经验。这些年，社区基层组织的行政化一直饱受诟病，各界多从基层组织本身去行政化的角度来探索问题解决路径。实际上，随着社区工作者队伍的专职化，以及更深层的国家治理转型，特别是治理重心下沉和服务前移，行政化已经不可逆。在此前提下，类似居站分设等改革尝试，在解决了居委会行政化问题的同时，却也带来了居委会的边缘化，以及更严重的，因社区组织过多而导致的整合与运行成本过高的问题。

2016年，我们在杭州市上城区调研时，发现当地在尝试另外一种解决方式，就是在居民委员会中增设真正的"居民委员"，改变居委会完全由专职工作人员组成的结构。当时调研的小市社区，作为试点社区，便增选了三位居民委员。这三位居民委员，都是原来的居民组长，是多年的积极分子，其中一位还是"末代居委会主任"。居民委员的设置，确实有助于弥补社区工作人员专职化、流动化的弊病。然而，上城区的做法让人存疑的是，将居民委员过于"正式化"了。其表现一是要求他们执行严格的上下班制度，每天要到社区值班，接待居民来访；二是发放正式的工资，每人每月1800元。"正式化"的必要性其实并不充分，一来这些积极分子的"群众性"身份的优势，主要是靠他们与居民日常生活在一起实现的，过于正式化，要求其上下班，反而可能消解这种优势；二来正式化也增加了成本，有悖社区治理简约化的原则。

相对而言，长寿社区积极分子的"半正式化"是比较理想的办法。这样既能继续保持积极分子的优势，又强化了其与基层组织的关系。从更深层的意义上讲，吸纳居民积极分子进入社区治理体系，赋予其"半正式"身份，是更加有效地化解社区行政化的途径。要将社区治理体系作为一个整体来考量，而不是只关注居民委员会的组织属性。在基层组织正规化难以逆转的前提下，将在地化的积极分子吸纳到社区治理体系中来，更加充分有效地发挥其作用，同样可以相对低成本而又高效率地弥补社区行政化与正规化的不足。哪怕社区专职工作人员的流动性很强，哪怕其过于专业化、年轻化，只要有这样一支半正式力量队伍的存在，社区基层组织就不会同居民和社区完全脱嵌，社区治理就仍然可以比较有效地进行。当然，如何针对不同类型的社区，吸纳不同的积极分子，这就是另外一个问题了。

二 多元主体

附：

带不动别人
——宋阿姨的困惑

宋阿姨坐在我们面前神采飞扬地讲述她参与社区活动的故事。我们都以为她只有40多岁，当她说自己已经60岁时，着实让我们错愕许久。是啊，也只有这个年龄，才是社区积极分子"应有"的条件——40多岁的人还要上班，怎么可能有时间参与社区活动呢？

从宋阿姨的身份也可以看出她到底有多积极：她是连心党总支的总支委员兼第三党支部的书记，已连任多年，2015年总支换届，她又被提名为候选人；她是连心居民区桂花小区296弄20号楼的楼组长，三年一届已连任9年；她还是桂花小区业主委员会副主任，已任三年多，任期至2017年。此外，宋阿姨还是业主代表、居民代表，是社区志愿者，结对帮扶5个独居老人，还坚持参加每周四的清洁家园活动，等等。宋阿姨的家庭今年被评为康庄街道首届最美家庭，她所在的楼道被评为最美楼道。说起这些荣誉，宋阿姨非常自豪。"我们是文明楼"也成为她劝说居民保持楼道清洁，特别是清理楼道堆放物的强有力理由。

宋阿姨是总支何书记给我们找的第一位居民代表型的访谈对象，跟我们畅谈了一个上午，毫无怨言——其实，在我们向何书记提相应要求，并说每个访谈对象要聊半天时，何书记有点为难。这也是我们做城市调研最大的顾虑之一，就是担心城市居民不像农村居民那样，时间自由，好打交道。从这个角度看，何书记能够第一个找宋阿姨来，可见宋阿姨确实是居委会工作的坚定支持者和热情参与者，用居委会干部经常说的一句话来说，就是"骨干"。

宋阿姨这样的骨干，对于居委会开展工作是非常重要的。连心居委会总共只有7个工作人员，辖区内则有4000多人，153个楼栋。要想及时、准确和全面地掌握辖区内居民的各种需求和信息，仅靠这几个正式的工作人员是远远不够的。而且，居委会还有一些需要居民参与的工作，比如组织一定规模的群众活动，且不论这些活动是否真正符合居民的需求，起码举办这些活动是必须的。这些活动自然要求要有居民参与，而如何调动居民参与的积极性，实在不是一件简单的事情。这时候，积极分子的作用就体现出来了。连心社区每周四的清洁家园活动，居委会干部全部都要参加，但同时也要有居民志愿者参加，这样既可以提高清洁效果，也能显示小区居民热心公益、关心小区事务的风貌，这本身就是这类群众活动的主要目标之一。也因此，以宋阿姨为代表的积极分子的参与，就成了这类活动必要的点缀，更是最重要、最主要的组成部分。有了他们，起码场面上不会显得太难看。

居委会为了维持与这些积极分子之间的关系，自然也要有所表示。何书记说，主要通过精神奖励和物质奖励两种方式。所谓精神奖励，就是给积极分子一些荣誉；所谓物质奖励，就是每年两次或更多的慰问。连心居委会用来奖励积极分子的物品，大都是每人每次三五十块钱的小礼品，比如肥皂、毛巾等

二 多元主体

等。物品虽小，聊表心意，但体现了居委会珍视积极分子的支持。南京调研时，有个社区主任的活动能力比较强，即到街道和驻地单位争取资源的能力比较强，也因此，她可以给社区积极分子更多的物质激励，比如某医院来义诊，名额有限，这样的名额自然会由主任分配给积极分子。类似的机会很多，所以再分配时，主任会特别注意在积极分子之间保持平衡，不能总是让某些人得好处，而让另外一些人好处得得少，进而影响参与的积极性。

物质激励几乎是现在居委会所能利用的唯一的激励方法了。毕竟，荣誉、精神等激励效果在当下的社会实在是很有限。但是，物质激励的效果也并不一定靠得住。宋阿姨就很鄙视某些积极分子"领肥皂时跑得快快的，干活时躲得远远的"的行为。但是，像宋阿姨这样真正是发自内心，以参与公益事业为生活乐趣甚至生活意义的人并不多。多数人顶多将其当成是打发时间的休闲手段，是可被替代的。如果这次活动恰好与一场牌局冲突，那么，他们自然会毫不犹豫地选择留下来打牌。在宋阿姨看来，真正能够像她一样的，屈指可数。前任党总支委员刘阿姨已经年近70岁，像宋阿姨一样热情。他们两个人也是参与周四清洁家园活动最铁杆的积极分子。除此之外，没有其他人了。

让宋阿姨感觉很郁闷的是，"我们没法带动别人"。积极分子的榜样力量几乎毫无影响，这不能不说是一大遗憾。没法带动更多人，也几乎意味着社区积极分子队伍很难再生产。不过，现实情况似乎也没有这样悲观，虽然从某个时间段看，宋阿姨的出现是很有偶然性的，但从更长的时间来看，那么多居民，总还是会再出现若干宋阿姨、李阿姨、张阿姨。所以，我们的居委会仍然可以依靠这些少量的积极分子，继续营造和维持某些群众参与的形象，至于实际效果如何，就不去追求，也很难追求了。

消极分子

　　以前我总认为，业主自治效果如何，主要取决于积极分子的作用。有能力、有热情，而且公道正派的积极分子，经过业主选举组成业委会后，正确处理好与物业公司和社区基层组织的关系，业主自治就可以良性运行。2018年7月我到重庆市长寿区调研，发现自己以前的想法还是太天真幼稚了。

　　这次调研的长寿区长城街道，是长寿老城区的主要区域。我们去的几个商品房小区，都是2004年左右建成的，是长寿最早一批按照封闭式小区设计建设的居住区。这些小区规模都比较小，大多占地两三万平方米，容纳三四百户居民。黄雅小区最大，总占地面积约18万平方米，共1500户居民。新城小区次之，面积12万平方米左右，都是高层住宅，总户数接近1000户。除了黄雅小区三期是2014年交房，还比较新以外，其余小区都有10年以上的房龄。有经验的人都知道，10年以上的小区就已经进入老化期，其典型特征就是居住结构杂化，小区设施设备维修问题多发，物业管理成本和难度增加。再加上小区建设年代早，物业费标准低（都在1元每平方米每月以下），且多为中小型开发商投资，建筑质量、小区规划设计等存在先天缺陷，这些都增加了小区物业管理的困难。我们去过的几个小区，全都发生了两次以上的更换物业公司的现象，早期开发商成立的物业公司全部在管理几年后，陷入了物业费收缴率低，物业矛盾难以调和而不得不退出的困境。长寿区的业主自治，就建立在这样的基础之上。

规模较小的小区，多数没有组建业委会，即使存在业委会，也基本处于名存实亡的状态。这倒不是说业委会不做事，而实在是无事可做。比如云香小区，2007年交房，建筑面积4.7万平方米，现有434户居民。2014年，小区物业费收缴率不足60%，开发商物业经营不下去，与业主矛盾极大，业主要解聘物业，物业要撤出，便更换为现在的物业公司。物管处的朱经理说，他们这些年就跟业委会打过一次交道，为的是高层电梯更换牵引绳的问题，需要动用大修基金。

照理说，动用大修基金，应该是业委会牵头，做业主工作，召开业主大会表决。实际上，业委会主任只是配合盖了章，业主签字等所有事情都是物业公司做的。原因很简单，业委会虽然有5个人，但都是义务性的，基本不管事。我们后来访谈了几个住在该小区的居民组长和楼栋长，没人知道业委会的存在，更不知道业委会主任是谁，业委会的运行状况可见一斑。不过，小区物业管理状况却相当不错，现在物业费收缴率能够保持在90%以上，居民组长和楼栋长们都对现在的物业公司很满意。像云香小区这样的小体量小区，都没有公共经营收入，需要业委会日常管理的事务非常少；在大型维修需要动用大修基金时，如果存在业委会，就需要业委会配合签字，如果不存在业委会，影响也不大。

二　多元主体

两个较大的小区——黄雅和新城，它们的业主自治就比较热闹了。前者，业委会经历过一次重组，但现在几乎所有业委会成员都打算干满一届就退出，其中就包括当时牵头罢免上一届业委会的积极分子；后者，业委会在2015年被罢免后，社区曾经动员几个积极分子打算重新组建业委会，但没有成功，偌大的小区至今仍处于没有业委会的状态。也就是说，这些小区并不是缺少积极分子，而是积极分子在积极了一阵子后，积极性都受到严重打击，不想继续积极下去了，业主自治也因此陷入难以为继的困境。

积极分子的积极性被打击，是因为小区里还存在另外一类群体。他们喜欢通过各种方式表达意见，主要是在匿名的业主群里，还有的是在开会现场，或者小区公共场合。他们表达的意见，基本上很少有建设性的，大多是对业委会工作的不满、质疑甚至批判，也包括对业委会成员个人的质疑甚至攻击。他们不光自己要表达意见，还会带节奏，造舆论，引导更多普通业主的态度和看法。尽管他们喜欢表达意见，但并不意味着他们愿意出来为业主服务，即使有些人愿意出来，也大多动机不纯，认为进入业委会有利可图。这个群体貌似可以发挥对业委会的监督作用，但从实践来看，其破坏作用更甚。他们是与积极分子相对应的"消极分子"。

具体来说，消极分子的消极作用主要表现在以下三个方面：

一、质疑积极分子的动机。认为积极分子就应该时时事事站在业主一方，与物业针锋相对，一旦发现双方立场观点相近或者一致，就质疑积极分子与物业公司有利益交换，拿了物业

治 城

的好处，比如免缴物业费停车费。还认为积极分子并不是义务性的，而是拿工资的，或者侵占了业主的利益。

二、表达和散布对物业公司的不满。对物业公司提供的服务进行吹毛求疵、极为苛刻的评价，认为物业公司服务不到位，赚了很多钱却没有提供好的服务。

三、煽动和引导小区舆论。他们不光个人表达意见，还会积极利用各种平台和渠道，向其他普通业主做宣传，用调研中一些业委会委员的话说，其实都是在做"反宣传"。具体有哪些方式呢？主要有两种，一种是通过业主群，也就是在虚拟空间，匿名发表言论。黄雅业委会委员刘老师说，他们小区业主群有400多人，都是匿名，在里面发言比较活跃的，就是一些喜欢说风凉话的。他举了个例子，前不久小区更换门禁系统，业委会主任和物业公司合作，找了一家广告公司，出租了门禁系统上的5年广告位，条件是广告公司承担门禁系统的更换费用和5年内的维修，仅更换费用就为业主省了8万块钱。按说是件好事，但业主群里却有部分业主很是不满，有人说这里面有猫腻，业委会肯定得了好处；有人说既然做广告就有广告费，广告费是全体业主的，应该分掉；还有人说，门禁系统不能做广告，广告"强奸"了他的眼睛。尽管业委会在群里做了很多解释工作，但仍然挡不住这些匿名业主的围攻。另一位委员戴老师也说："解释起来很累，你说了也没用，他还是坚持他那一套。"业主群是匿名的，使这些人发表言论几乎零成本，"谁都不晓得哪个是哪个"。第二种是在小区公开场合。黄雅业委会副主任，也是三期的实际负责人叶老师说，他干满这一届就不想干了，最主要的原因就是"干了事还被人嘁，不被人理解"，有人在公开场合说他进业委会就是想当官，还有人说他拿了物业公司的好处。新城小区的居民组长王阿姨说，业委会被罢免后，社区让她和另外一位老师在小区宣传，动员业主重新选举新一届业委会，结果他们在小区广场宣传时，就有业主跳出来"做反宣传"，说"莫选哦，选出来以后就是乱用你们的大修基金的"，"他不光说，还站起不走，在那里跟你打擂台"，还质疑王阿姨他们的动机："你不得好处你会出来抻头？"

　　他们所能发挥的消极影响显而易见，归结起来，一是直接打击积极分子的积极性，瓦解业主自治有效运行的社会基础。没有积极分子，业主自治就无从谈起，就像新城那样，王阿姨她们被消极分子当面打击后，普遍灰心丧气："我不出来做这个那些人对我印象还好点"，"以后再也不出来搞这个了"。戴老师说："业委会几个人当时都不愿意出来，都晓得费力不讨好。……我现在后悔了，做着没劲，干完这一届坚决不干了。"叶老师也说："我就求个清清白白进来，清清白白出去，干满这一届就不干了，我在家拿着退休金到处耍耍，多好。"二是煽动和引导小区社会舆论，制造业主与业委会、物业公司的对立，而且这种对立是无原则的，不是就事论事，更谈不上实事求是。在这些人眼里，业委会也好，物业公司也好，都已经被标签化了，它们天然就是业主的敌人。他们认为，"业委会的人没有好处，是不可思议的"，物业公司肯定是乱用大修金占业主的利益，肯定是把钱赚走却又不提供好的服务，"如果不赚钱物业公司早就撤走了"。最关键的是，他们还将自己的这种怀疑转化为小区舆论，通过"反宣传"煽动更多的业主加入他们的队伍中来，以致发挥了更大的破坏作用。

为什么消极分子能够发挥这么大的作用呢？他们数量也不多，但用叶老师的话说，他们只有10%，却可以带动50%的业主。

一方面，要从业主群体的结构来分析。业主群体虽然数量众多，但根据其参与小区公共事务的活跃程度和发挥的作用，基本上可以分为三个群体。一头是少量的积极分子，他们发挥的是建设性作用，这不必赘述；另一头是少量的消极分子，他们发挥的是破坏性作用；中间的则是大多数的普通业主，这个群体的特点是"沉默"，是沉默分子。沉默分子根本上也是冷漠分子，他们只关心过好自己的生活，多数人觉得按时交纳物业费，生活没有受到什么大的影响，就不过问小区公共事务。当然，有的人是没有时间没有精力，或者是不知道如何关心。当自身利益受到损害时，他们也会被积极分子动员起来，参与到维权运动中，但在其中主要起到的也是"凑人数，壮声势"的作用，事情结束后依然归于沉默。这样一个结构，就存在积极分子与消极分子争夺沉默分子的问题，其背后，实质上是陌生人社会中的公共舆论和社会正义的生产问题。在这个陌生人社会中，积极分子行动主要依靠自我激励，沉默分子无法为其提供社会激励，同样也无法提供社会保护，这样一来，积极分子面对消极分子的质疑甚至攻击，缺乏社会力量的支持与保

二　多元主体

护，多数人的沉默还会放大这种破坏作用。冷漠让人寒心，沉默让人伤心，沉默的大多数在享受到积极分子的奉献后，却不能在他们需要的时候挺身而出伸张正义，反而可能附和消极分子，积极分子如何积极下去？也就是说，在陌生人社会的结构中，积极分子要独自应对消极分子的攻击，社会无法内生出有效的保护机制，沉默分子们的沉默反而会放大消极分子的破坏作用，这是一个失衡的结构。

另一方面，要从陌生人社会和物业管理的特性来分析。物业管理提供的是一项明显具有模糊性和弹性的服务，1块钱物业费到底应该对应什么样的服务，这是难以量化的，物业合同即使规定得再详细，也不可能穷尽所有服务内容；即使能够穷尽，业主也不一定全部掌握；即使业主能够掌握，他也完全可以进行主观解读。服务的模糊性和弹性，就为部分业主的"吹毛求疵"提供了空间，何况实践中物业服务不可能做到百分之百的完美，不可能做到让所有业主满意。平常状态下，可能大多数业主都不会刻意去挑物业的毛病，但是，消极分子挑出来的毛病，却很有可能得到业主的认可，这是消极分子能够煽动业主对物业不满情绪的基础。

在陌生人社会中，业主数量众多，平时都忙于工作和家庭生活，而业主自治和物业管理中又涉及许多法律、政策和专业知识，这就形成了一个天然的信息不对称的状况：直接参与上述事务的积极分子和物业公司最掌握情况，而大多数业主并不一定清楚。业委会可以定期公布账目，重大事项召开业主大会决议，但是穷尽所有程序，也不能完全消弭这种信息不对称的存在，因为业委会可以控制信息输出的效度，却不能控制信息接收的效度，即业主是否能够完全接收到相关信息，所以说，信息不对称在现实中是永远存在的。信息不对称为业主提供了想象空间，至于如何去想象，就可能被消极分子引导。而且，业主天然地对自身利益最关切，一旦消极分子将业主的想象关联到其自身利益上，宁可信其有不可信其无的心理就会发挥作用，这是消极分子能够引导和煽动业主的又一个基础。有了这样两个基础，加上积极分子确实存在道德风险，相应的案例，尤其是发生在身边的案例，会更加加剧由于服务模糊性和信息不对称造成的信任关系的脆弱性。总而言之，陌生人社会中，建设性的信任关系建立起来难上加难，可破坏起来却是易如反掌。

靠陌生人社会自身，很难建立起内生的对积极分子的保护机制，和对消极分子的约束机制；但是不解决这个根本性问题，业主自治就不可能稳定，更谈不上良性运行。社会无法内生，就需要外部力量的介入，而且是能够与小区的陌生人社会建立强信任关系的外部力量的介入。目前看来，社区基层组织是最合适的外部力量。简单来说，社区基层组织对业主自治的介入，一不是在业主自治具体事务上的介入，二也不能仅仅是在业主自治陷入困境甚至破裂后的事后干预，而是为业主自治提供一种制度性的保护机制，保护积极分子，约束消极分子，至少对冲消极分子的破坏作用。制度性保护的关键，是将小区公共舆论和社区正义的生产纳入社区自治中来，引导甚至主导正能量的形成，弥补陌生人社会内生激励机制和保护机制的不足。这又是另一篇大文章，需要专门探讨，这里就不展开了。

二 多元主体

业主自治中的政府角色

不到北京，不知业主自治之难。

2018年9月份的北京海淀调研，我重点了解了物业管理和业主自治问题。按照以往在其他城市的调研经验，我曾经把业主自治的问题归结为"双弱困境"：弱监督和弱激励。所谓弱监督，是指分散的业主难以对业主自治组织进行有效监督，出现代理人失控，后者蜕化为谋取私利、损害业主利益的组织；所谓弱激励，则是指小区作为陌生人社会，难以形成有效的社会激励，业主自治中的积极力量因此得不到持久激励，自治难以可持续运行。

"双弱困境"是业主自治的两个极端表现，要么业委会强势到无拘无束、无法无天，异化为业主的对立面，要么业委会弱势到无权无势、无人做事，虚化成一种组织形式。从以往调研经验来看，我发现弱激励的现象要比弱监督的现象更为普遍，并在重庆长寿调研时，提出要发挥政府和基层组织作用，建立对业主自治的组织化保护机制，通过组织化激励弥补陌生人社会内生激励不足的问题。这次在海淀调研时，我却发现，业主自治问题的复杂性远超之前的想象，这里既有双弱问题，其中又主要表现为弱监督问题，还有更重要的能力不足问题，以及与之相关的，外部力量介入并形塑业主自治运行逻辑的问题。这些促使我重新思考那个老问题：业主自治中，政府究竟应该扮演什么样的角色？

业主自治的问题

我这次重点调研了两个小区，一个是下山村小区，一个是青草小区。下山村小区建筑面积30万平方米，总套数836户，常住户约85%；青草小区建筑面积21.6万平方米，总套数1517户。两个小区建成年代相近，都是21世纪初的商品房小区，但小区档次有明显差距。下山村当年开盘售价达4万每平方米，而青草仅三四千元，是下山村的十分之一。目前的售价前者也达到了13万元，后者约八九万元。决定小区经济价值的主要是区位，下山村在地铁下山桥站附近，位于西三环与西四环之间，毗邻区政府；青草则在北五环外，距离地铁青草站约一公里路程。两个小区在居住群体结构上也有差异，下山村的房价决定了其居住人群"非富即贵"，而青草虽然居住了不少社会精英，比如企业高管、高校老师等，但确实也有一些普通阶层的人群，比如回迁户比较多。目前两个小区物业费标准，下山村是每平方米每月3.5元，青草是每平方米每月2.93元。

这两个小区也有很强的可比性，一是都经历过一段混乱期，频繁更换物业公司和业委会：下山村先后经历中信物业、龙城物业、龙湖物业和瑞赢物业四家物业公司，业委会成立迄今，一届任期内换了三个主任，人员变动也极大；青草经历过中海物业、中石物业、某应急物业、瑞赢物业四家，业委会历经四届，前两届变动很大，近两届很平稳。二是两个小区目前业委会的结构具有相似性：都是中青年社会精英构成，且都引入了同一家物业公司，实行酬金制。从目前的运行效果来看，青草明显已经比较成熟，小区治理秩序比较良好，而下山村仍然处于过渡期。从这两个小区的对比中，可以发现业主自治有以下几个突出问题。

一、业委会出现代理人失控的风险很高。业主同业委会构成委托—代理关系，业主投票选举业委会成员，代表其管理（包括经营）共有公用设施和公共维修基金，代表其监督和协调物业公司的服务工作，维护小区生活秩序，营造良好的生活环境。不过，实践中业委会成员基本没有制度性的物质报酬，其与业主的委托—代理关系就缺乏比较硬的基础，业委会成员会认为自己是志愿服务，随时可以退出。由于业主数量众多且分散，而业委会成员数量较少且有一定组织化水平，双方的行动能力存在巨大差距，业主实际上很难对业委会形成有效的常规化的监督。业委会成员可以利用小区事务管理中的各种利益空间寻租，其中，同物业公司之间的利益共谋相对来说容易被发现，更多的是隐形方式，比如小区公共场地对外开放经营权的空间，小区公共维修所需设备器件的购买、工程方的选择，小区地上停车位的对外经营权等等，简直可以单独写一篇文章来展示。这些事务可以由业委会甚至业委会主任单方面决定，无须经过业主授权，而大多数业主甚至并不知道存在这样的寻租空间。这些也是业主自治中数量最多的常规事务，却处于监督空白。更重要的是，业委会的财务审计，业委会成员的离任、辞职等，也都缺乏有效审计监督。日升街道办事处社建办的张主任说："现在业委会成员完全不用负责任，出了事他交上一份辞职书就可以走人，大不了房子卖掉，你都不知道他住到哪里去了。"做过多年业委会主任的宗老师也说："这个民间组织，管理这么庞大的资产，却处于监督空白，很危险，业委会也要反腐。"

二、业委会能力不足问题突出。业主自治中，涉及相当多专业性很强的事务，其中最突出的是工程和财务。小区有大量或大或小的设施设备维修养护工程，既包括设备零部件更换和整套更新，也包括工程外包的招投标、监督审计等，这些事务都需要业委会做决策。如果缺乏相关专业知识，就存在被物业公司或供应商、承包商钻空子的风险。财务管理涉及大量资金往来，特别是如果施行酬金制，业委会就承担了巨量的日常化的财务事务，如果缺乏相关知识，也可能被物业公司牵着鼻子走。青草业委会最厉害的地方，就是业委会成员汇集了相当多的专业人才，既有熟悉建筑行业的工程人才，也有IBM等软件公司的开发设计人才，还有熟悉财务、人力资源管理的人才。一位在大型外企做人力资源的业委会委员说，他们在不同的事务上，会有熟悉相关专业的委员负责，动员业主中的专业人才参与，而业委会主任本身是一家大型企业的董事长，在业委会的队伍建设上很有一套，这就保证了业委会整体运行比较良好。相比之下，下山村业委会却缺乏这样的比较合理的人员搭配，业委会主任坦言他现在最焦虑的就是业委会成员的能力不足，在很多事务的决策和管理中，缺少专业知识。除此之外，业主自治还涉及相当多的法律问题，不仅是业委会运作要符合法律规范，很多小区管理事务，比如公共维修金使用等都需要熟悉相关制度规章，否则，很容易出现程序瑕疵或影响办事效率，进而被极少数业主抓住把柄。因此，北京很多业委会聘请了所谓的法律顾问，他们中有些人发挥的作用却极具争议性，这一点后文详述。

三、业委会对业主不当行为的约束无力。业主自治的重要内容之一，就是落实《业主自治公约》，约束业主在小区中的不当行为，维护小区公共秩序。但是，长期以来，由于缺乏相应法律支撑，比如有些国家制定的限制甚至剥夺业主成员权的法律规定，《业主自治公约》自然无法做出相应约定，公约也就成了一纸空文。业主的不当行为中，比较常见的有三类，一是共用空间的私用问题，例如违章搭建、楼道堆积；二是专有空间使用中干扰他人生活秩序问题，最典型的是装修、养宠物、"住改商"；三是不交物业费。许多人对物业费的性质有误解，简单地将其与物业公司的服务画等号，以个人的服务感知为标准评判，动辄以拒缴物业费的方式表达不满。这类行为是对业主自治伤害最严重的，因为它在瓦解业主自治的经济基础。物业费收缴率降低，势必影响物业公司的服务质量，小区管理很容易陷入恶性循环。下山村和青草之前的混乱局面，都是从业主不交物业费开始的，下山村物业费收缴率一度低至40%，至今仍有大量业主拖欠前面3家物业公司费用，其中，龙城物业被拖欠600万元，中信物业尚拖欠260万元。最吊诡的是，"最活跃的业主都是不交物业费的"。其实，背后逻辑不难理解，不交费的人往往是对服务比较挑剔的，也是最经常与物业公司和维护打交道的，这些人也比较喜欢发言：通过积极发言，引导小区舆论，为自己的不交费行为确立"合理性"。其消极影响是，会带动更多业主不交费，最终使小区管理陷入困境。

缺位的政府

面对上述问题，政府发挥了什么作用呢？

从实践来看，政府基本上属于被动介入，充当"救火队员"的角色。所谓被动介入，有两种方式。一是常规化的，在业委会成立及换届中的介入，和公共维修基金使用上的介入。常规介入是法律要求，是制度化的。在业委会成立和换届时，街道办事处和社区居委会作为筹备组的主要负责方，承担着候选人动员和筛选的重要责任。组建一个有公心、有能力，且能够与政府、社区、物业实现良性协作的业委会，是业主自治有效实现的组织基础。将真正符合上述要求的业主积极分子识别、动员和组织起来，就显得尤为关键。如果做不到，反而让一些非常活跃，但存有私心，且不善于合作，甚至刻意将业委会同物业公司甚至政府对立起来的人进入业委会，将会对未来的业主自治埋下隐患。

有些城市的基层政府比较好地把好了这个关口，通过一定的合法策略，将不合适的人选排斥出去。可从北京的调研来看，管理部门似乎比较消极，主要是在做形式上的资格审查，只要自愿报名的候选人符合硬性条件（无违法犯罪记录、无物业费拖欠、属于房屋产权人等），就不会深度考察其品质、素质和能力。政府似乎在刻意收缩自己的权力，防止出现过度介入、干涉业主自治的法律风险。这样做不是没有道理，但从实践来看，效果却并不理想。政府只能做形式审查，难以做到实质审查，或者说，只能做"合法资格"审查，却不做"合适资格"的监督；太怕"出事"，结果却是，合法却不合适的人选主导了业主自治，反而会带来更多的"事"。

另外一种是应急干预，当业委会运行和小区管理出现重大问题时，政府作为"救火队员"，不得不实施干预，解决问题，使小区重回正轨。为什么会出现应急干预呢？归根结底，政府是一切问题的兜底方。当小区矛盾问题积累到一定程度时，事件爆发的激烈程度，已经超出了业主自治的掌控范围，小区内的相关各方，已经无法达成有效的妥协，居民正常生活秩序受到极大影响，业委会、物业公司都不能解决问题。这时，居民往往会主动地、通过个体或群体信访的方式，要求政府介入。政府回应居民诉求也是为人民服务的内在要求。另外一个重要原因是，即使居民没有主动求援，小区重大问题的爆发，也是重大的社会不稳定事件，政府出于维稳需要也要干预。

频繁充当"救火队员"，实施应急干预所造成的一个后果是，业主自治在政府的观念中变成了"问题源"，业委会则变成"麻烦制造者"。在北京调研时，街道和社区相关干部对业委会的评价都非常低，商品房小区也成为令他们最为头疼的对象。相比之下，老旧社区由政府兜底，虽然事务繁多冗杂，政府也不堪居民日益高涨的服务需求压力，但这些压力毕竟都是些细小琐碎的生活化需求，极少演化为重大维稳事件，所以他们反而对老旧社区比较放心。

既然业委会成了"麻烦制造者"，一些基层干部就形成了比较极端的观点，认为业委会只会添乱，老是让政府擦屁股，却又很难对其进行日常监管；有的甚至认为业委会就是政府的对立面，难以掌控，是盲目学习国外形成的怪胎，中国人的民主素养还不够，应该取消这个组织。一旦形成这种刻板认知，将业主自治定位于"麻烦制造者"，势必会影响基层干部和工作人员对待业主自治事务的工作态度。比如，业委会成立时，有意无意地以繁琐的程序要求，拖延相关工作。这样一来，就会恶化业主同基层干部的关系，也恶化基层政府同业委会的关系，使政府对业主自治实施必要干预时，面临后者的误解与抵制。

下山村首届业委会成立时就出现了这个问题：当时一些业主急于成立业委会，为的是更换物业公司，改变小区当时陷入的混乱管理状况。但在组建过程中，作为筹备组的负责方，街道办事处在程序上的严格要求，却被部分业主认为是故意拖延。一些业主于是散布言论，"带节奏"，说政府阻碍业委会成立，跟物业公司肯定存在利益交换。许多业主不明就里，宁信其有难信其无，便发生了群体聚集到街道办事处上访的重大事件。直到现在，部分业委会成员仍对街道办事处抱有疑虑。

综上，无论是刻意超脱而过于消极的常规干预，还是危机处置的应急干预，政府在应对业主自治中的主要问题上，有效干预严重不足，甚至可以说毫无作为。政府的缺位，就给其他力量的介入提供了空间。

民间法律顾问

其他力量的介入，典型表现就是民间法律顾问的介入。

所谓民间法律顾问，就是专职为业主维权和向业委会工作提供法律咨询服务，并从中获取经济利益的群体。他们中很多并非执业律师，也不是科班出身。他们都是业主维权和业主自治的先行者和长期实践者，在多年实践中不仅熟练掌握了相关法律法规，还积累了丰富的实践经验。先行者们的法律知识和实践经验，恰恰是后来者最需要的。于是，许多人便以"法律顾问"的身份参与到其他小区的业主维权和自治事务中来。

从调研来看，他们所做的事主要有以下内容：

首先，到没有成立业委会的小区鼓动业主成立业委会，公开的理由是成立业委会才能同开发商、物业公司甚至政府博弈，维护自身合法权益。他们可以为业委会的组建提供法律咨询和具体的筹备服务，保证组建过程合法依规。

其次，业委会成立后，必然会鼓动其更换物业公司。他们在物业更换过程中，出谋划策，当然，所有的策划和实施都会合法依规进行。

最后，担任业委会的法律顾问，保证业委会运行过程中的合法依规，无论实质上运行效率如何，他们能够做到不出现法律漏洞。

应该说，顾问们提供的服务，确实契合了业主自治的内在需求，他们多年的实践经验，也能够一定程度上弥补了业委会能力不足的缺陷。当然，这些积极作用能够发挥的前提，是他们不动歪脑筋、不夹带私货、不谋取灰色利益。

遗憾的是，从实践来看，有些法律顾问显然并不满足于正常的服务收益（比如业委会的顾问费，下山村是每年8万元），他们有意促成了一条灰色利益链，在这条利益链上，物业公司、少数业主精英与其共同构成了分利同盟。灰色利益链的运转，大概有赖于以下几个环节：

一是业委会成立中的利益交换。由于业委会成立必然会更换物业公司，现物业公司为了避免被替换，就有足够动力阻碍业委会成立。为此，同法律顾问进行利益交换就不失为一个办法——"给你好处，你就不要来帮忙了"；而顾问们也可以以此要挟物业公司，利益谈判不成或者更换物业的好处更多，他们就有更大的动力"强势介入"，不买现物业的账。

二是更换物业的利益交换。顾问们会向业委会推荐新物业，巧合的是，每个人推荐的物业都大致固定，尽管最终仍要招标投标程序，但其作为掌握内部信息的人，向利益相关企业透露一些招标内幕并不是难事。一般来说，这样的推荐最终都能成功。这样就产生了一个非常"诡异"的情况：无论业委会能否成立，顾问们都可能获取灰色利益。

三是同少数业主精英的利益交换。前文所说的"合法"与

"合适"的问题，会因为法律顾问的介入而更容易发生，即他们可以让"不合适"的人"合法"地进入业委会，并保证其在任期间的所有财务往来、决策程序都合法依规，至少从法律上找不到漏洞。这样一来，失控的代理人组织便有可能固化，即使其运行实效并不理想，或者有其他业主想罢免他们，都会面临极高的法律成本。对此，政府也无能为力，哪怕政府面对的是一个总是故意作对的业委会。比如，有一个小区的业委会主任公开向业主散布对政府的不信任言论，这个小区几乎被他一手遮天，但因为找不到其法律规范方面的漏洞，所有人都对他毫无办法。

政府干预

一些人，特别是一些学者，总是把业主自治预设为一个没有政府干预的纯而又纯的领域，似乎公权力的任何形式的介入都是不可接受的。一些民间法律顾问也鼓吹这种观点，他们擅长祭出法律的盾牌，把政府挡在小区之外，营造出一个合法却可能低效的"独立王国"。政府呢，似乎也接受了这样的观点，生怕踩了法定自治的红线，给自己惹一身麻烦。可是，实践中的结果是怎样的呢？业主自治普遍陷入运行困境，怕出事的政府却又不得不疲于应付此起彼伏的业主自治纠纷事件。

调研中，我访谈到的几位业委会的同志，却都在呼吁政府的介入。运行良好的青草业委会委员说，小区管理最根本的，是有效解决问题，而解决问题不可能离开政府，业委会的关键作就是同政府和物业公司有效协作，链接政府权力和资源，解决问题。下山村业委会主任说，前些年的混乱，部分原因就是一些业主把政府当成对立面，激化了矛盾，不利于问题的解决，但是，政府的几次应急介入也在改变业主的认识，大家确实认识到政府是在帮忙解决问题。他特别强调：业委会这块，政府不来引导，就会被别的人（指法律顾问）引导去了，政府不来占领，就被其他组织占领了。我们需要政府指导，可是政府指导体现在哪里呢？

政府指导体现在哪里？下山村业委会主任提出了一个好问题。他还提出了另一个更好的问题：政府不来"占领"，难道坐等其他力量来"占领"？

"占领"当然不是字面所指的意思，要政府干预业主自治的具体事务。这主要还不是是否合法的问题，关键是政府介入小区具体事物的治理中，成本太高且不一定有效率。那么，政府法定的"指导"职责，究竟应该如何体现呢？

除了前文提到的常规干预和应急干预，我认为以下三点是亟需加强的：

第一，要加快建立覆盖业委会的监督机制。国家监察制度改革，已经将包括居（村）民自治组织工作人员的所有承担公共职责的人员纳入在内，完全应该将业主自治组织也纳入进来。业委会的财务审计不应再由其自主完成，业委会成员的离任审计等制度也要尽快建立。业主自治中的弱监督困境，除了完善自治体系（比如设立监督委员会、实行常任代表制等），由于其具备较强的专业性，政府作为中立的仲裁者，理应承担起主要的监督职责。另外，共有产权空间的出租、小区公共工程招标投标，涉及资金流量极大，存在巨大风险，因此要尽快将小区公共资源交易纳入公共平台。

第二，要加快建立业委会的能力建设机制。能力建设的首要一条，是组建人员结构配置合理的业委会；其次是用政府选聘的专业人员，或通过政府购买服务的方式，为业委会提供相关法律咨询服务和业务培训，彻底斩断少数民间法律顾问形成的灰色利益链。现在政府购买服务耗资巨大，但基本都在供给一些意义不大的服务，却将业主自治所需要的法律和专业指导服务拱手让出，不能真正对接居民需求，实在不应该。

第三，要在业委会组织建设上发挥更加积极作用。尤其要摒弃规避法律风险的消极理念，在业委会成立与换届过程中，不能仅限于做形式上的资格审查，更要做实质审查。社区基层组织要更加积极地参与到小区积极分子的识别、培养与动员中来，将那些真正有能力、有公心的，不仅合法而且合适的积极分子纳入业主自治组织中，并建立对其的舆论保护机制，为业主自治建立坚实的组织基础。

激活老年人

我在武汉新洲调研，跟街道分管农业的副主任访谈时，问到现在都是什么人在种田，袁主任说都是老年人，"在农村，60岁算壮劳力，啥都可以做，70岁才是老人"。后来，又陆续听到几位村支书说，现在农村70岁以上的才算老人。这个说法很有趣。

同样的，城市老年人的定位及意义也需要重新认识。

城市老人男性60岁退休，女性55岁退休。城市老人在这个年龄，身体条件还很不错，而且精力比较充沛；他们普遍没有什么养老问题，充分的养老保障使他们不仅不需要子女赡养，而且还能继续为子女提供家庭支持，包括物质生活，也包括照看孙子孙女。除此之外，这些老人最主要的事情，可能就是外出旅游和修身养性了。

随着老龄化越来越严重，城市社会就出现了一个非常重要的变化，那就是社区日常生活的主要群体都是老年人。这在老旧社区表现尤为明显。即使在新的商品房小区，老年群体也不可忽视。除了一部分居住在这里的老人，还有一部分来给子女照看孙子孙女的外地老人。中青年人都是职业群体，除了少部分全职太太，工作日的白天基本不在社区活动，周末和节假日也大多选择外出旅游休息。老年人生活半径比较小，基本上围绕社区和周围的公园、广场、菜市场等活动，他们在社区活动时间最长，相应地对社区服务的要求也最多，同物业公司、社区基层组织打交道也是最多的。总之，他们是城市社区治理中的主要社会力量。

现在的社区基层组织却呈现与这个社会结构的明显割裂。以前，居委会干部都是下岗或退休的中老年人，尤其以妇女为主。由于年龄相近，他们与社区老年人群体其实是比较好打交道的。更重要的是，以前的居委会干部基本都是居住和生活在本社区的居民。现在不同了，自从社区建设运动开展以来，各地都在大力推进社区工作者队伍的正规化、职业化和年轻化，其结果就是基层社工逐渐被青年群体替代，而且基本都是非本地居民。到社区工作，就跟到企事业单位上下班一样，没什么不同。这样的后果是，第一，基层社工对本社区情况不熟悉。第二，社工年轻化，与社区老年人群体存在代沟，在日常沟通和工作中就会产生一些问题。比如，不能真正了解老年人的需求，年轻人喜欢搞热闹的活动，不一定符合老年人的胃口；再比如，在做老年人的群众工作时，不能跟老年人想到一处，说话自然就不受听，难以真正打成一片。一方面是日渐老龄化的社区，另一方面却是日益职业化和年轻化的社工群体，这是我们的城市社区治理面临的一个非常吊诡的现象。

老年人，特别是这些六七十岁的老人，是城市一支有生力量，是社区治理非常值得依靠的社会力量，关键是如何将他们动员起来，并给予他们合适的参与渠道和参与方式。目前，最常见的方式还是动员他们成为社区积极分子，比如做楼道长、居民小组长等等，这也是比较传统的方式。他们是社区基层组织与普通居民之间不可或缺的桥梁和纽带，能够发挥上传下达的作用。这个积极分子群体还可以自我生产，有的年纪大了，会培养相对年轻的接班。现在城市社区管辖人口动辄数千乃至上万，而社区工作人员一般只有十几个人，力量远远不足，这些以老年人为主体的社区积极分子就发挥了非常重要的辅助作用。

除了上述传统方式，杭州近年来也在探索一种新形式，即居民委员制度。在居民委员会中拿出若干个名额，开放给本社区的居民，这些本社区的居民委员不承担其他社工的行政任务，而主要做群众工作。这样就形成了一个正式工作人员与居民代表相混合的基层组织架构，给了居民积极分子一个更加体制化的身份和制度化的参与方式，这是对楼道长等非正式身份的一大突破。这样一个混合结构是比较符合社区工作的需要的。

一方面，确实需要有专业的正式的职业化的工作人员，他们要负责将政府的公共服务供给社区居民，同时要完成上级安排的行政任务。另一方面，这些来自居民的代表参与到基层组织工作中，他们是在地的，而且都是退休的老年人，六七十岁，身体条件还不错，家庭负担不重，有时间有精力，对社区情况比较熟悉，而且群众基础比较好，就能够弥补基层组织正规化的一些不足。这样，就可以发挥两方面的优越性了。

如何真正激活，并且更加充分地发挥城市老年人的作用，应该作为城市社区治理创新的重要突破口。现在看来，各地的重视还远远不够。

三

小事治理

业主合作的理性选择

"合则两利，斗则两伤"

住房制度改革直接催生了一个新群体的诞生：业主。

福利分房的时代，房子是公家的，你可以住，但没有产权，不能交易，当然，也不用承担维修的义务，因为那也是公家的事儿。那个年代，衣食住行等生活必需品都要靠公家分配，自己的命脉不在自己手中，难免形成相当程度的依附性，个体的自由度严重受限。改革开放以后，先是很多生活资料从计划供给变为市场供给，国有企业转制砸破"铁饭碗"，直至后来，住房改革将房屋这个最重要的生活资料也推向了市场，算是斩断了个体与单位依附关系的最后一根纽带。业主拥有了房屋的完整产权，也彻底获得了个体的自由。

都说有恒产者有恒心，何况"房子"的资产分量，对普通城市居民来说非同小可，于是，维护房屋及其衍生的权利，便成为一件顶重要的事儿。正是从这个事情上，许多人嗅出了别样的味道。

可我这几年调研下来，耳闻目睹的，却是业主自治的乱象。我自己有个判断，城市已经整体性进入物业纠纷高发期。

房地产市场已然狂飙十几年，大批住宅和小区硬件环境的生命周期已经演进到加速老化阶段，这正是考验业主和物业服务公司的关键时期。遗憾的是，我们的业主自治水平还远不能与之相匹配，结果便是物业管理纠纷的爆发式增加。

我印象特别深的是，在佛山禅城区调研时，访谈过一位小区业委会主任，我故意问她："有人总说业委会还有业主，跟物业公司、开发商是对立关系，这样才能维护好业主的权利，您怎么看？"这位主任立刻提高声音，斩钉截铁地说："这种看法是完全错误的！业委会跟物业公司是合作关系，绝对不是对立关系。合则两利，斗则两伤。只要我做主任一天，就一定要把这个理念贯彻下去。"主任这番话绝对有感而发——她所在的小区连续三届业委会陷入内斗，上一届业委会主任跟物业公司合作很差，处处提防和设卡，小区管理问题丛生，业主非常不满，物业费收缴率持续走低。业委会换届时，有个与其他物业公司存在利益关系的业主，以更换物业公司为竞选口号，试图混进业委会实现个人目的，一度迷惑了许多业主支持他。好在社区居委会最终识破，做了些工作，完成了换届，全过程持续三四个月。新一届业委会吸取教训，同物业公司建立起良性合作关系，推动了几件业主关心的历史遗留问题的解决，小区物业管理水平得以改善。

佛山的案例当然不是孤例，而是典型地反映了业主自治何以可能的现实要求，那就是，业主自治不是业主自己的事情，而是需要在与社区基层组织、物业公司、开发商、政府主管部门等多个主体的良性互动中实现。业主的权利，也当然不是靠同其他主体的排他性博弈来实现，而是要在各方合理权益都得到有效尊重的相互均衡中去实现。

我在南京某高档小区调研，业委会委员兼会计说了这么一番话，可谓经验之谈："'业主自治'里面'自治'这个词用得不完整、不准确，你不是生活在真空中，也不可能所有的（事）都能解决，完全自治是不科学的。我们小区管得好，关键在于有'四方平台'（即社区党委、社区居委会、业委会、物业公司），'四方平台'好在形成合力，不是互相拆台，而是互相补台。"

宜居的权利

业主自治，目的是维护业主的权利。

"权利"是什么？有些人把它理解得太抽象，太"高大上"了，其实对业主来说，权利是实实在在的，很具体的。仔细想来，其内涵主要有两点：

一是宜居的环境。房屋不是孤立存在的，它是一栋集合式建筑中的一个单元，也是小区整体环境系统中的一部分。居住空间对市民最重要的功能，是同工作空间、商业空间等区别开来，提供让人舒心、放心、开心的家庭生活环境，总之就是宜居的环境。

二是资产的保值增值。房屋对城市人来讲，确实还是最重要的家庭资产。且不说一些人购房本就是为了投资，就算对暂时追求居住功能的人来讲，他还是会有未来交易的预期。所以，除了宜居的环境，资产保值甚至增值也是很重要的。同样地，房屋的价值也不是孤立的，它既取决于区位，取决于经济形势等外部因素，也受小区整体环境的影响。现实中，一些业主对物业管理水平的不满，就是因为小区环境不好，拖累了房屋价值的实现。尤其是同地段小区之间的房价对比，更能凸显物业管理这一因素的影响。上述两项权利的实现，是业主自治的真实动力与主要目标。

当然，业主自治过程中，并不是没有同开发商和物业公司的冲突。这类冲突性的事件主要集中发生在两个阶段，第一个阶段是首届业委会成立前后，第二个阶段则是物业公司更替前后。

第一个阶段的斗争，主要焦点是小区公共设施与公共收益的分配问题。按照我国现行的物业管理制度，在房屋交付使用之后，首届业主委员会成立之前，由开发商指定物业公司实施管理，这个阶段叫作前期物业管理；业委会成立后，再通过召开业主大会重新选聘物业公司，并签订正式的物业合约，进入常规物业管理阶段。通常情况下，前期物业都是开发商的下属子公司，这就是常见的，也一直争议不断的所谓"开发商和物业公司是一家人"的现象。正因为这层关系，本应替业主管理好小区并处理好公共收益的物业公司，就有可能与开发商串通一气而谋利。前期物业管理有其合理性，毕竟业主入住需要一段时间，即使达到法定的成立条件，业委会也不一定能够立即成立。业委会成立难迄今仍然是制约业主自治的难题之一。由于业主尚处于陆续入住的过程中，加上绝大多数人对于哪些属

治城

于业主共有财产、哪些收益应该归业主所有这类权益并不知情，这就给了开发商和物业侵占业主合法权益的可乘之机。如果该小区业主群体中，有律师、教师、老板或者政府公务员等社会精英，他们往往比普通业主掌握更多的相关法律常识和信息，就有可能率先行动起来，酝酿并且推动业主维权行动，其必要手段之一就是尽快成立业主委员会。

业委会成立后，业主维权就有了自己的组织，更便于同开发商和物业公司谈判。这个阶段的维权行动有可能会比较激烈，也是学界关注最多的事件类型。不过，一旦利益边界理清，冲突性的维权行动就会归于平静，进入长期的细小琐碎的常规物业管理阶段。冲突性维权行动会产生第一批业委会主要成员，他们因其在维权行动中的领导作用而迅速获得广大业主的认可。进入常规物业管理阶段后，这批人就要实现转型，从"打天下"转向"坐天下"，冲突性的行为逻辑也要转变为合作性的行为逻辑，否则，常规物业管理很难顺利进行。而一旦出现问题，前一阶段建立的业主共识将会迅速破裂，业主之间的派系斗争就有可能主导业主自治的运行，这无疑是业主自治的灾难。

物业更替阶段的冲突性维权近年来发生频率较高，这类事件在老化严重、管理成本较高、物业费欠缴率高、物业管理陷入困境的小区尤为高发。由于这类小区建成年份多在10年以上，当时物业管理市场还处于鱼龙混杂状态，大量的"一对老夫妻加一把扫帚"（即保安加保洁）式的低资质物业公司存在，承接了相当数量的住宅小区。随着生活水平的提高，人们对小区宜居质量的要求越来越高，万科等大型品牌物业公司树立的服务标杆也在发挥着巨大的示范效应，更换物业公司便成为许多业主改善居住质量的首选。加上现在整个物业管理市场进入行业整合期，一些中小型物业公司也面临被市场淘汰的局面。这时候，物业更替便会引起相关利益方的剧烈利益博弈，这种博弈甚至会渗透到业主群体内部，使业主自治运行高度复杂化，包括更换物业的维权行动也会复杂化。尽管换物业并非改善小区物管状况的充分必要条件，可不更换，小区物业管理就会被锁死在恶性循环的低水平状态，这种情况下，换物业确实是打破僵局最直接的方法。同明晰利益边界阶段的维权一样，物业更换也只是个阶段性事件，完成后小区同样要进入常规物业管理时期。

也就是说，业主维权不是没有冲突性的一面，但这一面肯定不是维权的全貌。事实上，在常规物业管理阶段，业主维权所要面临的全部是一些婆婆妈妈、鸡毛蒜皮的小事：那里电梯坏了，这里草皮秃了，树太高遮了低层住户的光线，车位不够导致晚入住的业主无处停车……诸如此类，日复一日，年复一年，连绵不绝，却又显得太过稀松平常，而非惊心动魄。如果说真的存在"居住的政治"，我以为，最大的政治不在那些惊心动魄的大事件中，而恰恰在这些鸡毛蒜皮的小事中。这些小事，组成了每一个人对于"宜居"的具体的体验。也正是这些小事，淋漓尽致地暴露了业主自治在当下所面临的诸多困境。

自治的意义

宜居，首先是一种个人的居住体验。它既来自室内环境，也来自小区公共的物质环境和人文环境。前者是个人的责任领地，后者则依靠小区的物业管理。人们通常认为小区物业管理单纯是物业公司的责任，毕竟，业主聘用了物业公司，向其支付了物业费，就相当于将小区管理责任委托给了物业公司，然后出现什么问题都认为是物业公司未能充分履责。但是，由于服务必然带有一定的模糊性和弹性，这就使得物业合约难以做到充分精细的约定，即使有约定，业主对服务评价的主观性同服务内在的模糊性叠加起来，也很容易造成双方对合约完成情况的评价错位。这伴随着物业管理的全部实践过程，也是物业纠纷必然存在的根本原因。物业管理所生产出来的"宜居"，是由全体小区业主共享的，具有公共产品的性质。"宜居"这个公共产品的供给水平受到物业公司管理水平的影响，但却不完全取决于此。为什么这么说呢？这就引出了业主自治的意义。

我已经说过，"宜居"由两部分构成，一部分是小区的物质环境，一部分是小区的人文环境，这是两种相互区别却又相互影响的环境系统。

物业管理的对象，一类是物，以及由物所组成的小区物质环境。物质环境的变化受到自然以及其他客观因素的影响，比如花草树木的荣枯、病害受自然天气的影响，小区水电燃气等系统受到整个城市供给体系的影响。物业管理的责任就是修复客观因素对物质环境造成的损害，草皮枯了要及时更新，树长高了要及时修剪，等等。不过，因为存在一些外部因素的影响，这种管理的自主权有时会受到限制。水电燃气就不用说了，树木的变动和修剪，其实受到园林部门的严格管理，物业公司不能说动就动。由此，就有可能造成业主要求解决问题的迫切性与物业公司行动的滞后性之间的矛盾。当然，这一类不是主要问题所在。关键是第二类，也就是人文环境。

人文环境，是由小区内全体业主的生活行为，以及他们对小区配套设施的使用活动共同形成的。人文环境管理之难，就在于其管理对象是人，对物业公司来说，正是其委托方——业主。人的使用行为同样会影响物质环境，所以，除了部分由客观原因造成的管理问题，物业管理中其实面对最多的还是人的活动引发的问题。正是由于管理对象又是其服务对象，是其委托方，物业的管理活动因而变得非常复杂。业主正常生活和使用行为造成的问题，物业公司还能够应对；难办的是，很多问题是业主不正常使用和违规行为引发的问题。比如，高空抛物、宠物随地排便、群租房、住改商、噪音扰民、乱搭乱建、不交物业费，等等。很多行为都不违法，即使违法，执法成本也很高，物业公司一无执法权，二来面对自己的委托方，管理起来束手束脚。正是在这个意义上，我说"宜居"不仅仅取决于物业公司管理水平。而化解这些问题，靠的正是业主自治。

这些问题的发生，是部分业主过度声张个人权利——包括不正当权利——从而损害全体业主利益的结果。业主群体本身就存在内部的张力，不是总以整体的集合人格出现的。部分业主在侵害业主整体利益的同时，还在继续"搭便车"，享受小区的公共产品，这明显不合理。业主自治，就是通过业主的力量，制约违规行为，消灭"搭便车"现象，同物业公司的管理行为一道，共同塑造小区的宜居环境。这就是合作性的维权。

物业纠纷的三种类型及其高发因素

物业纠纷进入高峰期

2016年11月，南京托乐嘉花园小区因更换物业公司成为舆论焦点。部分业主全副武装，与原物业公司保安剑拔弩张，险些酿成暴力冲突事件。该小区物业矛盾由来已久，更换物业是矛盾发展到不可调和的结果。

实际上，这类事件并不鲜见。从媒体公开报道来看，近年便已发生昆明江东花城小区、武汉安顺星苑小区、北京瑞丽江畔小区、南京长阳花园小区等数起因物业更换引发的暴力冲突事件，而2014年上海大唐盛世花园小区新老物业交接引发的暴力冲突甚至造成2死6伤的惨剧。

数据显示，城市住宅小区物业纠纷数量近年来增速迅猛。据南京市司法局统计，2016年上半年全市各级人民调解组织共调解物业纠纷1713件，同比增长80%，增速高居各类纠纷首位。我及所在研究机构近年来在全国多个大中城市调研，发现城市住宅小区的物业纠纷已经进入高发期，相比之下，无论是物业服务企业，还是城市基层政府和居民自治组织，以及城市居民，应对和化解物业矛盾的能力仍然非常滞后。可以说，物业纠纷已经成为我国城市基层治理面临的重大挑战。

物业管理的物质基础是住宅区的硬件条件，物业管理水平和效果很大程度上取决于硬件条件及其老化程度，从而影响着小区物业纠纷的产生。物业服务的对象是业主，以及非业主的居民（如租客、商家等），居住群体结构影响着小区对物业服务质量的总体要求，是物业纠纷产生的社会基础。物业纠纷高发与上述两大因素有着密切关联。将其进一步提升到宏观层次的话，上述因素则与两大宏观背景相关：一是房地产业与物业服务行业发展，二是城市化。从某种意义上讲，物业纠纷高发期正是上述宏观要素影响的产物——城市化发展和行业发展进入新阶段，必然带动物业管理进入新的历史时期。

对于这个纠纷高发期的到来，无论是学术界还是政府部门，似乎都缺乏必要的敏感，也没有做好相应的理论准备和政策准备。现在学者对物业纠纷的关注，大多在业主维权行动，片面强调"市民社会"的意义，没有发现这类纠纷只是物业管理中的一个类型，并非问题全部。

我认为，目前物业纠纷大致可以分为三种类型，即利益分配纠纷、物业服务纠纷和物业更替纠纷。三种类型纠纷各有其主要的矛盾点，但并非截然分明，实践中也可能相互转化。

最受学界关注的，主要是第一种类型的纠纷。利益分配型纠纷，主要是围绕小区共有产权及公共收益分配产生的纠纷。物权法第七十三条规定建筑区划内的道路、绿地以及其他公共场所、公用设施和物业服务用房，属于业主共有。因此，任何主体利用小区公共区域从事经营活动，其收益在扣除合理成本后，都应归业主共有，而且其经营活动事先必须征得业主和业主大会同意。目前，小区最主要的公共收益是广告收入和场地租金收入，后者包括车位出租。按照《物业管理条例》规定，公共收益主要作为小区维修资金使用，也可按照业主大会决定使用。对于物业公司来说，小区经营性收益要比物业费收入更加稳定和可控，特别是随着小区老化，物业费收缴率逐年下降，经营性收入对物业公司的重要性则逐年上升。我们在调研中发现，在许多10年以上的住宅小区，经营性收益往往是物业公司的主要收入，也是其在物业费与管理开支相抵后主要的利润来源。因此，绝大多数物业公司倾向于独占小区公共收益。物业公司独占公共收益在没有成立业委会的小区普遍存在，这是因为业主要么缺乏必要法律常识，要么就是维权意识和维权能力有限，无法组织起有效的维权行动。

一旦业主维权意识和维权能力提高，维权行动往往首先针对小区公共收益分配展开，这也成为许多新建小区成立业委会的最主要动因，也是小区生命周期的初期阶段最普遍的物业纠纷类型。也就是说，在新建小区交付使用到以成立业委会为标志的小区成熟期之前，小区内的公共利益处于"黑箱"阶段，物业公司很容易暗箱操作，独占全部收益。加上这时期物业费收缴率处于高位，这也是物业管理利润率最高的时期。一旦业主组织起来进行维权，而物业公司又不能规范运作，不肯及时公开和返还公共收益，物业纠纷就会迅速爆发。但是，如果业主整合出现问题，比如维权行动被物业公司通过利益收买等方式瓦解，就会演变成业委会陷入派系斗争、物业纠纷持续存在的僵局，以至于影响小区常规性的物业管理，甚至最终直接进入物业纠纷的最终阶段：更换物业。

也就是说，利益分配纠纷如果不能及时妥善处理，很容易跟其他类型的纠纷叠加，导致业主、业委会与物业公司矛盾严重刚性化，不可调和，酿成对立事件。

物业服务与物业更替纠纷

第二类纠纷是物业服务纠纷，即围绕物业公司提供的对业主住宅和小区公共区域的服务产生的纠纷。这类纠纷一般发生在物业管理的常规阶段，随着小区老化会有逐步增加的趋势。服务纠纷比较常见的有：业主住宅维修不及时、不到位，小区绿化保养问题，停车问题，保安问题，部分服务承诺不落实问题以及毗邻商业区域的扰民问题等。此外，比较常见的还有围绕维修费用分担形成的纠纷等。服务纠纷的特点是其细小琐碎性，往往都是日常生活的小事，但天天都会发生，这些琐碎的小事也因此很容易积累成为"大事"，引发业主对小区居住体验的不断恶化。物业服务本身具有一定的弹性，难以全部数量化，业主的居住体验主观性强，不同业主对物业服务的要求和评价会存在一定差异，这就导致物业公司很容易忽略最初少数人的不满，忽视问题的及时处理，最终使不满演变成不可逆的纠纷。服务纠纷是住宅小区进入成熟期之后最普遍的纠纷问题，也是在利益分配交割清晰后，业主与物业之间最主要的矛盾所在。

应该说，城市住宅小区物业纠纷中的绝大多数都属于这类问题。服务纠纷不同于利益分配纠纷和物业更替纠纷，后两者往往表现为剧烈甚至暴力化的对立冲突，服务纠纷则存在于日常生活中，更为温和。服务纠纷当中，牵涉到业主住宅内的纠纷，主要靠业主与物业公司双方交涉，如果双方无法化解，可以请业委会和居委会介入，若最终无法解决，其结果往往是业主拒交物业费。拒交物业费的理由有的是正当的，有的则并不一定完全合理。由于服务本身难以全部定量化而存在弹性，这就为双方纠纷的发生预留了充足的利益博弈空间。围绕公共区域管理的纠纷则主要依靠业委会和物业公司展开。其中最多的就是公共部位维修的责任分担问题。根据物业管理条例和物业服务合同，物业公司要承担常规性的小区维修保养，但是对于一些资金用量比较大的维修，物业公司往往要求业委会动用公共收益甚至维修基金。由于标准划定很难严格定量化，这就使得双方很容易扯皮。而且，有些公共部位因其"公共性"是有限的，不受益的业主往往反对动用公共资金。这就造成业主、业委会与物业公司三者之间很容易围绕维修资金使用产生矛盾。这种矛盾要么引发业主对物业公司的不信任甚至对立，要么引发业主对业委会的不信任甚至对立。

从我们的调研来看，极少有三方关系处理良好的小区。最常见的情况是三方都不满意，业主认为业委会与物业公司存在利益输送，业委会因业主不理解而委屈，物业公司则认为业主要求太高却不肯支付费用等等。服务纠纷日积月累，几乎必然出现物业费收缴率降低、物业公司经营成本上升服务质量下降、业主对物业公司和业委会不满、物业公司提高物业费难以成功、业委会不断变动等情况，最终导致业主与物业公司严重对立，发展到下一阶段，即更换物业。

第三类纠纷是物业更替纠纷。目前，新建住宅小区的前期物业都是由开发商指定的，而且开发商往往自有物业。许多大型房地产企业都拥有物业公司，而且，物业服务品牌对房地产项目的影响日益增加，比如，许多人往往冲着万科的物业选择万科开发的房产。前期物业管理，也就是指房屋自售出之日起至业主委员会与物业管理企业签订的物业管理合同生效时止的物业管理。前期物业管理期间，小区建筑物尚处于保修期，物业管理硬件开支较小，物业收入主要依靠开发商支付。我们调研的杭州春江花月小区，这个绿城集团开发的房地产项目，直至交房10年后开发商才彻底退出，物业公司开始独立运营，在那之前，物业收入一直由开发商绿城集团进行补贴。开发商愿意补贴，除了客观上业主入住率低、物业费收缴有限的因素，也是房地产销售和品牌营销的需要。小区入住率达到法定要求（入住率达到50%，或交房已满两年。具体细则各地规定略有差异）后，物业公司应当告知基层政府和主管部门，可以成立业委会。业委会成立后，可以召开业主大会对物业公司进行重新选聘。不过，一般来说，短期内更换前期物业的状况极少。真正发展到物业更替的程度，往往是利益分配纠纷和物业服务纠纷中某一项或两项全都发展到不可调和的结果。

物业更替的纠纷主要表现在原物业不肯退出、新旧物业交接困难方面。从经验来看，物业更替纠纷往往表现得比较激烈，甚至不乏暴力冲突。业主希望通过更换新物业获得更好的物业服务，而原物业则往往因为业主拖欠大量物业费或者其他有利可图的原因，不肯轻易退出。由于经营多年，原物业垄断着小区内全部的物业信息，如果不能顺利移交，新物业进场后完全无法有效管理。在更替纠纷爆发前，业主、业委会与物业公司往往会经历较长时期的谈判和博弈，这时期又往往掺杂着业主与业委会的矛盾，造成纠纷处理异常复杂，且物业更替与业委会更替一般同时发生，给基层治理带来巨大的维稳压力。

利益分配纠纷、物业服务纠纷和物业更替纠纷，是当前城市住宅小区物业管理最常见的三类纠纷。三类纠纷可以独立发生，也可能连锁发生，而物业更替则是纠纷严重恶化的最终结果。但是，实践表明，物业更替并不必然带来物业管理的新局面，受制于住宅小区本身生命周期的不可逆性，新物业入驻面临的是维修压力日增的硬件环境，和业委会纷争后的软件环境。物业纠纷很容易陷入恶性循环。

物业纠纷高发的因素

物业管理以商品房住宅小区为基础，物业管理的发展首先受到房地产业的影响。我国从1980年代开始实施住房制度改革，1998年国家发布《国务院关于进一步深化城镇住房制度改革加快住房建设的通知》（国发〔1998〕23号），成为我国住房制度史上具有里程碑意义的事件，正式宣告福利分房制度结束，新住房制度开始建立。

2003年《国务院关于促进房地产市场持续健康发展的通知》（国发〔2003〕18号）一文发布，将大多数家庭的住房推向了市场，实现了我国住房市场化的根本转变。从此，我国房地产业迎来空前迅猛的发展。如果说此前商品房小区在城市中尚属"稀有产品"的话，那么从此以后，商品房小区开始大众化。从住单位公房到拥有私人住房，从单位生活区到封闭住宅小区，越来越多的中国人在这10多年时间里，实现了居住方式的彻底变革。随之改变的，还有居住区物业管理方式的改变。市场化的物业服务取代单位和政府房管部门的福利式服务，成为商品房住宅小区最普遍的物业管理模式。

相关理论和我们的调研均发现，住宅小区具有生命周期。一个住宅小区，从建成到成熟再到老化衰退，是有客观规律的，其基础就是住宅和小区硬件设施的自然折旧。相应地，小区物业管理也具有明显周期性。这里需要重点指出的是，一般来说，从交付使用开始的7至10年内是物业管理黄金时期，也是小区成熟期。这期间业主入住率不断提高，邻里社会不断成熟，加上住宅和硬件设施逐步磨合利用处于最佳使用期，而维修问题较少，物业管理成本相对较小而收益较高。仅从物业服务来看，这时期业主与物业公司关系大多比较正常，双方纠纷多与服务无关。但是10年以后，随着住宅和硬件设施老化，小区维修进入高峰期，物业管理成本将随之迅速提高。这是小区老化衰退期，也是物业纠纷高发期。我国城市现有的商品房住宅小区普遍是2003年以后建成的，近些年恰好步入小区老化衰退期，围绕物业服务的相关纠纷必然大量涌现。

伴随房地产业的迅猛发展，物业管理行业也进入高速发展期。根据中国物业管理协会发布的《2015年全国物业管理行业发展报告》显示，截止到2014年底，我国物业服务企业约10.5万家、管理规模约164.5亿平方米、从业人员约711.2万、年营业收入约3500亿元。然而，由于行业准入门槛低，物业管理行业长期处于鱼龙混杂状况，市场上充斥着大量企业规模和经营规模小的物业公司，特别是在一些早年建成的住宅小区和中小城市，这种状况尤其突出。

我们在黄冈市调研时，该市物业协会会长说，全市仅有4家二级资质企业（没有一级资质），其余都是三级及以下资质，"门槛太低，一个爹爹一个婆婆就构成一家物业的大量存在"。企业规模小，服务能力有限，加上管理面积也必然不大，决定了物业服务和管理水平不可能很高。随着小区老化，这类物业公司面临的问题更加严重，物业纠纷必然大量增加。与此同时，近年来物业管理行业集中度不断提高，越来越多的大型物业企业开始进入自建小区之外的市场，万科、中海、碧桂园等企业均将物业公司拆分进行市场化运营。大型物业企业具有良好的行业口碑和竞争力，他们进入市场带来的直接后果之一就是住宅小区有了更多选择，可以更换更有实力的大型物业公司。开头提到的南京托乐嘉花园小区便用万科物业替换了原物业。物业管理行业的重组整合，势必带来物业更替纠纷的高发。

另外一个不容忽视的影响因素是城市化进程。

对个人来说，城市化意味着居住方式和生活方式的变革。

对小区来说，城市化则意味着居住群体的结构性改变。其中有三个群体特别值得关注：

一是城市精英群体，包括企业家、政府官员、教师、律师等。这部分群体无论是经济收入还是社会地位，都属于精英阶层，他们是高档商品房的主要消费群体。根据我们的调研经验来看，这些精英群体对物业服务要求较高，更容易具备必要的维权知识和资源，也更具号召力。他们在小区业主维权行动中往往发挥着至关重要的作用，大多是业主委员会成员和业主维权精英。

二是新兴城市中产阶层，其中尤以高学历都市白领等为主。我国房地产业迅速发展期正是高等教育扩张期，每年有数以百万计的高校毕业生就业，经过十几年的奋斗，越来越多的高学历阶层在城市买房定居，成为商品房小区的主力购买人群。这个群体同城市精英阶层相比，虽然在维权行动能力上不及后者，但却是非常重要的被动员力量。他们对物业服务同样有着较高的要求，普遍接受"花钱买服务"的市场观念，他们的思想观念和行为方式在很大程度上形塑着物业纠纷的形成和演变。

三是进城农民群体。这个群体的影响尤其表现在中小城市（特别是县城）。我们在黄冈等地调研发现，大量农民进城买房后，居住方式发生了改变，但生活方式却延续了许多农村的习惯：许多人缺乏"花钱买服务"的意识，也缺乏公共意识，拖欠甚至不交物业费、毁绿种菜甚至饲养家禽等行为非常普遍，给小区物业管理带来巨大压力。这在一些大城市商品房小区（甚至不乏高档小区）同样存在——随子女进城的农村父母往往成为令小区物业管理人员特别头疼的群体。总之，当下城市住宅小区的居住群体相比以前已经发生重大变革，不再是同单位或相互熟悉的邻里社会，而是具有明显阶层分化特征、诉求更加多元、行动能力更加有力的群体。

总之，房地产发展、物业管理行业转型和城市化三重叠加，共同构成了物业纠纷高发期的宏观影响要素。也正是从这个意义上讲，物业纠纷的高发是历史发展的必然。

邻里纠纷

简单纠纷扩大化

噪音和漏水问题，是城市社区最常见的邻里纠纷；越是老小区，这样的纠纷越多。当然，邻里纠纷还有很多，如宠物问题、高空抛物问题、车辆停放和剐蹭问题等等。社区是一个高密度的集合式居住空间，居民在这个空间中主要进行的都是日常生活活动，发生的纠纷也都围绕生活中的问题，属于生活化的纠纷。

社区里的生活化纠纷，基本都是些小事。人命关天的事也不是没有，比如，高空抛物就有可能造成伤亡，2019年6月间，媒体就连续报道多起高空抛物致人死亡事件；没有采取防疫措施的宠物或野猫野狗咬人，也可能造成人身意外。像2005年春晚小品《装修》里演绎的重大财产纠纷同样也会发生。不过，大事都是小概率事件，但小事的发生却是常态。总体来看，大多数小纠纷都通过各种形式化解了，或者至少没有演变成大事。尽管如此，经过几年社区调研，听得多了，我还是得出一个判断：社区中的邻里纠纷，很容易扩大化。很多纠纷，起因都是鸡毛蒜皮的小事，却往往闹得不可开交，甚至于对簿公堂。举两个例子：

一、上海桂花小区350弄有一对老冤家。402室家里添了小孩后，孩子比较顽皮，经常在房间里又哭又闹，跑跑跳跳。由于老房子隔音效果不好，楼下302室感觉受到很大影响，找到居委会反映，要求402的居民管好孩子，并采取消音措施。402室显然没办法、也不愿意"扼杀"小外孙活泼好动的天性，他们觉得这是人之常情，302室非但不理解还去投诉，让人无法接受，于是小朋友依旧又哭又闹，跑跑跳跳。302室继续投诉，居委会反复在两家做调解工作，效果甚微。转眼三年过去，402室的小孩已经长到三岁，变得更加活泼，302室则新添了一对双胞胎孙女。按说302室应该理解带小孩的苦衷了，其实不然，还是经常找居委会反映问题。两家现在已经水火不容，见面如仇敌。

二、上海万象小区的小胡也与楼上邻居结了仇。一年前，由于楼上浴缸漏水，小胡家的墙壁出现了明显的起皮现象。小胡本人在另一个居委会工作，就想着这事还是通过居委会居中调解比较好，于是去找了居委会协调。起初，楼上采取了补救措施：一是对浴缸做了防漏水处理，涂上硅胶，二是出钱帮小胡家修补了墙壁。两家也就相安无事了。没想到，今年小胡发现楼上又漏水了，而且更加严重。小胡认为问题肯定不只是浴缸，估计是管道的原因。她再次找居委会调解，可是，楼上还是坚持按老办法，只做打硅胶处理，但小胡坚决不同意。物业公司上门检查后，也确认是楼上管道坏了，仅靠打硅胶解决不了问题。居委会多次协调还是无解，主要是因为检查和维修管道需要敲开卫生间地板，需要一笔不小的费用；如果确认是楼上的责任，费用理应由楼上承担，但楼上显然不愿意。没办法，小胡已经考虑打官司。她说："到了这个地步，上下邻居已经撕破脸了。"

这两个案例中的邻里纠纷，起因都不大，结果却都搞得两家形同陌路——当然，本来也是陌生人。我们知道，城市社区是个陌生人聚居的社会空间，邻里交往通常限于点头之交。这样的关系发展到"撕破脸"，听起来有点好笑，毕竟点头之交的关系，本就谈不上有多厚重的情面关联，有什么"撕破"不"撕破"呢？或许也正因为如此，邻里纠纷才这样容易动辄闹到势不两立，形同水火吧。

纠纷性质差异

与村落社会不同，城市社区是一个陌生的社会，居民之间的熟悉程度是非常低的。最关键的是，城市社区的流动性相对较高，搬进搬出要比在村落频繁得多。有个楼组长介绍说，他们楼道12户这些年来有一半人家搬走，有的是房子卖掉，有的是房子出租，房主都不在这里生活了。流动性影响了居民的交往预期，这样的预期显然是很难长久稳定的，它不像村落，流动性很低，村民之间都预期要世世代代生活在一起，即使在当下城市化快速发展的情况下，稳定的交往预期基本仍能维持一到两代人的时间。

交往预期对人们的交往逻辑影响很大。有长久的交往预期，人们倾向于与周围的人建立情面关联，这是中国人的生存习惯，其最主要的社会功能是积累社会资本，以备生活所需，毕竟，没有人是可以不求人的。情面关联就成了熟人社会中最重要的关系润滑剂，人们在发生矛盾纠纷时，情面原则就会起作用，不到万不得已不会撕破脸面，否则，一来，抬头不见低头见的生活来日方长，见面会不好意思，心里不舒服，生活很别扭；二来，总是跟人撕破脸面，会显得做人太小气、太死板，不会为人处事，从而影响一个人在村落中的社会评价，很难在村落中立足。城市社区中的人际交往缺乏长久预期，就很难建立起基于施报平衡原则的情面关联，因为流动性太大，人情的给予和偿还很有可能被中断。缺乏情面关联的润滑，人际关系的刚性就非常强，而柔性严重不足，发生矛盾纠纷时很容易撕破脸皮——何况，大多数人本来就是点头之交，没有多少脸面。这是城市社区里面的纠纷很容易激化、很容易造成对立的重要因素。

在此基础上，可以对比社区邻里纠纷同村落纠纷存在的若干重要差异：

首先，是"简单纠纷"和"复杂纠纷"的差异。社区纠纷相对简单，只牵涉到当事人和当下的事，一般不会牵连更复杂的社会关系，也不会溯及更久远的事情，双方对是非黑白的争执集中于具体的事件。比如，漏水纠纷就只是楼上楼下两家因漏水引发的，矛盾全部焦点都局限在漏水这一件事情上；车辆剐蹭的纠纷就只限于单次的剐蹭。也就是说，城市社区里的邻里纠纷多属于"单次纠纷"，而很少有"宿怨"——除非两家人在同一小区同一楼栋邻居几十年，或许会积累一些宿怨；但这种宿怨是很容易清算的，只要其中一家搬走，宿怨也就自然解除了。这也很容易理解：社区是一个后天建构的流动性较强的社会，人们相处时间本来就有限，平时交往深度又浅，形成矛盾累积的机会就比较少。村落纠纷就复杂得多了，纠纷可能就是比较简单的"单次纠纷"，但更多的还是多年恩怨积累的爆发；"单次纠纷"即使及时化解了，也难免不积累下来，成为秋后算账时不可或缺的一笔。而且，村落纠纷往往具有更加深厚和复杂的背景因素，不一定就像表面上看起来那样简单。也就是说，纠纷引发的情绪和意气可能并不限于斯时斯事。比如，张三李四相邻建房，因房屋高度发生矛盾，背后可能是两家有几代恩怨，都想借这次建房向对方示威。若不了解其背后的复杂因素，单纯从建房事件本身入手是搞不清楚事件原委的。

其次，是"家际性纠纷"和"社会性纠纷"的差异。城市社区的纠纷，只局限于纠纷当事双方家庭，属于家庭之间的矛盾，同社区其他无直接利益关联的居民没有关系，纠纷既不会将其他人牵涉进来，也不会影响到他人。也就是说，社区中的纠纷的社会延展性比较弱，其发生单元是独立的家庭，很少有可能演变成一起社会性事件。村落纠纷就不同了，纠纷虽然发生在两家人之间，但每家在村落中都有其社会关系，有些事件的影响就可能产生溢出效应，延展到村落更多的人身上。在那些存在小亲族或宗族等血缘结构的村落中，纠纷的社会属性表现得更为明显。当然，随着社会变迁，在当下的村落社会中，纠纷的社会延展性也大为弱化了，基本不可能再像以前那样，两家人的小摩擦发展成宗族大械斗，但这并不意味着其社会属性的完全消失。

最后，是"刚性纠纷"和"韧性纠纷"的差异。"刚性"和"韧性"可以从三个方面理解。一是纠纷争议点，社区纠纷一般都要分出是非黑白，谁对谁错。由于纠纷基本围绕具体事件，是非黑白也相对容易理清。分出是非对错，为的是分配责任。比如，漏水到底是楼上自家的器具或管道出了问题，还是公共管道出了问题；噪音到底是客观上别人声音分贝超标，还是另一方的主观感受；宠物咬了人，到底是宠物缺失管束还是受害人的言行刺激，等等。应该说，大多数事情是容易通过技术手段理清的，但也确有一些事存在模糊空间，往往也最难化解。村落纠纷中，争是非黑白是比较弱的，因为很多事情对错并不是双方最看重的，有时候要的就是一口气。二是纠纷的破坏性。前文已述，社区纠纷很容易扩大化，造成关系破裂。理清是非对错，计算责任分担，难免如此。村落纠纷则一般不会因单次纠纷，特别是小事而使关系破裂，大事化小小事化了，这才是最成熟和智慧的策略。三是关系的可修复性。村落中即使发生了关系破裂，还存在红白喜事等重大事件和巨量的交往机会，使双方有充分的机会重新修复关系。社区则不然，本来交往机会就少，关系一旦破裂，一般也就意味着彻底破裂了。

纠纷化解机制

村落纠纷背景因素复杂，社会属性强，就需要具备地方性知识优势和社会性权威的人来调解，其作用是从其掌握的地方性知识中，准确判断纠纷双方的矛盾焦点，找到双方都可以接受的最大公约数，提供解决方案，让双方都有台阶下。这时候，必要的"和稀泥""各打五十大板"的策略都是可以的。如果无法直接调停，还可以通过与双方都有关系的第三方做工作，双方互给第三方面子，也就使事情有了回旋余地。当然，这并不意味着排斥对是非对错的认定，排斥法律规则的使用，情理法力都可以依据具体情境而利用。因此，村干部调解纠纷可以利用的资源其实是比较丰富的。

社区纠纷则不同，其发生原因简单直接，社会属性差，要化解纠纷，虽然掌握必要的背景知识也有助益，但很难起到决定性作用，最关键的是理清是非对错。要搞清楚是非曲直，就特别需要客观中立的规则和技术性力量，需要能够让双方都接受的、中性的力量来对双方的责任进行评估。因此，社区纠纷调解中，居委会的主要作用，一是及时缓和气氛，避免双方直接接触引发的冲突升级；二是通过楼组长、积极分子等力量，尽可能多地了解相关信息，为理清责任奠定基础；三是搭建平台，让双方协商谈判。居委会缺乏必要的技术性手段和法律规则的供给能力，因此，往往要引入社区民警、物业管理人员或专业维修工、基层司法人员等，这些人或者具备相关法律规则知识的优势，或者具备专业技术优势，是理清是非对错不可或缺的，其作用甚至比居委会还要重要。如果，经过鉴定后，双方仍然在利益赔偿问题上互不让步，最终就要走司法途径，交由更加权威的法官来判决了。

陌生人社会的激励机制

在重庆长寿调研时，我又遇到了那个各地普遍出现的业主自治中的老问题：业主自治中的积极分子，难以可持续地积极下去——热心出来参与业委会工作的人，不可避免地被一些业主误解、质疑甚至谩骂，热情很快消退。一个有趣的对比是，社区自治的居民组长、楼栋长、巡逻队员等积极分子，却普遍动力十足，积极了几年十几年的老同志非常多，以至于如果不是他们主动要求退出，新的积极分子都很难递补上来。

当然，这样的对比并不完全合适。二者的一个很重要区别在于，长寿的居民组长、楼栋长和巡逻队员们是有"工资"的：组长每月440元，据说今年要增加到500元，楼栋长和巡逻队员则有220元。而我们调研的长寿几个小区的业主委员会，如黄雅小区、云香小区等，都是无偿服务，甚至连通讯补贴等都没有。曾经有的小区业委会委员拿了补贴，被业主发觉后，加上其运行中又存在其他问题，都被业主组织起来罢免掉了。

调研时，黄雅三期业委会的实际负责人叶老师就建议，希望政府能够加大扶持力度，像居民组长一样，给业委会成员适当发点补贴。这个建议显然不现实，却也表明，物质激励的影响即使不能说是决定性的，但或许也是必要的。长寿的业委会成员不拿报酬，主要与其住宅小区建成年代较早，小区缺乏公共经营收入有关。在我去过的许多大城市，一些小区公共经营收入比较可观，业委会成员的报酬便可以从中支取，有的甚至还会聘用专职的财务人员。即便如此，业主自治依然存在积极分子激励不足的问题。在这个意义上，城市基层社会的自治事务，如何实现对积极分子的有效且可持续的激励，确实是一个真问题。

为什么自治的实现，需要对积极分子进行有效且可持续的激励呢？自治，本质上是一种居民合作，是一种集体行动。城市基层社会的自治建立在陌生人社会的基础上，天然缺乏社会资本的滋养，个体之间处于原子化状态，自治是要在这样的社会基础之上达成有效合作。有效合作需要利益关联方共同认可合作规则，承担合作成本，进而享受合作收益。这里有一个因素非常关键，那就是合作的发起者，也就是积极分子。合作是数量众多且分散的居民的集体行动，缺乏发起者，群龙无首，合作就难以启动，合作过程中的许多事务也无法完成。积极分子便是合作必不可少的关键少数。

一般来说，社会结构常态由少数积极分子和消极分子，还有中间大多数的沉默分子构成；沉默分子是需要积极分子动员和组织的力量，却又容易被消极分子分化和瓦解，这在业主自治事务中表现得尤为明显。某种意义上，积极分子部分承担了合作成本，包括时间成本和物质成本。由此引发了"搭便车"的问题：不合作者在没有承担合作成本的情况下享受合作收益，如果这种行为数量被控制在一定范围内，对合作达成的影响就有限；如果其产生负面示范效应，导致更多的人加入"搭便车"行列，合作就无法达成。在熟人社会中，社会内生的舆论和规范等能够发挥一定的约束"搭便车"行为的作用，但在陌生人社会中不存在这样的社会机制。因此，约束"搭便车"行为主要依靠积极分子的有效动员，做工作，将这类行为减少到最低程度。总而言之，积极分子是陌生人社会中合作可以达成的关键因素。

积极分子承担部分合作成本，仅靠享受合作收益并不足以使其积极起来，更不要说可持续地积极下去。熟人社会中是可以内生出社会激励机制的，积极分子可以通过这些事务获得熟人社会的认可与赞扬，积累社会性权威，社会激励的效果直接嵌入到其在熟人社会中的日常生活中，融入其在熟人社会中的人生价值的自我实现中。相比之下，陌生人社会缺乏内生的社会激励机制。尽管他们也可以获得部分居民的肯定性评价，但其效果比较有限，远不如熟人社会中有力量。相对较弱的社会激励，就要求通过其他途径的激励机制来增强积极分子的行动动力。目前来看，无论是业主自治还是社区自治中的积极分子，其主要的激励机制可以称为"自我激励"。所谓自我激励，就是积极分子对其行为价值的自我确认，这种确认完全不依赖于外在评价体系，而主要是自我实现意义上的内在需求。在实践中，积极分子都认为自己所做的事情有意义有价值，意义和价值主要体现为让自己的生活更有规律、更有意思。

一位居民组长说，自己以前赋闲在家，只能靠打麻将消磨时间，跟社会脱节；出来做组长，有事情做了，还能够接触各种人和各种事，能够接触社会，接触新鲜事物，哪怕是不好的事情，"比在屋里要起强，有充实感"。这种自我激励方式非常普遍，而其之所以可能，主要还是在于积极分子群体本身的特点。一般来说，成为积极分子的人，都具有性格外向、喜欢与人打交道、热情热心的特点，在参与公益事业的过程中，他们能够收获与其性格特质、生活品味和人生追求相契合的体验。不具备上述特质的人，基本上也不会具有参与公共事务的积极性。正是在这个意义上，是否具备自我激励的能力，是积极分子的基本素质。调研期间，我同积极分子访谈时一个非常深刻的感触是，做这些事情已经成为他们日常生活必不可少的组成部分，他们几乎没有人认为因此会给自己带来压力或者其他负面的消极影响，相反，这些事不仅是"反正闲着也是闲着"的顺手而为之事，更能够提高其生活质量。

正如本文开头所描述的那样，虽然同样具备强有力的自我激励，居民组长等同业主委员会的成员，还是表现出积极性方面的巨大差异。简言之，业主自治中的积极分子，其自我激励的效果虽然有效，却也容易被来自其他业主，特别是一些消极分子的风言风语消解；相比之下，居民组长等面临的舆论环境要好得多，至少不大可能出现居民赤裸裸的消极舆论打击。个中原因其实并不难理解：业主自治中有着巨大而且直接的利益关联，业主对大修基金、小区公共收入等与自己直接相关的利益非常敏感，业委会确有寻租可能，包括与物业或者开发商发生利益交换，陌生人社会的信息不对称又增加了业主的想象空间，这都是消极分子散布消极舆论并影响沉默的大多数的基

三　小事治理

础。居民组长等并不与居民的利益发生直接关联，甚至在牵头组织居民进行小规模合作，需要向居民收费时，组长们都要格外小心，尽量不单独接触钱，防止落人口实。因此，他们的自我激励产生的效果要比业主自治中的积极分子更加持久。

但上述原因并不是全部，另外一个重要原因是，社区自治中的积极分子，还具备另外一种激励机制，是业主自治所不具备的，我将其称之为"组织激励"，更准确地说叫作"体制激励"。显然，这里所说的组织是体制性的组织，也就是社区基层党组织和居民委员会构成的社区基层组织，以及街道办事处所代表的基层政权组织。长寿社区的居民组长和楼栋长们的身份具备一个特殊属性——在多数城市中，组长和楼栋长都主要是居民志愿性的非正式身份，而长寿区却将其半正式化了。半正式化的主要方式就是由政府财政为其发放报酬，也就是前文所说的440或220元补贴。不要小看这"关键一招"，如果不发报酬，他们就仍然是体制之外的志愿者，主要靠个人的热情，和社区工作人员与之建立的私人感情维系与基层组织的关系；有了这样的半正式身份，基层组织就可以对其实施一定程度的激励和约束措施。这种激励是来自体制的，自然是体制激励，其主要做法就是基层组织在组长、楼栋长们之间展开的"工作竞赛"。长寿社区的做法是，将组长们的工作纳入社区考核体系中，在每月例会和年终总结表彰会上，对所有组长楼栋长的工作进行评价与奖励，并辅之以少量的奖金。这种激励方式的效果是非常有效的，不止一位居民组长说，他们非常看重组织的评价。基层组织的激励机制，实际上将积极分子组成了一个小范围的"熟人群体"，在这个同陌生人社会迥异的熟悉群体中，能够产生舆论，产生面子竞争，产生"不能比别人差"的内在价值需求。另外一方面，作为基层组织体系中的组成部分，社区也会公开维护积极分子的"权威"，通过院坝会等各种公开形式，树立和强化积极分子作为社区人员的身份。正是通过这种激励，积极分子对社区形成了比较强的组织认同。这种认同是公共性的，不同于其单纯作为志愿者，同社区工作人员之间的私人情感认同。组织激励或体制激励，是稳定的、可预期的，同时具备公共性，是对积极分子自我激励的某种升华，能够更加强化自我激励的效果。

业主自治中的积极分子显然缺乏组织激励。在实践中，业主自治要比社区自治显得更加纯粹，在常规运行过程中，基本上完全游离于体制之外。这种纯粹的自治，虽然符合法律要求，却也将业主自治组织抛给了一个陌生的业主社会。由于陌生人社会内生的社会激励比较弱，业主中的积极分子就只能依靠自我激励支撑下去。当他们遇到消极分子制造的消极舆论时，缺乏来自社会激励所提供的保护和支持，也缺乏来自体制的保护与支持，其自我激励的效果就变得非常脆弱。这就是业主自治两大困境中的弱激励困境（另外一种是弱约束困境）。某种意义上，这也是业主自治最根本性的困境。结合上面的分析，我们或许可以为克服这个困境探索一种新的可能性。在陌生人社会的社会激励难以有效发育出来的前提下，引入基层组织的组织激励，为业主积极分子提供保护和支持，对冲消极分子的消解作用。组织激励并不一定意味着要像吸纳居民组长一样，将业主积极分子也吸纳到社区组织体系中来，实际上这种做法很可能面临法律上的障碍。一些地方在探索业委会与居委会的交叉任职，具体效果如何，我还没有实地考察，不好妄言。我倒是觉得，对于业主积极分子的组织激励，主要是通过基层组织参与到业主自治的舆论生产和舆论"斗争"，为业主积极分子提供更加有利的积极的舆论环境，在其受到消极分子的质疑甚至谩骂时，能够实事求是地予以支持和保护，该站出来力挺的就要理直气壮力挺，不使他们陷入孤立无援的困境。要认识到，在陌生人社会中，体制性的基层组织是最稳定、最可依靠的力量，社会激励难以发育，自我激励又比较脆弱，那么，组织激励就无疑是最现实的也是最应该调动的方法。发达的深入到居民身边的基层组织体系，是我们的城市治理的巨大体制优势，从激励机制的角度来思考基层组织与业主自治的关系，或许可以为我们构建更加完善的基层自治体系打开新的想象空间。就我所了解，目前这方面的研究和实践还太少了。

环境治理，小事难办也得办

环境卫生，头等大事

以前总以为环境卫生是保洁阿姨、扫地大叔的事。在农村调研时，倒是看到过村干部扫大街的现象，但那基本是为了迎接上级检查或领导视察的权宜之举。后来到城市社区调研，才发现这项工作在社区竟然那么重要，特别是对正值"创文""创卫"时期的城市来说，环卫工作简直是社区的头等大事。

黄州区是黄冈市唯一的城区，我们调研的几个社区地处老城区，整个街道652个居民小区中，有318个是无主管单位、无业主委员会、无物业管理的"三无小区"。黄冈从2011年开始每年实施"城管会战"，目的就是创建省级和国家级卫生城市、文明城市等，环境卫生便是会战的主要内容之一，而三无小区的环卫工作，自然就落到社区头上。这些三无小区几十年没人管理，陈年垃圾存量巨大，老城区居民受居住条件限制，习惯在房前屋后和楼道堆放物品，其中不乏捡垃圾成癖的老人。

清理无主的陈年垃圾已是耗资巨大，且堆放垃圾的多为偏僻角落，一些居民形成了固定的丢垃圾习惯，垃圾乱堆放问题难以根除。清理有主的堆放物更是难上加难，有的社区书记形容为"打仗"，特别对那些堆物成癖的老人来说，简直就像要他们的命。某社区有5个这样的人，社区找了5辆车拖了两天才清理干净，尽管子女同意清理，但社区还是经不住老人闹，赔了钱。尤其让人啼笑皆非的是，一个社区自费7000元在各小区投放了100只垃圾箱，结果这些垃圾箱很快要么被毁坏，要么被居民偷走。"我们明知道是社区的，上面涂了字，但就是要不回来，他说借用一下会还回去，谁知道他还不还。"黄冈是个经济欠发达的城市，社区还要自己创收弥补上级经费的不足，社区规模普遍较大，几个老社区人口规模都在万人以上，但社区工作人员总共只有十几个，环卫工作的资金压力、工作压力实在是大。

杭州市上城区也是个老城区，老旧小区实行准物业管理，实际上还是政府兜底。在社区调研时，书记主任提起环卫工作都是叫苦不迭。最头疼是两件事，一是大件垃圾清理，二是垃圾分类。

所谓大件垃圾，就是建筑装潢垃圾和废旧家具。这些位于重点学区且毗邻著名风景名胜区的老旧小区，二手房交易非常活跃，6、7月份毕业季更是顶峰。无论租赁还是买卖，房屋易手，基本都要重新装修或更换家具，于是产生大量装潢垃圾和废旧家具。严格来说，这些垃圾都应由业主付费，交装修公司代为处理。有物业管理的商品房小区，通过预交装修押金，基本可以实现这种处理方式。而老旧小区做不到，社区难以对业主装修行为进行有效监控，即使发现责任人，也取证困难，难以执法、难以追责，只好社区花钱处理。我们去的几个社区，每个月用于清运大件垃圾的费用都在万元以上。

垃圾分类则是最近几年新增的工作。杭州是全国较早开展生活垃圾分类试点的城市，但从调研来看，其实现方式却让人哭笑不得。垃圾分类上级检查很严格，据说暗访人员会亲自打开垃圾桶检查，发现分类不合格，就要扣保洁员和社区的分数。理想的垃圾分类是居民自行分类好以后，正确投放到相应的垃圾桶，实践中这很难实现。居民最积极的是每个月到社区领取免费的专用厨余垃圾袋，真正的分类工作其实是保洁员代为完成的。一位保洁大叔说到这个，直言现在城里人素质太差，只图自己方便，没有责任心，还不尊重他的劳动。社区为了督促保洁员，不得不经常性去巡查垃圾桶，有时保洁员忙不过来，社区干部只得帮忙一起分垃圾。

环境卫生工作，做的其实都是些小事，但这项工作却实实在在是现在社区治理中的大事。小事变成了大事，不外乎两个推动力量，一是群众需要，二是政府重视。生活条件好了，群众对居住环境就有了更高要求。商品房小区，业主其实通过购房费用和物业费，为其获取更好的居住环境支付了成本，老旧小区就不同了，因为是政府兜底，所以居民实际上是在无偿受益。

我去过的城市里，仅有佛山和黄冈部分老旧小区，还能收起一部分卫生费，但也少得可怜，一般每年每户只有五六十块钱。不但不用支付费用，部分居民破坏环境行为的负外部性后果其实也是政府在买单，更不要说环卫工作还经常遇到部分居民的不理解甚至反对。群众有要求，但群众工作却不好做。同时，政府越来越重视，工作压力就越来越大。环卫部门的暗访检查已经常规化，黄州区的"城管会战"年年战，绍兴越城区的"洁净越城"也是年年搞，每个月都要进行全区各街道社区环卫工作的排名，一年排名汇总，与社区工作人员的年终绩效挂钩，压力岂能不大？当然这两个还只是外部因素，真正让小事变成大事的，根本上还是因为小事难办。如果好办的话，分分钟打发掉，也就不会有压力，也就不会变成头等头疼的大事了。

小事难办

为什么小事难办？可以从三个方面来理解，一是环境卫生事务内生的治理难度，说白了，这事儿天然就不好办；另外两个方面是两种结构性张力，结构性张力放大了环境卫生事务的内生难度。

环境卫生事务内生的治理难度，就是其日常性、反复性、匿名性和难以追责的特点。环卫工作涉及千家万户，问题每天都在产生，而且许多问题都会反复发生，比如楼道堆积物，尽管社区隔一段时间就要组织一次集中的清理，但过不了多久，堆积物又会出现。此外，尤其在公共空间中，许多环境卫生问题的发生很难找到明确的责任主体。比如，小区乱堆放的垃圾，社区工作人员不可能一天24小时蹲守，小区居民也不可能全部发现责任人，任何人都有足够的机会乱丢垃圾，这样的垃圾也被称为"无主垃圾"，这就是环境卫生事务匿名性的特点。产生匿名性的根本原因，还是社会监控能力不可能完全控制个体行为的灵活性。即使有些问题能够找到明确的责任主体，但往往也会陷入难以追责的困境。

难以追责包括两个层面，一是可以追责但无法实现，比如楼道堆积物，实际上可以要求居民自行清理，否则根据消防法，这种占用消防通道的行为应该受到处罚。但在实际工作中，执法成本相当高，消防部门很难深入到千家万户的楼道里进行执法，而社区工作人员本身没有执法权，这就使追责难以实现。另一个层面是没必要追责。针对堆积物问题，居民会在社区上门时表示配合，将堆积物搬移进室内，这样就没必要追责了。问题是，待社区工作人员离开后，居民很可能又将其搬出来。总之，面对众多分散甚至匿名的行为者，社区环卫工作势必陷入细小琐碎、日复一日的循环之中。

两个结构性张力的第一个，是政府的标准化要求与居民对生活环境的差异化需求之间的张力。实际生活中，居民由于其经济支付能力和生活习惯，会形成居住空间的自然分化，支付能力强或有更高居住追求的人会选择有良好物业服务的居住小区，而老年人则更愿意居住在小区环境一般，但生活方便、人文环境友好的小区。居民的支付能力和需求偏好很大程度上决定了其居住环境的环卫保洁标准，比如即使在有物业服务公司的商品房小区，物业管理水平同样参差不齐，其中居民的物业费支付标准和收缴情况对物业公司的管理水平影响重大。对老旧小区的居民来说，外环境的卫生质量其实并不需要达到很高的标准，垃圾能够及时运走，小区环境保持基本清洁就可以。至于堆积物，虽然确有居民公共意识差的因素，也确有消防隐患，但从某种意义上讲，也是居民牺牲一定的环境质量而满足现实需求的结果。也就是说，环境质量需求其实是有弹性的。

若无外力介入，居住小区的环境质量也会形成自然差异。但是，政府在包括环卫在内的城市管理上的要求是标准化的，无论是国家卫生城市还是全国文明城市，其指标体系中并没有小区类型和居民需求差异的空间，都是做统一要求。如果政府的标准化要求在居民平均需求水平线之下，那么，可能大多数居住小区的环卫工作就能比较容易达标；问题是，现实中政府的标准化要求远超居民平均需求水平线。政府所要求的垃圾不落地、无堆积物等清洁标准，并不区分小区类型和居民需求差异。这就客观上弱化了居民主动参与的动力，也增加了社区工作的阻力。

第二个结构性张力，是政府动用公共资源兜底与居民不受约束的个人行为的负外部性后果再生产的张力。某种意义上，环境卫生问题大多是居民个人行为的后果，而且是负外部性后果。这些个人行为主要包括：在公共空间堆放杂物，乱丢垃圾，毁绿种菜种花，宠物排便等等。当然，并非所有环卫问题都是个人行为造成的。在有物业管理的小区，居民支付的物业费中，包含了其产生的环境问题的处理费用，也就是说，在市场化的物业管理模式中，居民实际上为个人行为的负外部性后果付出了代价。老小区在单位制时期，卫生工作是单位负责的，而单位往往会在职工工资中扣除卫生费。绍兴某社区的何阿姨回忆1980年代她每月要扣3块钱。单位解体后，老旧小区实行政府兜底，费用都由政府承担。这意味着，居民个人行为所产生的负外部性后果实际上由政府动用公共资源消化了。这显然存在权利义务的不对等问题。同时，政府也没有有效的手段约束居民的个人行为。由于个人行为具有日常性、灵活性和匿名性的特点，无论是政府职能部门还是社区基层组织，都不可能实现精细化的监控，更不可能进行精准的责任追究。只要这个结构性张力存在，就会助长部分居民的机会主义行为，包括"搭便车"，以及破坏环境。

高效但不经济

小事难办也要办。从我的调查来看，办的效果也还不错。许多老旧小区都是借着近几年"创城"大搞环境卫生的机会，彻底做了一次大扫除。多年无人过问而堆满垃圾的背街小巷、荒僻角落被清理了，楼道里的瓶瓶罐罐终于被扔掉了，连最难治理的牛皮癣小广告，也在社区工作人员与张贴人员日复一日的猫鼠战斗中，存活时间越来越短。我们去过的所有老旧小区，环境卫生面貌确实焕然一新，我们有时候开玩笑说，这实在有点"过于干净"，跟"老旧小区"的身份不太匹配……

环境治理的方式不外乎常规治理与运动式治理两种方法，这两种手段必须要结合使用，单靠常规治理解决不了堆积而成的规模较大的历史遗留问题，单靠运动治理也解决不了细小琐碎的日常化问题。实际上，运动式治理是弥补常规治理不足的最现实也是最有效的手段，但运动不可能日常化：运动式治理需要在短期内调用全部的治理资源集中处理问题，任何组织都承受不了将其常规化所要耗费的治理成本，何况，基层治理还有大量其他事务需要处理。常规治理无法解决所有细小琐碎且分散隐蔽的环境问题，总有问题会被遗漏，累积一段时间后，开展一次集中整治就是必不可少的了。

指望常规治理解决所有问题是不现实的，何况目前的治理方式还存在巨大的问题。这个问题就是，环境治理作为一项事关千家万户切身利益的事情，作为一项最适合人人动手、家家参与的事情，如今却几乎无论城乡，都变成了基层干部的责任。除了聘用一定数量的保洁人员，许多事情都要基层干部直接去做，当然，最主要的是，基层干部成为环境卫生问题的第一责任人。这也不奇怪，当环境治理成为政府工作的一部分，自然就要在行政体系内部向下传递，直到最基层的村居社区。上面千条线，下面一根针。环境治理并不能例外。

为了搞好环境卫生，基层组织要在有限的经费中（在开展环境整治的初期阶段，各地均有专项经费下拨），拿出一部分用来聘用专职的保洁人员，和临时雇佣部分零工，许多时候基层干部都要直接去做。一个基层组织管理的辖区动辄几千上万人，全部依靠几个干部和工作人员去做，人手不足的问题非常突出。特别是，现在居民有非常便捷的投诉途径，城市居民动辄通过市长热线投诉，接到投诉后居委会就要及时解决。现在上级政府和卫生环保部门的检查暗访非常多，每次遇到这种情况，基层干部不得不全体上阵，清扫马路，捡垃圾，而普通居民和村民不但袖手旁观，更有甚者说风凉话。在河南农村调研时，村委会主任就说了一件让人哭笑不得的事情，因为每次上级来检查，村干部就要去扫马路，有的群众发现马路脏了就会说："怎么村干部还不来打扫啊？""怎么还不来检查啊？"

这就是当下基层环境治理方式中存在的一个突出问题，我称之为高效但不经济。其不经济可以进一步从以下几个方面理解：

首先，政府对环境卫生的精细化标准化要求明显高于居民需求的部分，实际上是以付出额外的公共资源为代价的。这部分投入从居民生活区的实际需要来看，是不经济的。生活区毕竟不同于公园、广场、市政道路等城市公共空间，生活区的环境质量以满足居民基本生活需求为基础，以居民实际支付能力为弹性空间，但总体上对整个城市形象和公共环境的影响相对有限。城市公共空间与居民日常生活需求的直接关系显然相对较弱，而与城市形象等关系更为直接，其质量要求有理由更加严格。在这个意义上，居民生活区的环境质量应该在满足城市基本管理要求的前提下，将其弹性空间交由居民自主决定，并为此支付成本。政府动用公共资源直接介入，将弹性空间标准化，可以认为是不经济的。

其次，政府的动员和运作方式只是在消化居民个人行为的负外部性后果，而缺乏对其行为的约束，实际上进一步鼓励和强化了这种行为。居民破坏生活环境的行为至今缺乏相应的惩戒手段，个体享受到了破坏行为的便利性，却没有为其行为的负外部性承担责任，而是由政府动用公共资源承担，这是一种不正常的权利义务关系，实际上既是在给政府的环境治理制造问题，也是在透支政府使用公共资源的公信力。

三　小事治理

最后，基层治理能力进一步弱化。本来，居民个人行为的负外部性后果的直接影响，是由特定社会空间内的利益相关者共同承担，这实际上为社会组织起来约束个别人的越轨行为奠定了基础。在社会无法自发组织起来达成集体行动（重要原因是分散的个体组织成本过高，无法克服内部的"搭便车"行为）的情况下，政府采取了一种高效但很不经济的方式介入进来，高强度动员组织资源和行政资源以实现高标准的治理目标，政府替个人"背锅"，用纳税人的钱为个别人的越轨行为支付代价。这样一来，社会自然更加缺乏自组织能力去约束个人，个体不为其行为承担相应成本，支付代价，就可能产生示范效应，导致类似的投机行为扩大化。对居民来说，与其利益直接相关的生活区的环境卫生，就变成了政府的责任，居民乐得袖手旁观，而一旦政府工作不到位，居民反而会指手画脚，认为政府无能。这就陷入了一个非常诡异的逻辑，最终造成的是基层治理面临更加困难的局面。

办小事更需要群众参与

以前，基层治理都是围绕计划生育、征收税费、基础设施建设等中心工作展开，这些工作的特点是有阶段性、周期性，需要在短时期内集中完成较大的任务量，可以说都是"大事"，而且基本不需要进行广泛的群众动员，主要靠基层干部推动。环境治理就不同了，既需要阶段性的集中的环境整治，更需要日复一日的重复工作，涉及千家万户的生活习惯和千差万别的个体行为，都是些鸡毛蒜皮的小事，但群众动员的广度和深度则实际上要超过以往的"大事"。

基层组织面临越来越多这样微观的事务，但是，基层组织依然延续着以往办大事的逻辑，没有充分认识到这项新的治理工作在性质上的不同，因此也就没有找到真正将群众动员起来的办法。对于居民和村民来说，他们也缺乏必要的公共责任，没有意识和责任心主动承担起自己的义务。

一个很好的历史对比，是1949年后北京市民全体动员起来，大搞城市卫生清理，此后相当长的时期内，社区居委会的工作都是动员居民搞好环境卫生，包括轰轰烈烈的"除四害"和爱国卫生运动。我们固然可以将其归因为新政权空前强大的动员能力，但不可忽视的是其中所实践出来的群众参与机制。实际上，居民才是自身居住环境的第一责任人，他们的行为与环境状况有直接关联。环境卫生的细小琐碎和分散隐蔽，决定了仅靠基层组织无法有效治理，而必须让居民发挥治理主体的作用，并且在参与过程中培育和夯实居民的市民精神。市民社会不应该是一个只讲权利而不尽义务的社会，那样的市民不是现代社会的市民，而是自私自利的理性人。真正的、完整的市民精神，必须是权利义务的统一。

正是在这个意义上，基层组织的微观事务治理能力建设，与市民社会建设其实是一体的，也就是说，要建立居民日常化的参与机制。群众参与也是微观事务治理自身特性所要求的，微观事务治理必须突破单向度的治理方式。

三 小事治理

居家养老：为何花钱还得背锅

居家养老趣事多

2017年7月份，我到无锡滨湖区某社区调研。社区办有居家养老服务中心，除了常见的老年人活动室，还有一个运转良好的老年人食堂。我们到养老中心访谈时，发现食堂门口贴着本周的食谱（见表4），大家都觉得这伙食真心不错，有荤有素还有汤，每天不重样，简直比学校食堂还要好，就是不知道价格多少，分量如何，老年人满意不满意。结果访谈下来却发现，这个养老中心最头疼的就是食堂，负责人的描述总结起来就是"众口难调，难伺候"。

表4. 居家养老中心食堂一周食谱

周一：洋葱猪肝，白菜面筋，榨菜粉丝；
周二：青椒土豆肉片，烧百叶，炒青菜；
周三：蒸肉圆，炒花菜，炒韭菜，鸭血汤；
周四：云块鱼，榨菜豆腐，炒青菜；
周五：蒸咸鸭腿，炒白菜，烧百叶，榨菜蛋汤；
周六：红烧脊肉，炒五心菜，榨菜粉丝，白菜豆腐汤；
周日：蒸鸡腿，红烧萝卜，炒韭菜，番茄蛋汤。

食堂现在的提供服务是：为社区70岁以上老人供应午餐（目前有50人报名），餐费5元/人（五保户免费），一个大荤、两个素菜、一个汤、三两半饭。除了极个别行动不便的老人可以提供送餐服务，其余老人都要自己到食堂来打饭。其实原来的午餐标准并不是这样。开始时，食堂考虑到老年人牙口不好，荤菜都是小荤，有的老人就有意见，问为什么没有大荤，食堂便增加了大排、肉圆、鸡腿等。考虑到老人饭量小，一餐饭吃不了多少，食堂最初供应的米饭就定为二两，结果很快就有老人反映不够吃，米饭增加到三两；没过多久，又有老人反映不够吃，只好又增加了半两。其实三两半饭对于绝大多数老人来说是绰绰有余的，胃口小的都可以吃两餐，但毕竟不能让饭量大的饿肚子，只好一直维持这个标准。如今这个供应标准，其实已经超过了一餐饭的需要量，许多老人都是把饭菜打回去，中午吃不完，晚上热一热当晚餐，实际上解决了两餐的问题。更有甚者，鸡腿大排等大荤菜，打回去都是给孙子孙女吃的，对于带孙子的老人来说，食堂实在提供了不小的方便。据说有个老人，老两口每次交10块钱，打回去的饭菜一直都是他们和儿子孙子4个人吃。

这些情况，养老中心的人都很清楚，但也不好说什么，反正不是他们掏钱，何必得罪老人，何况有些老人特别喜欢到社区提意见，讲多了，会投诉工作人员服务态度不好。小荤换大荤的一个很重要的推动因素就是，那个4口人吃饭的老人，孙子喜欢吃鸡腿、大排等大荤，老人就提要求。"这个人话很多，你不答应他他就天天找社区提意见。"标准难定，定出来也还是面临众口难调的问题：有人不吃韭菜，有人不吃洋葱，有人口重，有人口淡……总而言之，标准化供给必须要面临个性化需求的挑剔。食堂师傅尽量满足，实在满足不了，只能让老人迁就，或者浪费：把不吃的菜自己倒掉。按这个供应标准，食堂肯定是亏的，一个老人一餐的成本其实在八九块钱，养老中心曾经做过问卷调查，征求老人对涨价的态度，结果可想而知，大多数人不同意涨价。现在，其他社区老人食堂的餐费都是7块钱以上，这个社区的食堂因为最早开办，标准定得低，但调价看来是没有希望了。

到绍兴越城区调研时，也遇到过类似的情况。有个社区辖区内街道文化站搬迁，留下了200多平方米的场地，社区按照绍兴市颁布的标准，将其改造成了居家养老服务中心，阅览室、健身房、书画室、厨房等设施一应俱全。按照标准，日间照料服务需要有休息室和床，空间实在不够，社区书记大发奇想："我就买了20把两用的凳子，平时坐着，伸开了可以当床用，不然根本摆不开，而且搞床也没什么用，没人在那睡觉。"还有一处变通就是午餐服务，按标准也应该像无锡那个养老中心一样提供午餐，但这个社区的养老中心没有污水排放设施，且地处老城，毗邻居民区，书记也担心厨房油烟扰民，就跟社区一家私人餐馆签了协议，让这个餐馆代为提供订餐服务，"反正也没老人订，就是个形式"。社区为这个标准化的养老中心投资了10多万块钱，上面按照等级采取以奖代补的形式，奖励了5万块。建成以后，问题来了，不管书记在大会小会上怎么宣传，老人们就是不认可，建成几个月了，没有一个人去那里活动，反而还是坚持到原来那个老旧而且狭小的老年人活动室活动。

还有个例子，在成都调研时，一位街道党工委书记跟我们"吐槽"居家养老中心是"拍脑袋政策"，为了完成上级规定的居家养老中心任务指标，街道按照每个中心50万元的标准投资建设了几家，书记说"上面规定了每个中心的建设标准，都是坐在办公室拍脑袋定的，比如必须要安装跑步机和健身器材，这不是开玩笑吗？老年人跑那去健身，万一受伤了谁负责？"结果，上级考核达标后，养老中心无人管理，有的大门紧闭，有的即便利用也主要是作为老年人的棋牌室，更有甚者连器材都被偷走了。

除此之外，还有一种比较普遍的做法，就是政府通过购买服务的方式，为高龄、独居和失能老人提供上门的生活照料服务。早些年，许多城市政府曾为老人普遍配备专用的电子终端设备，老人有需要可以直接通过终端设备呼叫。生活照料服务由政府向专业社会组织或家政服务机构购买，后者派社工或家政服务人员上门为老人提供服务。虽然名义上服务内容较多，实践中基本只限于打扫卫生这类家政服务。这种形式存在的主要问题就是服务质量难以监管，所谓第三方评估也难以做到精准评判。因为是免费获得，不是自己花钱购买，老人就大多抱着无所谓的态度，接受第三方的电话满意度调查时，很少会说不满意。服务人员也可以利用信息不对称和老年人的这种心理，有意缩减服务内容。

绍兴越城区近年来在实施"适度普惠性养老服务补贴"，

每年给70岁以上老人发放100块钱服务券，老人可以自行到政府指定的服务机构购买服务。按说这种方式要比直接送服务上门更有效，既能照顾到老年人的个性化需要，也能利用一定程度的市场机制，监督服务质量，毕竟老年人可以自己从有限的服务供给方中进行自由选择。让我们很意外的是，调查中许多老年人对此并不满意。100块钱其实能买的服务很少，如果请家政人员上门做保洁，用不了一两次，所以老年人绝大多数选择用来理发（所以老人都习惯叫它"理发券"）。第一年发的是5张20元面额的，每次理发用一张，老人有意见，因为理发的市场价用不了20元，要求换成小面额的。第二年开始发10张10元面额的，还是有问题，有的老人还是觉得浪费，他原来随便找个剃头铺子，只要几块钱，一次给10块他还是觉得不好；有的老人觉得指定的理发店技术不好，或者有自己习惯去的理发店，认为指定的店太少了。

绍兴市72岁的凌大爷说："现在政府把事情搞复杂了，花钱办好事，还让人骂，大家不满意。"这个说法我在调查中屡屡听到，老人们这么说，社区干部也这么说，有意思。

养老服务的供给错位

廉价甚至免费服务，为什么老年人还是不满意呢？或者说，即使老年人满意，服务供给方却为何并不轻松，甚至牢骚满腹呢？之所以这样说，是因为调查中确实有不少基层干部经常吐槽。每次发放服务券，都是对社工工作细心与耐心程度的极大考验。若不细心，漏掉了哪个人没通知，被漏掉的人就有意见，甚至到社区来闹，打12345投诉。若不够耐心，老人上了年纪记性不好，电话通知几次可能都不记得来取。绍兴一个社区，去年的服务券过了一年还有20多张没人取，这就要求社工反复打电话，实在不行就直接送上门。上级政府要做好事，只要掏钱就行了，但社区是服务投递到居民的最后一公里，具体做事的是社区，但背锅的也是社区。问题出在哪里？

首先，服务供给方式肯定是要继续完善的。发服务券太麻烦，那就改成直接把钱打到老人的银行卡。2015年杭州下城区试点"以卡代券"，不过，似乎这个办法没有看到推广的消息，至少我2016年7月在上城区调查时，服务券还是由社区代发。具体操作环节的问题，通过技术性措施，总还是能够逐步完善的。供给环节的完善要解决的是服务能否有效投递给服务对象的问题，但在我看来，更重要还是要在深层次上进行反思，否则，治标不治本。这里面有两个问题需要思考，一是服务是否提供给了正确的对象，二是是否给服务对象提供了正确的服务。这里，"正确"也可以替换为"合适"。

先来看第一个问题，服务是否提供给了正确的对象呢？从我的调研来看，应该说是"部分正确"。有些服务确实精准地投向了需要的人，比如对高龄失能老人提供必要的家政服务、送餐服务，确实解决了他们子女不在身边或无子女的基本生活照料问题，再比如对低收入的困难老人，发放生活救助、养老服务补贴，对他们的边际效益是很高的。这些都是老年人群体中的弱势群体，现实中容易发生问题的也是这个群体，他们是需要政府和全社会关爱的。实际上，他们也是政府公共服务资源首先关注到的群体，可以将这个群体称为"特殊群体"。

特殊群体太特殊了，他们有明显的特征，政策上容易识别，其他群众对他们享受照顾也不会有意见。不过，有些经济发达的城市，政府财力相对较好，在照顾到上述群体后（姑且不论照顾水平），尚有余力，便开始扩大服务供给对象的边界，问题就来了。比如绍兴市的"适度普惠性养老补贴"，"普惠"的意思就是补贴对象从"特殊群体"拓展到了普通老年人，这些老人既不困难也无残障，没有政府提供的补贴或者服务，对他们的正常生活一点影响都没有，他们的资格获取就靠最简单的一条：年龄。"适度"的意思，就是绍兴政府毕竟还没到财力无限的程度，就给"普惠"的对象加了一点限定，也就是"70岁以上"。一般来说，80岁以上的老年人就是高龄老人了，政府很早就有针对他们的"高龄补贴"，而且越是高龄，补贴越高。绍兴市给70岁以上的老人发服务补贴，就是将本来向特殊群体供给的服务资源扩大化了。无锡社区的老人食堂也是这样，70岁以上就可以廉价就餐。问题是，他们需不需要政府做这个好事呢？很多老人肯定会说需要，这是必然的，有便宜干吗不占。可是，政府资源毕竟有限，何况这些资源是公共的，好钢也要用在刀刃上。

绍兴一位84岁的朱大爷就说："国家投的钱很多，但是具体到个人头上也就一两块钱，这点钱起什么作用呢？这个理发票，我觉得除了低保户困难户，我们发这100块钱没有多大意义，谁都不缺这个钱。"从我去过的城市来看，基本上现在老年人都可以拿到至少2000块钱以上的退休金，两位老人月收入大几千是很正常的，经济上其实并没有多大问题。现代社会，绝大多数70岁的老人其实身体都还是可以的，生活自理没有问题。向他们提供一些针对特殊群体的"简化版"的服务，是否真的有必要呢？其中是否暴露出了福利泛化的问题？

第二个问题，其实上文也有所涉及。对生活自理能力差的老人来说，政府购买或直接提供的生活照料服务，正是他们必需的。必需服务的特点是，服务需求弹性较小，不外乎卫生保洁、身体护理、代购送餐等等，同样的失能老人，需求都是一样的，能够满足基本的生活甚至生存需要就可以了。因此，必需服务更容易标准化供给，服务对象也一般不会有太多个性化要求，比较容易满足。有些服务却超出了"必需"的范畴，属于"额外服务"。向70多岁、完全可以生活自理的老人提供廉价甚至免费就餐服务，就是额外的，向有经济能力的老人提供服务补贴，也是额外的，很多地方建设的标准化的养老服务中心，提供日间休息、室内健身、心理辅导等，从实践效果来看，也可以说是额外的。

额外服务的特点是，它要替代的是服务对象有自我供给能力的那部分需求。自我供给当然是能够实现"需求–供给"相匹配的最有效方式，喜欢什么口味就做什么口味的饭菜，喜欢去哪家理发店就去哪家理发店，各自对自己的偏好和选择负责。显然，额外服务的需求弹性个性化程度比较高，弹性比较大，标准化的供给方式难免发生供给与需求的错位，而且也会存在资源浪费。有的老人就是愿意找不正规的理发摊子理5块钱的头发，你何必让他到指定理发店理10块钱的呢？从调研来看，其实养老服务供给中最容易出问题的，基本上集中在这些额外服务上面。

供给群体和供给内容的扩大化，都属于供给错位，就是将有限的公共资源，分配给了不需要的人，用在了不需要的事上。表面上是政府公共服务供给水平的提高，深究起来，却不得不承认"吃肉骂娘"的现象也如影随形，相伴而生。

大国养老，底线保障

民政部《2018年民政事业发展统计公报》显示，全国享受高龄补贴的老年人有2972.3万人，比上年增长10.8%；享受护理补贴的老年人74.8万人，比上年大增22.0%；享受养老服务补贴的老年人521.7万人，比上年猛增47.2%。这个人口规模不可谓不大，增长速度也不能说不高，这背后既是对我们这个发展中国家经济实力的考验，也暗含着对政府公共资源分配的有效性、必要性、公平性的拷问。另一个数字是，截至2018年底，全国60周岁及以上老年人口24949万人，占总人口的17.9%，其中65周岁及以上人口16658万人，占总人口的11.9%。老年人口中，单是失能半失能老人就达4000多万，占比接近两成。即使是将这个群体的兜底保障全部做起来，就是一笔巨大的开支，更何况目前农村地区的这项工作同城市相比差距还相当的大，我们这个研究机构做农村研究10余年，深感此问题的严重性与紧迫性。在这种情况下，城市养老公共资源的分配还是出现了泛福利化的问题，实在让人痛心。

居家养老，被认为是符合我国伦理文化和老年人习惯等国情特点的养老模式，它可以有效弥补机构养老资源不足、成本较高的缺陷，能够为最大多数老年人提供低成本、就近、灵活的养老服务。对于我们这样一个老龄人口规模巨大的发展中国家来说，发展居家养老，也可以减轻建设和维护正规公益性养老机构的财政压力，不失为一种利国利民的养老模式。但是，居家养老到底怎么搞，却并没有现成的经验可以复制。做得比较成熟的，也都是发达国家，其中最常被拿来做榜样的就是新加坡。津津乐道于新加坡经验其实意义不大，这个经济发达的城市国家就算把养老服务做出花来都正常。但对我们这样一个发展中大国来说，我们可预期的养老目标还是要定位在"雪中送炭"的底线保障上，也就是集中有限的公共资源，为相对特殊的老年群体提供最基础的必需服务，而对于大多数的普通老年人，终究还是主要靠其自身和家庭。

以此衡量，目前城市中推进的居家养老已经出现了比较明显的泛福利化倾向，特别是部分经济发达的城市，在将针对特殊群体的底线保障扩大化为普通群体的普惠福利上，走得更快，走得更远。各地大力推进的居家养老服务中心（尤其是日间照料中心）建设，目前看来，也存在背离居家养老"低成本"的政策初衷。地方政府在推进服务中心硬件设施建设方面，标准其实并不低，且往往越是高标准越能拿到高补贴，反倒是那些需要得到支持进行基本硬件建设的，因为无法达标得不到奖励。

三 小事治理

民政部最新颁布的《社区老年人日间照料中心服务基本要求》（GB/T 33169—2016）对相关硬件设施和服务内容提出了非常细致的标准，山东省《城市社区老年人日间照料中心建设专项补助资金管理暂行办法》中规定的建设补助标准是，社区人口1万至1.5万（不含）的，项目建筑面积不低于750平方米，除学习、健身、娱乐设施外，设置床位不低于30张，省资助50万元。其下辖的县级青州市则对达到省级标准的再奖励13万元。武汉市2016年用于补贴社区养老服务中心（含社区养老院、日间照料中心）建设运营的经费达7000多万元。从我们调研过的社区养老服务中心来看，大多数设备都像前文所说的绍兴那家社区养老中心一样处于闲置状态，而利用率最高的往往就是麻将桌、乒乓球台等最普通的设施。

社区居家养老，其定位应该是补充老年人家庭养老之不足。一方面，为照顾失能老人设置的硬件设施，基本上很少有失能老人会使用，他们要么在家里需要上门照料，要么就直接去正规机构，社区的照料中心其实很尴尬。另一方面，大多数老人的养老服务需要，通过自己和家庭就可以满足，社区养老中心提供的服务是额外的。在这个意义上，如何正确厘定社区与家庭在养老方面的服务边界，还远远没有完成。但有一点，既然是服务于居家养老，社区的作用就是辅助性的，那么相应的硬件设施和服务内容，就不需要那么高大全，更不需要按一个标准去复制。它应该低成本地满足老年人最基础的需求。

居家养老不应社区化，社区养老服务条件也不应高标准化，不能变成正规养老机构的缩小版。

煤气瓶的政治任务

煤气瓶该不该查？

排查煤气瓶是杭州调研时，许多社区干部向我们大倒苦水的一件事。排查主要内容包括煤气瓶生产厂家、来源、用途，是否存在安全隐患等等。这是杭州市迎接G20峰会消除安全隐患的措施之一。

瓶装煤气的安全隐患主要有两个方面。一是存在"黑煤气"，部分非法经营者为了谋利，利用低价收购超期瓶、掺混二甲醚和水等方式获利。有的煤气瓶减压阀存在安全隐患，容易泄露。二是正规的燃气钢瓶的使用年限在15年左右，需要定期检查，如果超期使用同样存在安全隐患。媒体报道，"据统计，在杭州主城区，大约有16万瓶装燃气用户，主要集中在城郊结合部、城中村、餐饮店、夜宵摊等"[1]。

煤气瓶虽小，但散落和隐匿在民间，就构成了威胁安全的不确定性因素，更是峰会超高安保标准的不确定性因素。小庙

---

[1] 《杭州主城区还有16万瓶装燃气用户　为了自身和他人安全，请拒绝"黑煤气"》，《钱江晚报》2016年1月16日，A0002版。

社区居委会副主任兼卫生委员说："排查煤气瓶，燃气公司提供的数据是发放了12000个，普查后发现有18000个，这下上面一下子慌了，多出来的6000个怎么回事？怎么来的？燃气公司没法提供底册，只好压给我们社区去做。"

但是，社区对这项工作并不是完全理解，小巷社区书记说："查煤气瓶，是街道布置下来的任务，要求15天完成。煤气瓶有7个品牌是合法的，其他都是非法的，要我们上门去查。但你说，这是不是我们应该做的？这本来是个企业行为嘛。但是，没办法，压到我社区来了。如果我排摸不准确，上报的信息有问题，将来出了问题，会问责的。我查了煤气瓶，上报了，执法局来给没收了，你说居民会不会对我有意见？虽然不是我砍的刀，但是是我上报的呀。而且还要考核你的满意度，人家煤气瓶被没收了，怎么会满意嘛。"

时间紧，任务重，不过，社区的完成效率还是相当高的。小井社区书记说："煤气瓶让职能部门去摸，两个月还摸不清楚，我们社区一个星期，80%都摸清了。"客观地说，上面安排给社区的排查煤气瓶的工作，主要是工作量比较大，要对所有居民和辖区单位，特别是餐饮单位的煤气瓶进行普查，加上时间比较紧，确实比较累。不过，摸排本身并不是一件技术要求很高的工作，也就是说技术难度不高，只是进行基础信息的统计。后期对非法和存在安全隐患的煤气瓶的执法处置都是由城管部门去做的。虽然存在小巷社区书记所说的影响干群关系的可能，但总体来看，还在可承受的范围内。

而且，社区在接受这项任务时，也并非被动包揽，完全没有谈判能力。如果查煤气瓶的任务中包含一些专业性比较强技术要求比较高的内容，交给社区就明显不合理了。社区对这种任务也并非没有讨价还价的可能。那位小庙社区的副主任就讲了一个谈判的例子："前天（7月13日），区城管局给街道下任务，上门核查家用煤气瓶的使用，发了一张表格，内容是某某住户（商家），你的钢瓶存在以下问题：一、二、三、四，等等，最后落款署名是'G20峰会液化气瓶整治领导小组'。然后让煤气瓶公司给我们上了30分钟的课，教我们怎么检查上面的问题。我当时站起来提了6个问题：一、社工有什么资质去检查别人家的煤气瓶？二、我们有无专业技术去检定？就靠这二三十分钟的课？三、如果发生问题，怎么叫他们整改？等等。他开始解释，支支吾吾，说不出个所以然。我就说，你让我们去查煤气瓶，就是对居民不负责。让我们去查有多少瓶，是谁的，这是可以的，可以做到很准确，但是做这个，明显不合理，本来就不该让不专业的人去做专业的事。第二天，街道又把我们叫过去，做还是要做的，不过表格改成了告知书。这是可以的，告知书就是告诉居民有哪些隐患，这样就可以了嘛。"

其实，煤气瓶的事说明了基层治理中一个非常简单却重要的原则，社区可以承担一些专业性不强、技术要求不高的基础性信息收集等工作，而且可以做得很好，比职能部门直接去做效率更高，但不应该让社区承担专业性强、技术要求高的工作。简言之，社区承担的行政任务应该在合理范围内，这样才能真正发挥其优越性。看得出来，社区干部也认为做基础性的行政任务是理所应当的，而且他们确有优势。某些时候，社区与街道、与职能部门之间，也是可以在具体任务分工上进行协商谈判的。

所以说，煤气瓶社区该不该去查？该查。但是，应该是排查，不是检查。检查应该是职能部门的责任。

志愿者治安巡逻

组织居民志愿者进行日常的治安巡逻，是峰会期间基层安保工作的又一项重要内容。实际上，居民志愿者大概由三部分组成，一部分是街道和社区工作人员，每天的治安巡逻，社工是必须要参加的，街道工作人员则要在每个周末到社区参与巡逻。第二部分是社区党员，这是志愿者队伍的主体，其中又以退休党员为主，包括平常就比较热心积极参与社区工作的居民骨干，也包括平常参与不多但这次被动员起来的普通党员。第三部分则是普通居民，这部分数量比较少。实际上杭州是全城动员，所有餐饮、零售单位的服务员、保洁员、保安员等都被要求佩戴治安志愿者的红袖标，以至于有些服务行业的经营者对此颇有微词，认为会影响正常经营。

治安巡逻的主要任务就是在小区内进行巡查，一般两人一组，每天巡逻两次，大概一两个小时，视小区大小决定。巡逻的内容不仅仅是发现治安隐患，还包括监督环境卫生等各方面的情况，以及收集居民诉求，向社区汇报，社区再将不同问题进行分类处理。表5截取了小巷社区连续4天治安巡逻的记录，可以管窥其实际样态。

表5. 小巷社区治安巡逻记录（7.20—7.23）

日期	巡逻员	巡逻时间	巡逻情况
7.20	2人，姓名略（下同）	上午9点—11点	上午巡逻发现441、441-2没有戴红袖章，第二次去都戴上了
		下午14点—16点	下午巡逻××楼对面1号，没用的东西放到马路上了，我说了让他们拿掉了
7.21		上午9点—11点	上午巡逻××楼卖菜的这家没戴红袖章第二次去戴上了
		下午14点—16点	下午巡逻又发现××楼的衣服店没戴红袖章
7.22		上午9点—11点	上午巡防，440的没戴红袖章
		下午14点—16点	下午巡逻发现新网吧没戴红袖章
7.23		上午9点—11点	上午××南路443号没戴红袖章，说了二次，425号也没戴
		下午14点—16点	下午巡防再一次去他们才戴

注：1.巡逻范围：小巷社区所辖各个小区，南至××路，西至××路等。2.巡逻休息点2处：瓦肆活动室和建设银行。3.巡查要求：密切关注煤气瓶和可疑人员。

综合来看，社区为峰会所做的有三类不同性质的基础性工作：一类是基础信息统计，这类工作主要是进行数据和信息收集，难度不大，遇到的阻力也相对较小。但是，由于牵涉到居民个人隐私，还是会有一些居民不配合。尽管如此，社区做这类工作还是得心应手的，效率也非常高。调研时，社区干部也

三 小事治理

认为这项工作他们有优势。

第二类是群众动员，治安巡逻就是典型，此外还包括其他活动类的，目的都是让居民参与进来，营造迎接峰会的社会氛围。这项工作从结果来看也是可以接受的，但动员的实质效果并不特别理想，因为实际上参与者还是以党员和公职人员为主，真正的普通居民参与较少，而且，以退休的老人居多。这是当前基层群众动员面临的普遍困境。

第三类工作则是社区最头疼的，属于行政强制性比较强的的工作，立面改造是典型代表。这类工作是整个城市统一部署的，统一规划，格式化的，标准化的，又带有明显的"面子"工程色彩，用社区干部的话说是"美观性与实用性有矛盾"的。社区要做的是把这项对居民利益不一定有利的工作在规定时间内完成。"用感情""靠意志力""反复劝说"是社区仅有的工作办法，虽然简约且高效，完成了执法部门不可能完成的任务，却在一定程度上损害了社区与居民的关系。用社区干部的话说，就是在透支他们历年积累的感情资源。

社区作用的有效性与有限性

政治任务与常规任务一起，构成了社区承担的两大类行政任务。所谓政治任务，其基本特点有四，一是要动员整个城市行政体系应对，或至少是要动员相当多行政资源；二是一般集中在某个时期内要完成，也就是常说的时间紧、任务重；三是标准化程度高，强制性要求比较多，相应的给予基层的自主性和谈判空间就比较小，强调基层要不折不扣完成；四是政治任务的激励与问责比常规任务强度更高，如果说常规任务更多遵循科层体制的行政责任的话，那么政治任务内在的"政治责任"要比"行政责任"更有威力，其运作的政治逻辑也往往突破常规行政的制度约束。正是政治任务的上述特点，使其传递到社区一级时，社区在落实过程中会更加充分地暴露其优越性和局限性，或者说有效性和有限性。

政治任务落实过程中，行政体系内高强度的自我动员往往是非常高效的，是突破科层体制的常规运作模式和规则的。但是，这种突破在进入社会时却不可避免要遭到正当性质疑。在立面改造中，政府的要求与行为并不一定全部于法有据，毕竟这种外观方面的规划与管理本身在日常行政执法时弹性很大，要么现行法律和城市管理制度缺乏具体细致的要求，要么即使有法律法规也因执法成本高、监管难、违法成本低而造成大量遗留问题存在，等等。何况，即使在政治任务的高压下，政府行为也是选择性的，毕竟要改造的只是一部分，这就存在一定的不公平，造成政府行为本身存在正当性不足。这时，社区的优越性和有效性就体现出来了。社区本身并非一级行政部门，其行为并非执法行为，其工作方式就充满了非正式色彩，靠感情、靠反复上门、靠劝说，总而言之，靠的是社会性资源，用的是人情化的方式。用"社会性"的工作方法完成政治性任务，以规避正当性缺陷，这就是社区的优越性。

社区的优越性，还体现在其对社会基础信息更为全面、及时、灵活的获取能力。无论是统计特殊人群还是煤气瓶、空置房排查，这些社会的基础性信息分散在个体、家庭之中，无论是靠市场机构，还是靠行政机构，都有一个获取信息的巨额成本问题。即使不考虑成本，也还有个信息准确性和有效性的问题。而且，因其是社会本身的信息，基于隐私权的支持，无论行政主体还是市场主体在收集这些信息时，都要面临合法性的拷问。当然，其实最关键的，还是没有任何一个主体能够像社区这样，可以低成本且高效准确地收集社会信息。为什么？也是因为社区本身就深嵌在社会之中，其嵌入程度，既与社区天然地处于国家与社会之间有关，更与社区运作过程就是始终与社会互动有关。给居民解决实际困难，与居民建立人情化关系，以及社区重要的辅助力量——积极分子本身就分散在社会中。

但是，与此同时，我们也要重视社区的局限性、有限性。社区是"多能"的，但远非"万能"的。社区的有效性有赖于其非正式性，或者说社会性的一面，但其有限性也与此有关。社区不是行政主体，没有行政执法权，所以社区只能去做靠感情解决得了的问题，劝说不成，感情失效，这时就需要执法部门出面了。比较模糊的任务可以靠社区用非正式手段化解，但明显于法有据的可能就很难用非正式化手段解决了。比如"拆违"，你说别人是"违建"，遇上较真的，就必须拿出法律条文予以证明，此其一。其二，社区多能，是因为其不专业，所做的事情、所采取的方法也就可以不受专业限制。但是这种方式之所以有效，也有赖于其处理对象本身不是专业领域事项。相反，如果是专业领域，就不应该再由社区出面了。

前文提到的煤气瓶可以排查，但不能检查就是这个道理。与之类似的还有消防检查、安全生产检查。社区可以去做一些安全告知、信息采集，以及比较基础性的排查工作——也就是排查那些靠"生活常识"而非"专业知识"可以把握的火灾隐患、安全隐患等。因此，对于那些社区有局限性的领域，就要在职能部门与社区之间进行合理的分工。现实中，恰恰是在这个方面，职能部门对社区"过度使用"，引来社区对行政任务的不满和抵触。

从包饺子看社区参与之难

包饺子的为什么总是那些老面孔？

现在，无论是做研究的学者，还是做社区工作的工作人员，都有个理所当然的观点：社区参与就是好，越多越好。我们调研所到之处，不管是高档小区、普通小区还是保障房小区、老旧小区，不管是上海、深圳、杭州等发达的超大特大城市，还是黄冈等欠发达的中小城市，所有社区都在想方设法扩大居民参与，真可谓花样百出。为了吸引年轻人参与，就从娃娃抓起，搞亲子活动；为了吸引全职太太们参与，就请专业老师来教他们做手工，学才艺；为了创造新形式，又是请专业社会组织来指导，又是动员社区骨干做工作。尽管想了很多办法，搞了很多形式，但社区参与的状况还是不理想。

所谓不理想，可以归结为三个有限：参与规模有限，参与内容有限，参与效果有限。参与规模有限就是经常性参与社区活动的，仍然以退休的老人为主，绝大多数中青年人参与率极低。参与内容有限是指社区参与主要局限在日常性的社区活动和周期性的社区事件上。日常性社区活动包括群众文体活动、重要节日、纪念日的庆祝或宣传活动，等等；周期性的社区事件则主要是社区换届选举和人大代表换届选举等。而社区基层组织的工作中，除了少数积极分子，基本上没有居民会主动关心，更不要说参与了。参与效果有限就是，哪怕社区活动搞得再丰富，目前它仍然只是社区基层组织的工作任务，而没有真正提升社区居民的自治能力，也没有转化成基层组织的治理能力。

对大多数参与的居民来说，搞活动时兴高采烈，活动结束了，依然是各回各家，恢复原状，很少有什么人是参与了很多次活动，就从一个普通居民变成热心社区公益的积极分子的。实践中，更多的是热心公益的人本来就热心，所以才积极参与，而不是相反。这种不理想，还伴随着一种很吊诡的后果：社区为了吸引居民参与，会向参与的居民发放礼品，长此以往，活动就变成了福利。对居民来说，你社区就该搞活动，搞活动发礼品更是理所应当。居民参与活动，也就变成了去享受福利。以至于居民经常会因为礼物准备不充分不合意，而向社区和工作人员发牢骚。于是，一些经费充裕的社区，有能力拿出更有吸引力的物质激励，社区参与就显得红红火火。

说不理想，自然是有个理想的标准做参照。最理想的自然是突破上面所讲的"三个有限"，把参与规模搞得大大的，参与内容搞得多多的，参与效果搞得好好的。在实践中，大家更关心的是第一个指标，就是参与的广泛性。参与的人越多越好，似乎人多就表示社区融合得好，社区社会资本比较充分，社区自治就有了实质意义。因此，社区书记主任们主要的用力方向，就是吸引和动员更多的居民参与，以至于参与内容和参与效果倒成了次要的目标，甚至被有意无意地忽视了。我们在调研时，听到书记主任们最多的说法就是：参与的人太少了，搞来搞去还是那些老面孔。

在杭州调研时，候门社区居委会主任说，端午节包粽子，春节包饺子，年年搞，但实际上来包饺子的总是那些人，吃到饺子的也是那些人。在绍兴调查时，一位负责老龄工作的社区工作者说，让居民来参加个活动太不容易了，所以每召集一次都要充分利用，把主席台上面挂的横幅换掉，下面坐的人调调顺序，不能在镜头前面的老是那几个人，就露馅了，这样的话，一次就可以应付掉好几个任务了。说起来有些荒诞，却实在是社区的无奈之举。

为什么社区参与度不理想？一种常见的解释是，城市是个陌生人社会，社区的社会资本不足。这实际上什么都没有解释，其背后还是存在一个社区参与应当是全面参与、广泛参与的正当性预设。我以为，更恰当的发问方式应该是："为什么参与？"也就是说，我们要先弄清楚居民的参与动机。学者从理论上似乎能够给出答案：居民参与是他们公民权利的一部分，他们通过参与实现对社区决策施加影响，从而更好维护自身利益的目的。这个逻辑不完全成立。实现这个目标的方式可以有很多种，为什么为了维护自身利益就非要直接参与呢？

进一步追问则是，他们要维护的利益到底是什么？这肯定不能简单归结为抽象的"公民权利"。在我看来，对普通居民来说，他们最关心的利益就是能够有一个宜居的生活环境。社区毕竟只是居民的生活空间，无论从居民的需求还是社区供给能力来看，它注定是有限的。生活空间里的需求都是围绕生活展开的，是具体的、琐碎的，是环境保持干净卫生，是车辆有序停放，是矛盾纠纷能够及时化解，是有基本的休闲活动场所等等。他们要参与，也是向社区基层组织，向物业公司等表达相关诉求，以期得到后者的及时有效回应。我觉得这才是居民参与的真实动机，而我们衡量社区参与水平的指标，也应该是居民诉求是否得到了及时有效回应，换句话说，社区宜居水平是否在不断完善。这是一种"结果评价"，而非"过程评价"。我们现在太关心参与过程和形式了，反倒忽略了参与目的和结果。试想，如果居民拥有其他表达诉求的有效渠道，并且其诉求基本能够得到及时有效回应，而不一定需要通过广泛的、直接的参与，那我们为什么非要追求参与的全面性、广泛性呢？

视角一换，现实就不那么让人生厌了。在我看来，现在居民的社区参与途径不仅丰富而且有效，社区参与状况并没有那么不理想。希望读者不要以为我这样说，就表示我认为当下的社区参与很完美。我真正想要指出的是，我们应该摒弃既有的理论和预设的限制，去发现社区参与的丰富实践。

媒介式参与

社区参与中的"老面孔"很重要。老面孔主要就是社区里的居民积极分子，这些人又以退休在家的老年人为多，他们有时间又有热情，愿意参加活动，也关心社区公益。很多老人在单位工作时就是车间主任、工会干部或者积极分子；有的呢，则纯粹是因为某件事跟社区打过交道，与社区干部建立了私人感情，在反复动员下成了积极分子；有的则是在其他积极分子带动下参与进来的。积极分子活跃在社区治理的各个领域，文体活动中有他们，社区志愿者有他们，应付上级任务也少不了他们帮忙。对社区工作来说，积极分子的存在是必不可少的。他们是社区的眼睛，帮助发现社区里的各种情况，及时上报；他们也是社区的腿，帮忙发发选票，做点力所能及的工作；他们还是社区的嘴，在居民当中宣传社区工作，传播信息，还能在社区开展工作时敲敲边鼓。有经验的社区书记主任，都懂得怎么发掘和运用积极分子，他们之间建立的亲密关系甚至可以延续多年。

作为社区基层组织的帮手，只是积极分子的一面。很多人关注到了，但也就仅仅看到了这一面。积极分子还有重要的社区参与的意义，这一点同样不可忽视。这方面意义有两层理解，首先，他们本身就是社区参与的主体，他们的行为就是在践行社区参与。这一点很容易理解。第二层含义可能被忽视了，就是积极分子也是普通居民实现社区参与的重要媒介。只看到第一点，就会认为社区参与只是这些老面孔，参与面不足。如果看到第二点，就能够认识到，普通居民通过以积极分子为媒介实现社区参与，其实是社区参与非常重要的实现形式，这种形式可以称为媒介式参与。社区干部经常说，积极分子发挥着"上传下达"的作用，是社区与居民之间的"桥梁"和"纽带"，其实也揭示了积极分子所具有的普通居民参与媒介的作用。

媒介式参与是一种间接参与。作为媒介，积极分子并不完全等同于"代表"，尽管许多积极分子拥有"居民代表"的身份。"代表"一般要由被代表对象通过选举赋权产生，获得了授权，便可以代替授权者在公共事务处理中表达意见。积极分子不需要通过居民授权，他们的资格是自动获取的，靠的是自身禀赋。在这个意义上，积极分子与普通居民的关系不能类同于"委托—代理"关系。也因此，积极分子哪怕有居民代表的身份，一般来说也并不能代替居民表决与其利益相关的事务。积极分子作为普通居民社区参与的媒介具有这样几个特点：

首先，其作用是帮助居民表达利益诉求。居民可以不直接去找居委会或物业公司或其他治理主体，而是通过积极分子代为表达诉求。二者不是委托—代理关系，而是一种私人性的人情关系。

其次，积极分子有主体性。作为参与媒介，积极分子不是被动的，而是主动的，他可以做也可以不做，并不受居民约束。

再次，积极分子之所以成为媒介的关键，在于其与普通居民具有广泛的利益一致性。积极分子是普通居民的一员，并不一定是社区精英。成为积极分子主要是因为他们为人热心，古道热肠，有闲有精力，又具有一定的表达能力和办事能力，他们与普通居民生活在一起，在职业、收入、社会阶层属性等方面与普通居民没有明显差异，利益关切比较一致。

最后，媒介式参与的激励机制主要是社会性的，是来自居民的认可、肯定等社会性报酬，以及积极分子从中获得的自我实现的价值激励。社会性激励机制是积极分子区别于正式的专职的"代表"，也构成了积极分子的进入门槛：大多数普通居民并不追求社会性激励，这是其社区参与度低的原因之一。

上述特点既是媒介式参与何以可能的因素，也是限制其效果的因素。它依赖于社会性的非正式的机制，就具有不稳定性。社区的化解方式是赋予积极分子公共身份，或者强化其公共身份意识。"强化"方式用在党员或者拥有公职身份的居民身上，例如现在很多地方在做的"党员亮明身份""双报到"等；"赋予"则是给普通居民以"楼组长""片长""居民代表"等公共身份，"赋予"既可以通过居民选举，也可以由社区直接指定，二者的效果差别不大，毕竟对居民来说，他们最关心不是自己是否投票选举，而是"代表""楼长"能否真正发挥媒介作用。"公共化"机制与社会性激励并行，共同构成媒介式参与的动力机制。

从我们调研来看，越是老旧社区，媒介式参与的作用越明显。一方面，许多老年人或是出于习惯，或是自己行动不便，而愿意让积极分子帮忙反映问题；另一方面，这类社区的积极分子也比较多。相比之下，商品房小区里虽然也有积极分子，但其与普通居民之间的联系比较疏离，就限制了其作用的发挥。媒介式参与的重要基础，是积极分子与普通居民的利益一致性，随着社会异质性增强，这个基础其实是在不断削弱的。我们在调查中发现有的积极分子甚至不愿意跟社区内的普通老年人打交道，他们有自己更"高端"、品味更接近的社交圈子，而不属于普通老人那种打麻将聊天晒太阳的"低端"生活。一旦发生这种生活方式、生活品味的"区隔"，积极分子作为社区与普通居民之间媒介和桥梁的作用就会消解，就会蜕化成单纯的社区基层组织的帮手了。社区基层组织应该致力于在社区中将那些真正的积极分子识别出来，并进行有效动员，不断再生产出媒介式参与的"关键群体"。

逆向参与

其实，近些年发展最迅猛的，是另外一种参与形式，即政府和社区基层组织主动搭建制度化的信息传递渠道，以及主动将公务人员下沉到群众当中收集信息，可以称之为"逆向参与"。一般来说，参与是指公民主动参与到公共事务治理当中，政府的角色是开放参与渠道，回应公民诉求，政府是被动回应。这就会发生公民参与动力不足、参与渠道不畅、政府回应不足等问题。逆向参与则颠倒过来，政府主动去收集社会诉求。这既增加了参与渠道，又可以弥补公民主动参与不足的问题。

这种逆向的信息采集是群众路线传统的一部分，王绍光教授说，这是中国共产党独创的政治传统，是一种"逆向政治参与"。它要求政府公务人员主动下沉到群众中去，倾听群众意见，了解群众疾苦。

政府及其职能部门的逆向信息采集方式，在很多城市有制度化的渠道，其中比较成熟和普遍的是人大代表或政府部门的社区联系点制度，其主要做法就是让政府公务人员（包括官员）或政府部门与社区建立固定的联络关系，定期到社区了解社区情况，接待居民反映问题。

我们在南京社区调研时，正好赶上市区人大代表到驻点社区接待群众来访。从实践来看，目前其直接接受居民诉求表达的效果并不理想，原因应该是绝大多数居民并不知情，即使知道，他们主动找人大代表的动力也不足。社区的做法是提前找几个居民代表，让他们来反映情况。对社区来说，这是展示社区"老大难"问题的好机会，社区干部会和居民代表事先做好沟通，一起向人大代表或领导反映重大问题，请求他们在更高层级协调资源，推动相关问题的解决。特别是那些重大问题，街道办事处也无能为力，就会默许社区的这种做法。我们去的那个社区，就是通过这种方式从上面争取到了资源，为一个小区安装了楼梯扶手，而这恰恰是小区老年人反映多年的"老大难"问题。这种常规化的驻点制度是普遍化的，每个社区都有上级驻点，尽管存在驻点单位资源协调能力差异，会产生资源分配的不公平性等问题，但确实有助于弥补科层体制的某些缺陷。由于其是常规化的，通过长期实践会形成一个基层信息向上传递的渠道，上级也可以更全面准确地了解到基层工作的真实困难。

另外一种制度化和组织化的信息采集方式是社区网格系统。社区网格系统不仅在社区社会治安综合治理等社会管理工作中作用突出，而且也成为政府和社区收集居民诉求的重要手段。网格系统在许多城市是利用现在的社区基层组织建立的，即社区工作人员兼任网格员，有些城市则建立了专职的网格员队伍，社区设有网格管理中心，专门负责信息采集。从实践来看，网格管理体系在收集信息方面的效率是比较高的，以至于高到了出现"信息冗余""压力上传"的倾向，即网格员为了完成定量化的信息采集指标，而不对信息的轻重缓急做区分，一概上报；原本很多事情可以通过社区来解决的，现在也报上去，将责任推给上级政府。这不仅造成"问题拥堵"，增加基层治理压力，也有可能适得其反，抬高了居民期待，却降低了其自治意识和自治能力，需要在实践中进一步完善信息采集系统的甄别机制。

将这些信息采集方式视为一种逆向的社区参与，显然是从"结果"意义上定性的，即我们认为这种形式有助于及时收集到居民诉求。社区参与本身不是目的，而只是一种工具，不能本末倒置。社区参与归根到底，是防止政府脱离群众，漠视群众诉求。我们不应该拘泥于参与形式，对居民来说，如果他们的诉求能够及时被社区和政府关切到，其直接参与的必要性自然就弱化了，这种情况下再片面追求社区参与率，难免会产生误判。

倒积水与末端应急能力

倒积水也不容易

登革热是一种由登革热病毒引起，经伊蚊传播的急性传染病，重型登革热的病死率很高。登革热主要在东南亚等亚热带和热带地区传播，毗邻东南亚且人员往来比较频繁的广东首当其冲，是我国最易高发登革热疫情的省份之一。2014年，广东遭遇史上最严重的登革热疫情，9、10月份更是进入爆发式增长期，当年累计发生4万多病例，有3多万例集中在广州。面对这样紧急的重大突发疫情，广州全城动员，掀起全民"抗登"大战。行政压力传递到最基层，就是所有社区居委会工作人员放弃休息，加班加点，全力投入"抗登"工作。重压之下，许多基层工作人员饱受委屈，"一边喷药一边哭"。

基本与广州实现"同城化"的佛山也未能幸免于这次疫情，成为仅次于广州的第二大疫情高发区。2016年3月，我们在佛山调研时，回忆起两年前那场"抗登"大战，社区工作人员仍然记忆犹新。也正是这次调查，让我认识到国家应急体系在城市最基层的运作方式，去思考末端应急治理能力建设的问题。

目前尚无登革热特异的预防和治疗方法，最主要的防控手段还是媒介控制，也就是通过化学或生物方法灭蚊，以及清除其滋生地。社区承担的就是居民生活区范围内的媒介控制工作，主要有三项：一是向居民宣传登革热防控知识，动员居民做好自家的媒介控制；二是对公共环境中的蚊虫滋生地进行环境卫生整治和药物喷杀；三是直接到居民家中，发放药物，检查督促其防控措施。最难做的是第三项。

登革热事关个人生命健康，照理说每个人都有充足的内在动力，按照正确的方法做好防控措施。防控措施其实并不复杂，疫情高发期减少到人员密集区的活动，家中做好灭蚊工作，及时将容易滋生蚊虫的水栽植物容器和其他容易积水的地方进行清理，防止蚊虫滋生。话虽如此，做起来却并不容易。广东人喜欢养花，几乎家家都有水栽植物，盆栽植物的底部托盘，在浇水后也容易有积水，此外，一些老年人生活节俭，喜欢用盆盆罐罐储水，用来浇花冲厕所，这些都是蚊虫滋生的地方。按照要求，水生植物应该三五天就换一次水，而储水量大的容器在疫情高发期最好不要使用。但是，并不是所有人都能记得定期换水。老年人记性本来就差，就更难做到，在老年人口聚集的老城区，这种情况就比较突出。问题是，传染病的性质决定了防控措施必须"不落一人"，任何隐患都可能成为新的传染源。个人可以不为自己的健康负责，但政府却必须为公共卫生安全负责。为了防止必然要出现的个人防控措施不到位，政府只能动员工作人员直接走家入户，帮助居民倒积水。于是，问题来了。

且不说社区规模动辄几千户，光是爬楼梯就需要消耗大量体力。关键是，并不是所有人都愿意开门。城市居民对生活私密性要求高，社区工作人员频繁上门本身就是对其正常生活的打扰，入户并不是一件多么受居民欢迎的事情。可非常时期，必须入户。就算门开了，如果居民说他已经换了水，积水也倒掉了，信还是不信？万一他只是为了让工作人员早点离开说的谎话呢？社工当然可以选择信任并离开去下一家，但这是要担风险的。这样重大的疫情，要是万一这家以后有人感染，上级问责起来，居民说社区没有到他家做工作怎么办？消除不确定性的最好办法，就是社工直接检查居民家中每一处角落，每一个花盆。只要发现有蚊虫，就帮忙把水换掉。最难的是给老年人倒积水。佛山一位社工说，当地有个习俗，初一十五不能倒积水，不吉利，这时候上门，居民就特别不配合，老年人传统观念重，更是如此。

　　"倒积水"，这是调研时基层社工谈起抗击登革热说得最多的词。本来应该是千家万户自己动手做的事情，却不得不由基层工作人员帮忙去做。这工作做得不可谓不细致，也正是由于政府将大量一线基层工作人员动员起来了，才能做到将居民家庭这一私密空间内的风险隐患消灭掉，充分证明依托基层组织的这套末端应急体系，效率确实是相当高的。

末端应急体系的能力边界

　　社区在应对重大公共卫生事件中受到重视，与2003年的

"非典"事件是分不开的。"非典"突发，政府缺乏应对经验，民众更是各种恐慌。国家在反应过来之后，迅速实现高效的资源动员，实现对疑似和确诊病例的及时收诊，并调集必需的防疫物资向社会投放。国家的优势在于启动行政体系的应急机制，集中配置资源，实现将资源精准投向少数目标群体（即患者）。但是，疫情防控却更依赖于针对成千上万具体个人的有效动员，依赖于对巨量分散在基层社会中的微型疫情隐患的有效化解，也就是最末端的应急治理效果。

社区基层组织处于国家与社会的接点，是整个巨型应急体系的最末端，承担着动员民众和化解微型隐患的责任。应该说，"非典"事件，不仅极大地推动了国家应急体系与应急能力的建设，而且充分显示出社区基层组织的基础作用。我们要思考的是，社区在整个应急体系中的合理定位到底是什么？作为应急体系的最末端，它有其擅长之处，也有力所不逮之处，终究还是要扬长避短，实现末端体系与整个应急体系的有效链合。

登革热事件，确实充分展现了社区在化解微型疫情隐患上的作用。所谓微型隐患，就是说这些隐患目标极小，不同于车站、广场等人员聚集的公共场所，这些隐患分散在居民生活区的角角落落和千家万户的私密空间中。位于大型公共场所的隐患可以采取集中化解的方式，比如启动应急机制，限制甚至暂停公共场所使用（比如学校停课、公园封闭等等），实现疫情隐患的一次性彻底消除。

居民生活区中的隐患非常分散，甚至有的比较隐蔽，一些

三　小事治理

藏污纳垢的角落，平时不为人知，影响也不大，但在这时候却是一颗颗定时炸弹；此外，生活区还具有开放性和不可控性的特点，老百姓的吃喝拉撒都要与外界打交道，谁都无法控制，不到万不得已，生活区是不能封闭的；而且，个体行为的发生同样具有不可控性，谁都无法实时掌控和准确判断，某某家的水生植物是否换了水。正是基于上述几个特点，生活区的隐患会重复发生，难以一劳永逸解决：今天换了水，却不能保证居民明天还会记得换水；今天清理了一处卫生死角，却不能保证过几天又有人乱扔垃圾乱倒水，等等。这就决定了，应对公共场所的隐患或许可以采取短期的、集中化解的方式，应对生活区的分散的微型隐患，只能靠长期的、耐心细致的工作。

实践中，社区工作人员也确实是这样做的：他们熟悉社区情况，更关键是能够做到在疫情高发期，连续加班无休。化解微型隐患的工作，注定了只是重复的体力劳动，而且很容易产生挫败感：刚刚清理过的卫生死角，可能过几天又堆满了；提醒过几次的老太太，还是记不住要倒积水……这些工作不同于救治病患的医生，每治愈一个病人，就可以在政府公告的病例数量上减少一个数字——社工们甚至看不到他们帮千家万户倒积水跟那个数字到底有什么直接关联。

同化解微型隐患相比，社区在动员民众方面发挥的作用就不是很好评估了。社区目前能做的，主要是向居民宣传相关知识，发放上级派发下来的卫生防疫用品，如电蚊拍、杀虫剂、灭蚊灯等。但是，在这个通讯技术发达的社会，居民有充分的渠道了解这些知识，至于那些免费的防疫用品，说实话，本就没几个钱，居民完全有能力自己买，但是既然政府免费发，他们也乐得占个便宜。问题是，发东西最怕分配不均，虽然不值钱，但若有人没有领到，就会有意见。动员民众的问题还不止于此，它其实在很大程度上决定着社区应急能力的强弱，我们暂且放到下一节讨论。

社区在化解微型隐患方面的能力其实也是有限制的，这主要体现在两个方面。一是专业知识的局限。现代社会的特点就是细致的社会分工，分工意味着知识壁垒，意味着专业的人做专业的事最有效率。无论"非典"还是"登革热"，其防疫环节都是既有专业措施，也有普通措施。普通措施就是普通民众都可以轻松掌握的，比如水生植物隔几天换一次水，如何灭蚊等等。普通措施的知识性、专业性程度低，普通人不用搞清楚蚊子的生长规律，只要知道换水周期就可以了。但对于专业措施，如果不能掌握相关知识，做起来可能就会事倍功半，甚至起反作用。比如，有的社区在清积水时，可能为了减少工作量，就直接投石灰，以为石灰可以杀死蚊子幼虫，实际上恰恰相反，孑孓反而疯长；在蚊子最活跃的清晨或黄昏灭蚊效率最高，但有的社区恨不得一天24小时不间断地灭蚊；许多地方为了灭蚊，加大喷药量，既浪费资源，也可能造成生态问题；有的社区甚至会粗暴地将居民养的水生植物直接扔掉，等等。政府弥补社区专业知识缺陷的做法是为社区配置专业技术人员：在疫情防控最紧急的时期，政府应急体系往往会启动组织力量的下沉，将行政力量直接下沉到社区和单位，直接参与社区防控工作。

第二个方面是所谓"一线官僚"的问题。作为具体的执行者，基层社工掌握着信息不对称的优势，上级难以准确掌握和评估其执行效果，这就可能发生"一线弃权"或应付等策略行为。但在应对重大公共事件的紧急时期，这种策略行为的机会成本要高于平时，因为应急机制中很重要的内容就是监督与问责机制。佛山一位社区干部说，"抗登"最紧急的时期，她几乎没有回家做过饭，全家一个月电费竟然只有十几块钱，整个人也瘦了8斤。

群众路线与末端应急能力

作为国家应急体系的末端，社区的合理角色定位是，配合正式和专业的应急力量，发挥其在动员群众和化解微型隐患方面的作用，确保应急治理目标在基层的实现。理想的末端应急能力，应该是高效低成本的。所谓高效，就是它能够灵敏准确地化解分散在基层社会中的微型隐患；所谓低成本，则是它应该尽可能少地依赖正式的应急力量和国家资源，而是更多依靠对社会力量的动员和社会化的运作方式。实现高效低成本的目标，关键就在于有效的群众动员。

目前末端体系的应急能力，主要还是依赖国家资源和正式应急力量。在登革热疫情发生时，政府会迅速进行行政体系内的自我动员，将正式力量下沉到一线，将大量资源配置到基层。这种运作方式确实有利于短期内迅速实现应急力量与危机事件的对接，但它是建立在"不惜一切代价"的国家资源消耗，和政府动而群众不动的基础上的。正式和专业应急力量的下沉，应该起督促和指导作用，以弥补社区和群众在应急治理中的专业知识不足问题。实践中，"指导"变成了"直接动手"，"带动群众"变成"代替群众"。政府和社区工作人员加班加点，忙得不可开交，大多数群众却冷眼旁观，坐等他们上门工作，甚至还指手画脚，挑三拣四。群众不配合，上级高压问责，夹在中间的一线工作人员就难免心生怨气，这是很合理的情绪反应。

虽然看上去每次重大危机事件都被顺利化解了，且国家正式应急体系的治理能力也在不断的经验积累中日趋成熟，但是，以社区基层组织为主体的末端应急体系却并没有实现相应的能力提高。政府工作人员相对比较稳定，稳定才会形成经验积累，而社区不同于政府部门，社区的人员流动性是比较高的，这并不利于经验积累，可能隔几年再遇到严重的登革热疫情爆发时，又是一批新的基层社工去做工作，这其实会加重末端体系对正式应急力量的依赖性。在这个意义上，末端体系的应急能力建设，就应当遵循与正式应急体系不同的逻辑。正式应急体系重在提高其专业化水平，增强其及时高效的资源配置能力。而对末端体系来说，则重在强化其群众动员能力和群众工作水平，唯其如此，才能真正实现其高效低成本的能力建设目标。

当然，社区现在在应急治理过程中，也在应用群众工作方法。主要是两个方面，一是动员群众当中的积极分子，让他们协助做一些工作。他们会以志愿者身份参加一些简单的环境整治工作，也会帮忙入户对居民做些宣传工作，发放防疫药品等等。在社区无法将大多数普通居民动员起来的情况下，积极分子便是他们最现实的选择。问题是，积极分子的作用其实是相当受限的，特别是考虑到大多数积极分子都是老年人，他们本身就是易感人群，在重大疫情防治中，他们更应该作为重点保护对象。

另一个方面，就是社区与居民之间平常积累起来的人情关系，这种社会性资源在一些工作中作用很大。很多门是靠居民"给个面子"才叫开的，很多积水也是靠"给个面子"才倒掉的。这些事情，靠正式行政力量甚至执法力量是做不好甚至不能做的，做了就有违法用权的风险，何况针对千家万户执法，成本绝对高到任何政府都承受不了。社区在平时给居民办事的过程中，就会积累一些人情关系，在需要居民配合工作时，只要要求不是过于损伤居民利益，他们也是愿意"给个面子"的，这也方便以后找社区帮忙。社区不同于村庄，没有什么权威，不能靠强制手段，即使应急状态下的超常规手段，也不适合用在大多数普通居民身上，唯其如此，社区所积累的社会性资源才更显示出其独特价值。

但是，仅有对积极分子的动员和社会性资源的运用是不够的，关键还是靠广泛且深度的群众动员，让更大多数的普通居民行动起来，把理应由他们自己动手做的事情做好，需要他们配合做的事情配合好。群众动员，这是我们一直以来的优良传统，政府在应对重大公共事件时，也会强调群众动员、群众参

治城

与，但实践效果却不理想。有些人认为，时代不同了，社会多元化，群众利益差异化，使得群众动员难度变得远非以往可比，因此需要探索新形势下的群众动员方法。我所能看到的最流行的探索，就是"动员"社会组织等社会力量。对有组织的社会力量的动员，实在算不上动员，更谈不上是对"社会"的动员。社会组织靠政府购买服务，与政府形成了市场契约关系，其本质是交易而非动员。社会组织也并非"社会"的一部分，而是"市场"中的一种相对特殊的主体。真正对社会的动员，就是对普通群众的动员，是将分散的群众组织起来。

应急状态下的群众动员能力，功夫在平时，功夫在小事。2017年是爱国卫生运动开展第65周年，这是中国共产党将卫生工作与群众路线结合起来的典范。毛主席当年为爱国卫生运动的题词，第一句就是"动员起来"，靠党的基层组织和群众基层组织，将普通群众动员起来、组织起来，清洁家园，讲究卫生。65年来，爱国卫生运动越来越规范，越来越正规，也越来越依赖政府行政体系的运作。在基层，爱卫工作简化成了社区给居民发老鼠药蟑螂药，社区工作人员去打扫卫生。对群众来说，爱卫运动变成了政府发福利（老鼠药）和政府搞卫生，变成了政府的事情、政府的责任、政府的运动，搞群众运动似乎反倒变得不那么理直气壮了，甚至有些被"污名化"了。时代在变化，动员群众的方式确实需要创新，但再怎么创新，也应该是形式上的创新，工作方法的创新，万变不离其宗，让群众自己行动起来的本质是不能变的。

老旧小区的难题

　　如今，市场化的物业管理已经成为所有新建商品房小区的通用模式，许多城市也在尝试将这种模式引入城市老旧小区，以便减轻长久以来政府直接为老旧小区提供服务的沉重压力，其预设自然是市场模式效率更高，可以为生活在老旧小区的居民提供更好的物业服务。

　　老旧小区引入市场化物业管理，严格来说，必须要成立业主委员会，通过公开竞标的方式，遴选物业公司。也就是说，成立业委会便是改革老旧小区物业管理模式的第一步。近年来，的确有许多城市在政府的推动下，试图在老旧小区普遍建立业委会。成立了业委会，引入了物业公司（一般加上居委会，被称为"三驾马车"），市场化物业管理的组织架构就算搭建起来了。但是这样是否真的可以解决问题呢？我2015年冬在上海调研时，恰好去了一个老旧小区。这个A小区建成于1990年代，辖区内有三个弄堂，其中一个弄堂里居住的是就地安置的农民。小区拥有完备的组织架构，其中物业公司管理该小区已经10多年，是一家区政府所属的国资公司。但是，同小区居民聊起物业问题，竟然很多人都不满意，怨声载道。这种情绪我在与居委会干部访谈时已经有所耳闻，与物业公司经理访谈时，同样也感受到了管理方的冲天怨气。后来直面居民的气愤，对这个问题也便有了更加切身的体会。

一组数据可以佐证，居民与物业公司之间的对立，已经达到何等严重的程度：根据《物业管理条例》和《上海市住宅物业管理规定》要求，A小区近期对物业费调价问题进行了议价征询；按照《业主大会议事规则》，征询以书面票决方式召开业主大会进行；11月6日发放选票，11月9日收回，总票数为1024票，其中同意仅241票，反对达704票，另有79票弃权或者无效——竟然有近70%的业主反对物业费上涨。因此，居委会和物业公司都对此事丧失了信心，甚至对议价征询的方式产生了怀疑：如果水电煤气费上涨也通过这种方式，会通过吗？

目前，A小区物业费为3毛5分钱（售后公房经多次调价后，目前平均为4毛8分钱）。这个价格在物业公司和部分居民看来确实太低了，居委会副主任的姐姐听说这个小区物业费才3毛5分钱后大吃一惊，说她那里物业费早就是1块多钱了。按照市区政府的通知要求，A小区的调价目标是涨到8毛钱。居委会、业委会和物业公司经过开会讨论后，认为物业费一浮到顶居民不易接受，就设计了一个分步涨价的折中方案：今年先涨到6毛钱，明年涨到7毛，后年涨到8毛。其实，在我们这些外人看来，这次物业费上涨还是很有道理的，而且涨价幅度也比较小。然而实际上，哪怕是涨到6毛钱，绝大多数居民也是不同意的。

居民反对物业费上涨的原因比较复杂，其中一个重要因素是居民群体因素。258弄居住的是因原村动迁而就地安置的居民，他们反对物业费上涨的一个重要理由是，他们认为住在自己的土地上不应该交钱，而且，由于动迁比较早，同现在动迁户动辄百万千万的补偿费相比，居民普遍认为自己吃亏了，国家欠他们的。这个问题暂且不谈。居民反对物业费上涨，实际上是居民与物业公司对立的结果。我们感兴趣的，是造成这种对立关系的原因。

访谈时，居民义愤填膺地陈述了许多理由，总结起来大概有三个方面：一是对物业服务质量不满意，比如小区绿化太杂乱，大树遮挡阳光没人修剪，草坪疯长无人修理，车辆停放混乱，保安监管不力导致小区外来人员进出等等。二是对物业管理人员服务态度不满意。居民认为物业管理处的三个管理人员常年坐在办公室，不能主动到小区为居民办事，有居民说其中一位女性管理者"像太后似的"，从来不肯抬头正眼瞧一下前来咨询的居民，另一位男性管理者据说原来是水电维修工，居民对其评价很差，如今摇身一变成了物业管理者，不改其蛮横的态度，有时候连居委会主任的面子都不给。三是对物业公司财务不透明有意见。居民认为，物业公司从停车费一项收入中获得了大量利益，但从来没有公开账目，居民不知道钱都花到哪里去了。

有趣的是，在物业公司工作人员的眼中，小区居民简直是一群不可理喻的"刁民"：居民会用各种各样的理由为自己不交物业费的行为辩护，寻找其合法性。比如，有居民说自行车丢了，说明保安没有尽责，他当然不交物业费。保安则认为小区那么大，他们几个人不可能时时刻刻把所有角落都监管到。

治城

物业公司管理处经理说"全上海找不到这么'牛X'的小区"，保安说在这个小区工作受尽窝囊气。

由于此次议价失败，按规定，下次征询需待半年之后，在此期间，物业公司将继续对A小区进行管理。对下次征询结果的预期，各方都认为不乐观。物业管理处经理说："这不是很困难，是基本不可能。"居委会一位工作人员也说："半年后再征询也没用，多少年都没用，跟夫妻离婚一样，续期半年还是会离。"在她看来，原因其实就是双方矛盾积累太深，"就像从爷爷奶奶积累下来到孙子孙女这一代了"，"大家已经很反感了"。

根据我们的调研，A小区物业管理困境的形成大概与以下几个因素有关。

客观上看，A小区的基础条件比较复杂，给物业管理造成一定难度。

首先，该小区区位条件独特，增加了封闭管理的难度。小区虽然边界清晰，但由于地处两条主干路中间，且附近分布着师大附小、附中等著名中小学，A小区便成为附近居民接送孩子上下学的必经之路。另外，距离A小区不到一公里外就是著名的漕河泾新技术开发区，不仅有大量白领上班族，而且衍生的服务业也聚集了大量外来人口。上述因素造成小区的人员流动性非常大，也给小区封闭管理带来极大压力，带来的问题主要是市民过路造成小区内上下班时间道路拥堵，以及外来车辆占用小区停车位。因小区大门关门而造成晚归的居民进出不便，居民找保安和物业吵架的事情时有发生。

其次，小区房屋和基础设施老化，房龄已近20年，管道、墙壁、消防设施等老化尤其严重，给物业的维修工作带来很大压力。小区绿化、广场等基础设施同样面临繁重的维护、翻新压力。这是老旧小区普遍面临的问题。

再次，老旧小区普遍因规划设计不合理，出现停车难问题。小区现有机动车380辆，而现有停车位仅300个——这还得益于近年政府实施绿化改造时拓宽了部分道路，增加了若干车位。

另外，不像商品房小区建设时会有大量配套的公共物业，比如活动场所、办公用房等，老旧小区大多缺乏这类公共资源，这使得小区物业管理缺少了一块重要的经济收入来源，捉襟见肘的维修资金作用有限，业委会又缺乏其他物业经营收入，也给物业管理带来困难。

最后，小区房屋产权结构比较复杂，有商品房，也有售后房，还有就地安置的动迁房，物业费标准不一，居民利益诉求和观念多元，居民难以达成一致的行动，不能及时有效组织起来维护自身利益，业委会基本形同虚设。

从主观上看，小区的物业管理在客观条件约束下，长期以来都没有形成有效的方式方法，造成问题不断积累。

首先，物业问题具有琐碎性、反复性、多发性等特点，这要求物业公司具有高度灵活、及时有效地回应和解决的能力，但从居民的评价来看，物业公司在这一点上做得不够，经常推诿拖拉。相比之下，居民对物业服务的感受和评价则具有连带性、累积性。比如漏水，对物业公司来说只是众多问题之一，但对当事居民来说则是十万火急的大事，一次服务不到位，便可能彻底改变居民对物业公司的总体评价，天长日久，小事不断累积，小不满日益累积成大矛盾。物业管理千疮百孔，物业公司左右支绌、顾此失彼，造成问题和矛盾不断积累，信誉度不断降低，居民的信任已难以挽回。

其次，物业公司的经营失误、管理不规范，加剧了与居民的对立。近年来，造成物业公司与居民矛盾激化的主要原因就是停车问题。在小区车位难以满足本小区居民需求的前提下，物业公司将车位对外开放，并收取一小时以上每小时5元的停车费，子女看望住在本小区的父母，也被要求缴纳停车费，这让居民很不理解。另外，物业公司长期不公布停车费收入和使用情况，加剧了居民对物业公司的不信任。物业公司一方说停车费只能收到70%，入不敷出，居民则认为停车费收入不菲，物业公司放到自己腰包，却不用来为小区服务。

再次，部分居民，特别是258弄居民，长期以自己将土地交给国家，国家亏欠他们为由，不交物业费和停车费，这种"搭便车"行为也影响到了其他居民，造成费用收取困难，物业公司收入得不到充分保障（物业公司称年亏损20万元）。此次物业费涨价失败，物业公司一方已有退意，只是因为国企身份，必须承担社会责任，而维持亏损经营。双方如果不能尽快形成建立在市场契约规则之上的良性关系，这种困境就难以破解。

又次，居民利益诉求分化、多元，业委会几乎没有行动能力，业主难以形成集体行动，与物业公司建立有所制衡的良性关系。居委会、业委会和物业公司之间也没有真正建立有效的协商机制，"三驾马车"都无法形成与居民、业主的有效关联。可以说，治理结构缺陷是造成物业困境的基本原因。

最后，无论是物业公司还是业委会，都难以有效制约业主中的"搭便车"行为，物业公司考虑到成本和长期立足问题，也不愿通过司法途径追责，治理能力衰弱造成业主违约行为扩大化，用物业经理的话说，"这跟癌症一样，会转移，越来越蔓延"。

A小区的物业管理困境在老旧小区具有相当的代表性。老旧小区的先天条件和治理条件的劣势，很大程度上决定了实施市场化物业管理的困难。A小区虽然建立了比较完备的治理体系——居委会、业委会、市场化的物业公司皆已齐备，但这距离破解困境还远得很。当下，许多城市推动老旧小区成立业委会，试图从组织层面上化解这一问题。A小区的状况显示，完全依靠居民自治，依靠居民与市场主体谈判、博弈解决物业问题，困难很大。从根本上说，老旧小区的物业管理形成政府责任、业主义务和物业公司服务等几个主体之间的合理边界，才是破解这一困境的根本所在。

四

破局之路

社区行政化

杭州上羊市街社区居民委员会是被民政部认定的新中国第一个居民委员会，成立于1949年10月份。社区正好毗邻民政部的中国社区建设展示中心，调研时，我们顺便参观了这个展示中心，并通过与一些居民和"老居干"的访谈，基本上形成了对新中国城市基层组织变迁的初步认识。梳理这个变迁，能使我们更加准确地认识社区发展到如今样态的历史逻辑，并对社区的性质和功能，形成比当前学界认知更加合理的判断。

社区基层组织变迁轨迹

城市基层组织的变迁大致可以分成这样几个阶段。

首先是政权建设阶段，即城市解放到单位制正式确立之前的这段时期。此时期中华人民共和国刚刚成立，要在城市确立与国民党政权不同的政权体系，取代保甲制。最初，各地对于城市基层组织的建设，做法各有不同，甚至名称也不同，比如防护队、防盗队、居民组等，而杭州则采用了居民委员会的提法。后来经过彭真推动，国家最终采用了这个名称。这个时期的主要任务是建立基层政权，选拔新的基层工作人员，恢复和维持社会秩序。基层工作人员多从原来社会下层的劳动阶层选拔，上羊市街居委会的首任主任就是一个黄包车夫。直到更加稳定且长期的单位体制确立之前，这段时期具有比较明显的探索和过渡色彩。

第二个阶段是单位制时期的街居制。这段时期历时比较长，延续到1980年代城市改革之前。由于这时期绝大多数城市市民被编织进政经合一、政社合一的国有单位，其全部生活几乎都由单位来安排，所以，居委会的功能就相对比较简单：一是组织居民生活区的爱国卫生运动，简单的治安巡逻以及调解居民纠纷；二是对于那些没有单位或者户籍在居委会的人发放粮票布票等。这时期居委会工作人员来源比较简单，几乎都是家庭妇女，除了少量补贴，几乎是义务工作。这是城市基层治理体制的第一个稳定时期。

第三个阶段是城市改革到社区建设之前，大致就是20世纪八九十年代。这个时期可以被视为从单位制到社区制的一个过渡时期，也就是中华人民共和国成立后城市基层治理体制的第二个过渡期。这段时期，城市基层治理经历了非常重要的变化：一是单位体制在逐步解体，一些国有单位破产，下岗失业人员增加，居委会的服务职能越来越重要；二是城市开始出现进城农民工等大量自由从业人员，居委会的管理职能也变得越来越迫切。以社区服务建设为主，居民委员会组织法正式确立了居委会的组织性质。各地政府陆续吸纳一些从单位提前退休或下岗的人员到居委会任职，居委会专职化日益明显。不过，总体上，这时期居委会辖区比较小，多数是一两百户规模，与以往差别不大，所以一个居委会可能只有1到3个人，许多工作依靠社区骨干帮忙。社区服务的主要内容有便民服务、家政服务、助老助残等，其中不乏一些经营性项目。据原小井居委会主任回忆，当时居委会会帮居民接孩子等，还开办了裁缝店、自行车修理等经营项目，也有房子出租、车库出租等收入。经营收入中20%上交街道，20%做居委会干部的福利，另外60%做储蓄积累。小井社区10年积蓄了50万元存款。

第四个阶段是社区建设时期。民政部开始在全国正式开展社区建设，一直到现在，社区制日益清晰。社区制的主要变化有以下几个方面：一是合并居委会，大幅扩大社区规模，比如到2000年时，杭州市就撤消了160个居民区。目前社区管辖人口几乎都在万人以上，就是以前若干居委会合并的结果。二是社区职能日益增加。先是民政、劳保等工作随着单位解体、工人下岗、国家福利体系建设等时代变动下沉到社区，接着其他政府部门也逐步将一些职能下沉到社区，比如城市管理、综治维稳、安全生产、群团组织等，促成了目前广受诟病的社区行政化。三是社区工作者不光人数增加，而且全部专职化。各地普遍设置"社工编"，采取公开招录的形式，面向社会招聘专职社区工作者，一批年轻有学历的人逐步取代以前的"老居干""居委会大妈"，成为当前社区工作者的主力。不过，目前社区制还很难说已经成熟，其中一个最关键的问题就是，各界普遍认为社区的行政与自治关系没有理顺。各地探索了许多"模式"来解决这个问题：比较普遍的做法是设立公共服务站，将行政职能交给公共服务站办理；有的地方将服务站与居委会剥离；杭州实行合署办公，交叉任职；南京的"蓝旗模式"则将行政服务外包给社会组织，等等。

可以说，直到目前，尚没有一个比较成熟的能够推广到全国的模式。从这个意义上讲，行政与自治也就成为当前城市社区治理改革最为关键，也最为纠结的问题。

行政与自治的纠结

从开展社区建设起，社区行政化就成为广受关注的问题。杭州市民政局在2000年的一份调查报告中指出，社区建设存在的主要问题中，第二大问题就是"居委会工作行政化日趋严重，人财物的矛盾日益突出"。这份近20年前的报告很有趣，其中列举了行政化导致的负担重的几个表现，简录如下：

一、工作任务多。居民委员会组织法规定居委会的任务是6条，杭州市实施组织法的办法规定是8条，实际上居委会要承担100多项，如外来人口登记收费、有线电视收费、部门社会调查等。

二、工作要求高。主要是上级部门的三个要求"挂牌"（"××之家"的牌子有六七块）、"上墙"（"墙面不够就做多层，哪个部门来检查就拉出哪块"）、"记账"（10多类台账，有的多达40多本）。

三、经济负担重。主要包括餐饮招待费、评比检查材料制作费、报刊订阅费、培训费等。

四、评比检查多。其中比较典型的是环卫绿化治安等，居委会反映这些工作"在许多住宅区都由物业公司承担，他们收费，他们办事，他们负责，但检查评比时，仍按照传统找居委会，使居委会疲于应付不知所措"。

总之，报告借居委会干部的看法指出："居委会已成为除街道办事处之外的又一个政府派出机构。工作负担重的结果，使居委会干部忙于应付事务，没法开辟财源，对真正应承担的社区建设等工作无法投入精力、财力。"

这份报告的启示有这样几点：一，居委会行政化过重的问题由来已久；二，行政化的根本原因很简单，就是承担了大量上级政府部门的行政任务；三，行政化之所以被视为问题基于两个理由，一方面是与现行法律冲突，无论是居民委员会组织法还是省市法规，都明确将居委会定位为居民自治组织，而非上级政府派出机构，居委会承担行政任务于法无据，另一方面是行政任务过重，尤其是一些不合理的任务加重了负担，分散了工作精力。

杭州市民政局的调查发现和结论，早已是各界的共识，既是学术界的核心研究议题之一，也是各地社区改革的主要着力点，归结起来就是社区要去行政化，恢复自治属性。那么问题来了，为什么一个早就形成共识，且有具体改革措施的老问题，非但没有解决反倒日益严重了呢？

去行政化了这么多年，似乎越去越重，一般的解释有这么几种：

第一种解释是认为政府依然过于强势，向社会让权不够。大政府是不符合现代社会发展趋势的。我们一直有"全能政府"的传统，时至今日政府仍在"包打天下"，承担了许多不该承担的职能，相应地也垄断了许多不该享有的权力。强势政府一直在向社区下沉行政任务，除非政府本身变成小政府，否则这些行政任务还会不断增加，还会不断下沉，社区去行政化就很难突破。

第二种解释是我们的社会还比较弱小，社会组织发育不健全。社会本身比较弱，政府要向社会赋权让权也找不到合适的主体。现在，培育和壮大社会组织早已变成一件很时髦的事情，我们去过的南京、上海、杭州、佛山等地，都属于经济发达，政府财力比较雄厚的城市，它们在支持社会组织上也是不惜重金。然而，正如这次在杭州调研时一位社区书记所说，社会组织目前主要就是到社区来承接一些活动，对社区工作助益不大，她说了一句很经典的话："有了社会组织，社区还是一样忙。"总之，这个解释跟我们的调研发现是一致的。无论是引入的社会组织，还是社区内生的居民自组织，目前发挥的作用都不明显，以"锦上添花"为主。

第三种解释与第二种有些类似，但更多从社区社会资本的角度出发，认为社区自治难以激活与居民参与不足有关。社区是一个陌生人社会，特别是商品房小区，居民之间不熟悉，无社会关联，社区认同感很弱，社区整合度低。加上城市居民是面向整个城市来实现社会文化生活的，生活独立性比较强，社区对居民的功能满足也比较弱。这种情况下，居民对社区事务的关心自然比较少，特别是中青年上班族，很多人连居委会在哪儿都不知道。社区建设的重点就是调动居民参与社区和公共生活的积极性，增强居民的社区认同，增加社区的社会资本，进而提高社区参与水平。

应该说，上面三种解释各有所长，全能型政府、社会组织弱小、居民参与度低都有各自的道理，都触及了当下社区治理问题的某些面相。实践中，各地的改革也是从这三个层面入手展开的，针对全能型政府就推动政府购买服务，这同时也是支持社会组织成长的措施，社会组织进入社区也可以提高社区建设水平，构成了一个相对完整的链条。

然而这些解释又都失于空泛，没能揭示社区行政化的内在必然逻辑，陷在国家—社会的二元框架中，偏执一端或兼顾两方，都没有真正触及问题的真实机制。实际上，社区行政化与社区自治并不能完全视为一个问题的两个方面，它们各有各的逻辑。行政化不能为自治困境负全责，去行政化当然也就不能自然而然带来自治的激活。目前的研究纠结于二者此消彼长的关系，目前的改革也遵循着这种此消彼长的逻辑。这是对问题成因误判的结果。继续这样下去，将会空耗改革成本，反而不利于社区治理能力的提升。

行政化与自治难的真实逻辑

社区行政化与社区自治难，各自的真实逻辑到底是什么呢？

其实，社区行政化只是多年来城市治理转型的一个结果，这个转型的一个重要内容就是城市管理与行政服务下沉，其基础是日益复杂的城市治理需要。社区建设时期也正是我国城市快速发展的时期：单位转型，流动人口增加，城市迅速扩大，带来城市治理状况的日益复杂。这就必然要求城市治理体系进行相应的变革，以便更加灵活高效地应对治理需求。城市管理下沉的典型表现，是街道办事处职能的迅速强化。最开始是执法部门向街道派驻分支机构，很快地，实践中出现了条块矛盾造成的执法效率低下的问题。于是，许多地方开始将派驻机构的管辖权移交给街道办事处。

我们在佛山就看到，城管执法局与市容环境卫生局等进行大部制改革后，都在街道设置了分局，并将人事权和财权都移交给街道，行政主管部门只负责业务指导。街道办事处是区政府派出机构，实际如今在治理权能上已经非常接近一级完备的政府。基层治理的一个基本要求，就是距离一线越近越好；而因同时面对大量复杂的事务，受制于执法力量相对不足，街道也不得不将一些行政事务的某些程序下沉到社区一级，发挥社区深入居民日常生活的优越性。与此同时，政府的行政服务职能也在不断下沉，因为不下沉就必然存在居民服务不便、信息不对称的道德风险等问题。

许多地方在街道设置了行政服务中心，不断进行便民服务的改革。但街道规模和服务人口与其服务力量配比毕竟仍然不对等，于是，自然就需要将某些行政服务的某些程序下沉到社区。一来方便居民，特别是老年人办事，二来将那些比较简便的、适合社区来完成的程序下沉，也可以减轻街道行政服务的负担。总而言之，社区行政化是城市基层治理体系转型的必然逻辑使然，将其与整个城市治理体系割裂开来，将其与整个城市基层治理转型割裂开来，是不妥当的，也是当下各种解释普遍存在的不足。

社区自治的困境并非完全由社区行政化导致。即使在乡村社会中，基层组织行政化没有社区居委会这样严重，也同样存在村民自治的困境。如果从具体的时空条件的变化，也就是从社区自治的基础和基层组织本身的变迁来看，就能更好地认识这个问题。

重要因素有三。一是社区规模的扩大。现在的社区同20世纪80年末居委会组织法颁布时的居民区相比，已经发生了翻天覆地的变化，仅仅是规模就扩大了好几倍。当时居民区普遍只有几百户，一两千人，甚至更小的规模，加上许多政治社会功能实际上由单位承担，居委会所做的事情相当简单，主要是为居民服务和组织居民管理、营造宜居的居住环境。如今，社区规模动辄几千户，上万人。规模大了，社区异质性空前增加，居民之间的利益关联自然弱了很多。缺乏共同利益基础，居民共同参与社区事务天然缺乏动力。二是整个城市功能的日益完善，使得社区自足性降低。自治的一个前提，是居民自我管理的事务能够在社区之内完成，然而，现在的社区自足性非常弱，居民的很多需求要通过行政体系和整个城市来满足，社区的很多事务也需要借用社区之外的力量才能解决。在这种情况下，居民自我管理的自治效能感很难得到激发。三是，自治缺乏必要的支持条件。自治并不仅仅意味着选举，也不仅仅意味着居民一起开会讨论和决策社区公共事务，关键是要能够对破坏公共利益的行为和"搭便车"的行为进行有效约束。但是，仅靠居民自治组织去管理、约束居民，并不现实。大量的事实表明，居民对于这些行为毫无办法，而且执法部门也很少有有效的办法。执法成本高、取证难、处罚难以及相应的违规成本低，造成社区自治可以利用的手段太少。

上述因素共同影响，使得社区层面的所谓自治陷入困境。但是，仅从居委会层面就判断居民自治陷入困境并不完全准确，另外一种以居住小区为单位的业主自治正在兴起，这何尝不是社区自治的一个积极表现？当然，业主自治也面临诸多问题，这里暂且不谈。

上述分析可以得出的一个推论是，行政化与自治难其实遵循着不同的逻辑，不应该混为一谈。搞不清楚各自的真实逻辑，把二者混在一起，盲目进行改革，自然会无的放矢，效果不彰。坦白说，如今纠结行政化与自治的人有落入教条主义的危险。许多人之所以非常强调恢复社区自治，去掉行政化，是因为揪着一部30年前的居委会组织法[1]不放。他们须知，时过境迁，无论是社会环境还是基层组织本身，都已经发生根本变化，不能刻舟求剑。法律应该根据实践的变化进行变化，而不是反过来，要改变现实去适应法律。如果真能抛开这种教条主义的纠缠，在实践中重新认识和定位社区和居民自治，其实可以为我们打开新的思路。

1　现行城市居民委员会组织法于 1989 年 12 月经第七届全国人大常委会第十一次会议通过，1990 年正式施行。2018 年 12 月，第十三届全国人大常委会第七次会议做了迄今唯一一次修订，调整居委会任期为 5 年，成员可连选连任。

治　城

居民自治的真正生命力或许已经不在社区一级，而在利益关联度更高，地理和社会空间更合适的居住小区。更关键的是，居民自治的具体内容，也应该根据现实情况进行重新界定：城市越来越完备，居住区的自足性越来越弱，我们的关注点应转向如何增强整个法律与社会环境对居民自治的支持，增加居民自治组织对居民违规行为的约束手段，等等。少一些抽象的话语争论，多一些实实在在的具体问题的分析，或许才真正有益于我们更好地重塑基层治理体系。

全科社工

"全科全能"

群众办事便利化，这是近年来各地推动社区治理改革的重要内容之一，也是所谓社区去行政化的重要方式，与建设服务型政府一脉相承。"全科社工"便是服务便利化的改革举措。

2015年7月我在南京调研时，第一次听到"全科社工"的概念。以前听说过"全科医生"的概念，印象中其含义应该是打破专科限制，强调一线医疗服务人员（主要是社区卫生服务人员）应对常见病多发病的能力，提高社区卫生服务机构的服务效率。"全科社工"显然借鉴了全科医生的理念，其目的不外乎打破社工的条线分工，为群众提供更加高效便利的社区服务。

所谓"全科社工"，顾名思义，就是一名社工能够为居民提供全部的社区服务事项，而不再局限于单项责任。与之前社工主要负责专项条线工作不同，现在更强调社工要"全科多能"，不光要熟悉某条线工作，还要熟悉其他条线工作，以便任何一个社工都能回应居民各方面的服务要求。比如，负责民政的也要能够掌握人社、计生等方面的法律政策、工作流程等，反之亦然。全科化的便利性在于，居民到社区办事，凡是前台社工，都可以独立应对其任何需求，不用像以前那样，办低保要找负责民政的社工，办失业救助则找另外负责劳动保障的社工。这样一来，居民不需要自己先进行分类，弄清楚自己要办的事情属于什么性质，归属哪个社工了，也不用担心相关社工恰好不在，办一件事要跑很多次的情况，实现真正意义上的"最多跑一次"。对社区来说，原来各个条线都要有社工坐班，接待群众来访；但群众来访数量是非均质的，这就存在人力资源浪费的情况，许多群众看到社工天天坐在办公室，不到居民区走访，会认为社区变成了机关衙门，脱离群众。全科化以后，只需要安排一两位社工坐班接待，其他人可以每天下沉到网格中，走访社区群众，及时掌握情况，密切与群众的关系。

其实，在"全科社工"之外，各地还有许多其他的类似改革举措：首问负责制，群众来访问询，第一个接待的人，不管是否属于其职责分工，都要负责为群众提供服务，当然包括帮助其联系相关责任人；"AB岗"，社工两两之间实行结对，互相熟悉和掌握对方岗位的基本政策和办事流程，A岗社工有事外出时，B岗社工除了负责本职工作，还要负责与其结对的社工的工作；前台后台，将全体社工分为前台受理和后台处置两个部分，前台负责接待群众来访，受理服务事项，前台社工负责将受理的事项分给后台相应条线的社工。

从我们的调研来看，各地社区服务基本实现了平台化，社区办公场所都设有专门的服务大厅，各条线社工集中在服务大厅办公，居民可以获得一站式服务。当然，受限于经济发展水平和社区办公条件，服务平台建设状况差异较大。杭州小市社区甚至直接取消了服务大厅的柜台，设置更加开放、平等、温馨的前台接待环境。在南京调研时，也听说领导提出要拆掉柜台，因为柜台将群众挡在外面，制造了等级区分，疏远了干群关系，要把带有隔离性质的柜台改为开放平等的圆桌，营造家人般的服务环境。[1]

"全科社工"同首问负责制、"AB岗"等相比，改革力度显然更进一步：首问负责制和"AB岗"等举措，都是在不改变现有分工模式和人员配置的情况下，实施的工作机制方面的优化；"全科社工"则激进地取消了分工制度，还要重构社区的人员配置。这个步子迈得不可谓不大，从我的调研来看，真正实施"全科社工"的城市还不多，但它却代表了一种被广泛认同的改革理念，或许假以时日，终究会变为普遍的改革实践。

全科化有无必要，何以可能？

社区服务的条线分工，目前主要存在于社区所承接的政府行政服务领域，而这其实只是政府部门分工的自然延伸。负责劳动保障和退休人员管理的社工，对应的上级是人社部门，负责低保、社会救助的社工，对应的上级是民政部门，等等。政

---

[1] 社工们对此却颇有微词，毕竟柜台在遇到有暴力倾向的特殊居民闹事时，可以起到保护社工人身安全的作用。

府层级间的职责同构，只能延伸到街道办事处一级，社区一级无论从组织属性还是人员配置，都不可能做到与行政体系同构，一个社工往往负责若干条线工作，有主有辅。

这种分工模式的形成是历史性的。社区职能的拓展有一个过程，不同部门职能的下沉时间有先有后，与其职能重要性及迫切性程度有关，比如人社部门的职能下沉——随着大规模下岗问题的出现，社区承担了失业救助和再就业帮扶的责任；再后来企业退休人员实行社会化管理[1]，管理主体便是社区；社区承接的人社部门（原劳动部门）的职责多了，有的城市的人社部门就招聘专职的协管人员，这些人员全部下沉到社区，专门负责相关工作。现代社会的复杂性和专业性，必然要求分工的存在，但同正式行政体系内部的明晰分工相比，社区一级的分工其实要弱很多。"上面千条线，下面一根针"，"分工不分家"，从形式上看，社区的分工是比较简单和粗线条的；而从实质上看，社区工作更是经常打破分工，集中人员力量，完成紧急工作和中心工作。

现在的改革，是要在不改变行政体系部门分工格局的情况下，单方面改变社区的分工状况。在政府看来，社区处于为人民服务的第一线，直接面向群众，打破分工有助于提升服务效

---

1 2003年，当时的劳动和社会保障部等部门发出《关于积极推进企业退休人员社会化管理服务工作的意见》，提出"（企业退休人员）社会化管理服务的基本形式是将企业退休人员直接纳入街道和社区进行管理与服务"，街道和社区落实相应工作条件的措施之一，就是招聘了一批劳动保障协管员。从我们的调研来看，经过10多年的运行，多数城市的协管员与社区普通社工实现了统一管理，但仍有部分城市，协管员仍由人社部门单独管理。

率。这个改革逻辑不能说完全没有道理。分工虽明确了责任，却也为责任的推卸提供了制度保护。群众来办事，确实可能出现推诿扯皮、反复上门等问题。

从我的调研来看，越是强调分工的制度化和规范化的地方，这样的问题越严重。深圳可能是社区一级分工最细致最规范的城市了，社区居委会、工作站、服务站、网格中心4个组织并存，为了明晰责任，对每个社工实行定岗定责，建立了严谨规范的考核制度，其目的也是增强社工的责任感，提升服务效率。同全国其他城市相比，深圳的社区工作站可谓兵强马壮，动辄十几二十个社工，每个人就负责一个方面的工作，不像其他城市，一个社工当两个人用。然而，问题恰恰出在过于精细的分工上。人多了，就难免出现"办公室政治"，居民来办事，恰好负责的社工不在，其他社工可能非但不帮忙，反而主动让居民投诉那个社工；社区书记要给社工安排任务，若非明确属于其职责范围，社工就可以推脱。这些现象虽然比较极端，却也暴露了社区过度分工的缺陷。问题是，全国绝大多数城市的社区，都不存在过度分工的情况，指望通过打破分工提高服务效率，实际效果就注定不会很明显，至少不会像改革设计者期望的那么明显。

实际上，社区本就存在内生的去分工化的机制。一是"分工不分家"的集中化工作机制：遇到重大的紧急的任务，社区可以对有限的人力资源进行集中化的配置。比如，上面要求规定期限内为所有居民更换市民卡，单靠负责社保的社工不可能完成，这时候就会启动"承包责任制"，所有社工条线分工的纵向责任暂时搁置,启动"划片承包"的横向责任机制,每人负责几百户,大大提高工作效率。这种组织内部高度灵活的资源配置方式,是其在资源硬约束下,常规化的变通机制。二是小规模组织内部人情化的责任模糊机制:全国大多数城市,每个社区只有10个左右的社工(深圳是特例),组织规模非常小,这就可以形成非常亲密的内部关系。正式的科层组织规模较大,部门独立办公,会出现责任推诿的问题,但在社区这样小规模的亲密组织内,责任推诿的机会成本其实是比较高的,相反,主动打破责任边界,互相帮忙反倒是常态。

上述去分工化机制当然是非制度化的,但我以为,这已经足以矫正条线分工可能存在的缺陷,具有灵活机动的特点,适合社区工作的性质。相比之下,全科化是要把去分工制度化,其实是在用最复杂的办法去解决一些并不严重的问题,反而会让社区丧失原本机动灵活的自我调整能力。

从提高居民办事便利化的角度来看,也不能说全科化就能起到多大的作用。一方面,据我调研发现,居民办事其实已经很方便了,通过全科化彻底改革现行服务供给模式的边际效益其实并不高;另一方面,要正确认识居民对行政服务的需求特点。社区一级所能提供的行政服务,往往只是整个事项流程的初始和末端环节,行政审批环节是在职能部门完成的,实际上无论是材料受理还是最终的发放,社区对整个服务效率的影响并不是最关键的。从居民来看,低保是今天办,还是明天办,也并非那么十万火急。居民最关心的,是能够及时准确地了解到相关政策信息,知晓获取相关服务的办事流程,减少其在资格审核、材料准备、办事跑腿方面，因为信息掌握不准不全造成的效率损失。这方面的服务需要社工能够精确掌握相关政策知识，而这恰恰建立在专业分工基础之上。也就是说，社区服务平台只是行政服务完整流程中影响有限的部分环节，单纯的社区改革效果必然有限，过度的去分工化改革，反而会降低社区的服务供给效率。

去分工化会降低效率，这个逻辑可以进一步做些讨论。"全科社工"针对的主要是民政、人社等行政服务类的工作，这类工作的特点是专业色彩明显，不同类别的法律政策、办事流程等都有差别，且面对具体居民的具体情况时，还要有甄别复杂情况的能力，即使是工作多年的社工也很难说能够全部应付。尤其需要注意的是，我国正处于社会转型时期，国家政策体系要因应社会转型而调整，行政服务的具体内容和政策规则一直处于变动之中，这无疑加大了一线办事人员掌握政策信息的难度。也因此，"全科社工"改革的推进并不顺利。一些社工对此就很不理解：为什么上级政府的工作，民政的就归民政，人社的就归人社，到了社区就要求全能？如果因为不熟悉法律政策等造成工作失误，将来责任归谁？本来待遇就差，工作要求提高了待遇能不能提高？知识壁垒、经验障碍、责任模糊和报酬不匹配，都会造成社工全科化很难完全实现。

社工全科化改革的另一个目的是，只保留少数全科社工坐班，将大部分社工解放出来，让他们更好地承担网格工作，经常深入居民区，接触群众，掌握情况。这看起来也有道理，但细究起来，会发现这个逻辑可能误解了社区平台工作的性质。

治城

社区平台工作不同于部门工作。部门工作人员接待群众来访时就事论事，照章办事，确实存在沉不下去，脱离群众的官僚主义问题。社区平台不是这样，社工们在接待群众来访，给群众办事时，不是那么"一本正经"，不是简单的照章办事，相反，每一次居民来访办事，都是社工了解情况的好机会，都是社工与居民建立友好关系的机会：负责退休人员管理的社工，会利用每一位老人前来办理退休手续的机会，了解退休老人的兴趣爱好和特长，动员他们积极参与社区活动，这是社工发掘社区积极分子的绝佳时机；负责低保的社工，会利用每一位居民来访的机会，向他们宣传相关政策，主动了解居民家庭情况和其他困难居民情况，并不局限于办理低保所需掌握的信息。换句话说，因为每位社工都有"分工不分家"的意识，主动发掘和掌握社区信息，不仅有利于其本职工作，更有利于整个社区工作，所以他们都有内在的积极性，把每一次行政服务的互动，都变成做群众工作的机会。当然，坐班不能取代直接深入居民区现场获取信息，但也不能简单认为坐班就会脱离群众。

分工不分家

在我看来，行政服务工作并非实行社工全能化的合适领域。实际上，社工在另一个意义上，早已经是"全能"的了。

基层社工除了负责的行政条线服务工作，还有非常重要的社区社会管理和居民日常生活服务等工作。在实行网格化管理后，每个社工都有分管的网格，每个网格大概两三百户的规模。作为网格员，社工的责任是经常性地入户走访，了解居民诉求，掌握网格内的社会情况，及时化解那些相对简单容易处理的问题。网格员的工作是不分专业的，虽然不是所有方面的问题都要解决，但要求全面掌握情况，这样在有专职社工甚至执法部门介入处理问题时，网格员才能提供准确有效的信息，为问题的解决打下基础。除此之外，每当社区承接重大任务时，全体社工也是要全部动员、全面参与的。所谓重大任务，比如杭州承办G20峰会，南京举办青奥会，比如佛山每年都要应对的登革热疫情，还有文明城市、卫生城市等等创建活动。重大任务时间紧、任务重，不但全部社工要抛开条线分工全身心投入，而且往往上级行政机关的工作人员也会被动员起来到社区蹲点，弥补社区力量的不足。也就是说，全能化实际上是社工在社区工作时的常态。"分工不分家"是对这种全能化的通俗形容。

"上面千条线，下面一根针。"这是对社区的工作特点非常准确的概括，换句话说，"全科社工"实际上是"全能社区"的必然要求。全能社区的完整意思是，一方面社区要承接上级政府各条线的行政任务（包括行政服务），另一方面，社区也要面对来自居民的全方位的需求。按照属地管理原则，社区要对辖区内公共服务、社会管理等承担责任，"属地是个筐，什么都可以往里装"。对居民来说，社区是距离他们最近、最便利的一级组织，居民并不看重社区是不是自治组织，对他们来说最关键的不是自治权利，而是社区解决问题的能力。特别是在老旧小区，由于缺乏市场化的物业管理，社区要承担大量的物业管理方面的事务。居民利益无小事，这句话不仅仅代表一种工作态度，更是实实在在的压力，是居民对社区"全能化"也是"全责化"的要求。

正是在这个意义上，全科社工是全能社区的必然要求，而社工全能化最合适的领域其实并非天然具有专业性的行政服务领域，在这个领域推动全能化其实是在额外增加社工的负担。认为行政服务全能化才能提高社工服务能力的看法，忽视了基层社工承担的其他工作其实本就是全能化的。行政服务专业化与社区工作全能化相结合，有专有全，这才是真正符合基层社工和社区工作实际的合理定位。

社区减负

社区改革的技术路线

去行政化和恢复居委会的自治属性，是社区改革的核心议题。居委会行政化问题由来已久，也改了很多年，但成效不明显，各方都不满意。社区工作人员抱怨承担了太多行政任务，很多事完全是职能部门在推卸责任：职能部门自己不去做，只会往社区推。群众也不满意，许多老年人认为现在居委会的"小年轻"天天坐办公室玩电脑，很少下来走访，严重脱离群众，老一代居委会干部联系群众的优良作风不见了。绍兴上虞区一位街道社区办主任说："现在的社区'机关化''衙门化'太严重，你一个法定的群众自治组织，怎么搞得跟政府机关似的？"

关于改革，共识很高，大家都知道社区应该主要做群众工作，而不是行政事务。但城市高度发展期和社会转型期叠加，城市治理压力越来越高，为提高治理体系的灵敏度和应变能力，必须进行重心下沉，将很多事务放到基层。同时，建设服务型政府，方便群众办事，也要求在居民身边建立高效服务平台。不管怎么看，社区都是承接部分管理和服务下沉的合适平台，再怎么改革，这些事总要有人做。更何况，行政事务也不是完全跟居民需求相对立，完全取消了，居民办事也不方便，社区给居民解决问题的能力也会受影响。这是社区改革的两难。

关键是怎么操作。从我们的调研来看，实践中主要有两种路线，本篇讨论第一种路线，我称之为技术路线。所谓技术路线，就是在坚持现行社区治理体制的前提下，从具体事务和具体职能入手，减少社区承担的过多过重的行政任务，主要做法就是"社区减负"和"准入制"。行政事务不能完全取消，那就"减存量，控增量"。"减存量"，就是清理社区承担的现有行政事务，取消掉其中不合理的部分。同时，建立社区事务准入制度，规定今后凡是职能部门要下沉到社区的事务，必须首先经过专门的审查机构批准；凡是超出社区承接能力的，与群众利益没有直接关系的，不予准入，社区也可以拒绝接受，这就是"控增量"。"控增量"是为了巩固"减存量"的改革成果，两者相辅相成，缺一不可，目标都是将社区基层组织的行政职能调整到一个相对合理的水平。需要注意的是，不要把社区减负看作一次性工程，以为经过一次性的"减存量"，辅之以后期的"控存量"制度，就可以从此将社区行政职能维持在合理水平。如果有这种想法，那注定要被现实"打脸"。

社区行政职能的膨胀是一个动态的实践结果，社区减负也必然是一项需要持续的动态工作。"减负—膨胀—再减负—再膨胀"既可以看作是跳不出的怪圈，也应该认识到其具有必然性和合理性。实践中出现问题，继续通过实践化解就是了，不能看到问题反弹就否定化解问题的意义。行政职能的膨胀和减负是一对对立统一的矛盾体，是一种动态的平衡，这是通过技术路线化解社区行政化问题的必然，对此要有足够的宽容和耐心。

社区减负在实践中最容易受到的挑战来自两个方面。

一是部门利益对改革效果的抵消。社区减负是由民政部门主导和推动的，但社区承担的行政职能却来自几乎所有政府部门和群团组织（如残联、妇联等）。对任何单一部门来说，它考虑的是本部门任务目标能否达成，基层组织能否承受得了不在其考虑范围内，它更不关心社区行政化问题，这是对民政部门的考核要求。民政部门也关心本部门目标能否达成，毕竟民政事务在社区事务总量中所占比重并不小，但它同时还要关心社区建设和社区改革效果，因为这也是其重要的部门职能。更重要的是，社区建设和社区改革效果比社会救助等常规工作，更容易出政绩。这样一来，就存在部门利益不协调甚至冲突的问题。因此，要想社区减负取得实效，单靠民政部门的力量是不够的。南京市2013年实施社区减负改革，效果立竿见影，关键就在于建立了超出部门利益的改革协调机构。改革由时任市委书记亲自推动，并组建以市委副书记为组长，市委常委、常务副市长为副组长的高规格的社区建设领导小组，还通过派出市级督导组督促各区改革工作。但是，这种高规格的领导小组体制往往具有阶段性，在社区减负完成后便会回归常态，这时准入制度的"控增量"目标就会受到部门利益的挑战。2015年7月，我们在南京调研时，社区干部的评价是：社区减负效果

　　　　　　　　　　　　　　　　治　城

好，准入制度则流于形式。当地媒体《现代快报》2015年8月的调查也显示，一些部门不经审批，直接将任务下达社区的情况仍然存在。

二是非常规任务对准入制度的突破。社区减负，减的是社区承担的常规任务，社区准入制，也只能约束常规任务的下沉，但常规任务并非社区工作的全部，它还要承担一些偶发的非常规任务。非常规任务主要是重大事件带来的。重大事件的发生具有偶然性，重大事件的应对要采取超常规方式，也就是俗称的"运动式"。应对重大事件时期，是城市治理的非常规时期，整个治理体系都要被高度动员起来，而常规的科层体系和制度都要服从非常规治理目标，压力型体制所传导的压力，也不再是常规的法制化、规范化压力，而是政治压力。非常规时期会发生巨量行政任务的密集下沉，其对完成效率的高强度要求，也必然要突破准入制度的约束。

社区减负效果

从我的调研来看，技术路线的改革效果总体来看还是不错的。比如，南京一次性取消了25项工作任务与指标，41项市、区创建达标评比，41个组织机构，72项纸质与电子台账。杭州将社区数十甚至上百块牌子减少为5块，将62项考核减少为1项，社区盖章限定为22类。不过具体来看，不同事务的改革效果却有好有坏。

检查评比事务简化的效果是比较好的。在南京调研时，好几位社区主任对社区减负赞不绝口，有人特意带我们去档案室，细数减少了多少纸质台账工作，其中不少就与评比创建任务的减少直接有关。市区两级的达标评比工作，几乎每个部门都要搞个"创建"项目，且市里搞一个评比，区里就配套一个，实际意义不大。比如，市卫计局搞个"计划生育服务市级先进社区"评比，区卫计局也搞个区级先进社区的评比。部门检查验收基本是走过场，重点看台账材料。这类项目多了，就消耗了社区很多精力，而且大多是做虚假材料，对推动社区实际工作毫无意义。现在取消掉了，社区自然拍掌欢迎。

相比之下，社区对社区准入制的评价就有分歧了。在许多社区干部看来，准入制意义不大。之所以得出这个判断，是因为他们确实从来没有拒绝上级任务的权力，就算现在给了他们权力拒绝，这权力也不好用：拒绝部门安排的任务，可能会增加日后社区有困难时部门支持的难度。一些基层民政部门的同志也说，准入制目前由民政部门主导，但他们与其他部门是平级的，严格执行起来有难度。不提升审批机构的行政层级，准入制恐怕很难取得理想效果。另外一个效果不太好的，是开证明。办事机构让居民到社区开证明，是为了规避信息不对称造成的道德风险，因为社区识别信息真实性的能力比他们更强。社区干部的抵制也在于此，他们不认为自己有义务承担相关机构转嫁的风险，也不认为自己掌握的信息更全面，何况很多证明就是办事机构懒政的结果。客观地说，目前部门间确实存在信息壁垒，他们面对居民时也确实存在信息不对称，这是个结构性难题。这个化解不了，类似"证明你爸是你爸"的所谓证明就还有存在的空间，而社区面对居民来办事的压力，即使有政府文件撑腰，也还是难以拒绝。这也说明，许多问题是系统性的，系统环境不改善，单方面的技术改革效果就要受限。

真正影响技术路线改革效果的，还是日益科学化和规范化的基层组织建设，其中又以政府对社区基层组织的考核为要核心。规范化建设，就是要求社区工作依法办事，办事留痕，这与社区工作特性存在天然的张力。2017年3月份我们在绍兴越城区调研时，基层社工吐槽最多的就是做台账，一个社区一年台账有三四十本，光是环境卫生工作一项就有10多本，分得很细，爱国卫生运动、健康教育、老旧小区管理、"创卫"等等，每一项都至少有一本。一位社区综治委员说，现在是"十分钟解决一件事，却要用两个小时做台账"。要说社区行政化，这就是最严重也是最无效的行政化。

社区工作具有很强的灵活性、不规则性，工作方式也不可能像机关部门那样规范，做台账，就是要把本来灵活处理的事情，按照格式化规范化要求重新加工包装，以符合上级要求。这是上级部门为了降低层级间信息不对称的道德风险，增加自己考核便利性和精准性而采取的措施，用在科层体系内部是可以的，但用来要求基层组织就明显不合理。这个理念不改变，去行政化的技术改革即使短期内有成效，也迟早会反弹。

坚持社区减负的技术改革路线

这些年各地实施的社区治理改革形式多样，但从我们的调研来看，实践效果最好的还是社区减负，从社区工作人员的评价来看，也是如此。一些改革要么流于形式，要么陷入折腾，要么改革本身变成了社区工作人员新的行政任务和负担，唯有社区减负实实在在减轻了行政负担，其存在的不足之处，也不完全是改革的问题，而是客观环境的限制。在有些人看来，这种从具体事务切入的技术路线的改革，颇有些"头痛医头，脚痛医脚"的色彩，他们显然更喜欢"一揽子"改革，希望能够从制度上，从体制上，一次性把问题解决掉。要是世界上真有这样完美的制度和体制就好了。然而，理想很丰满，现实很骨感，完美制度只存在于少数人的想象中，现实的复杂性决定了我们必须忍受不完美、不彻底的改革。我以为，"头痛医头，脚痛医脚"的技术性改革，非但不应否定，反倒是最现实、最有效的改革路线。

我们正处于并将长期处于社会快速转型和城市快速发展的叠加期，叠加期的特点就是变化性和动态性，既有的治理变量在不断重组，新的治理变量又在不断生成。应对这样一个高度变化且高度复杂的社会，我们的治理体系需要具备足够的灵敏性和学习能力，因应社会的需要进行自我完善和自我革新。在一个变动社会的基础上，不可能形成一个成熟稳定的治理体系，也不存在一个理想的制度，能够容纳和消化所有不确定性治理变量的产生。社区行政职能的膨胀，是国家治理体系应对动态复杂社会的必然结果，而应对的具体措施，不可能每一步都做对，也不可能每一步都做错。有些合理的行政任务下沉到了社区，有些不合理的行政任务也下沉到了社区，合理与否不可能事先就有答案，它本质上是一个在实践中试错的过程。改革的作用，就是根据实际情况的变化进行评估和研判，将不合理的部分减掉，将合理的部分保留。这个阶段是合理的职能，可能过了一个阶段就变得不合理了，反之亦然。社会变化了，治理需要也会跟着变化。正是在这个意义上，具体问题具体分析，头痛就医头，脚痛就医脚，指望一个药方包打天下是不现实的。

我们到底需要一个怎样的社区治理体制，或者说理想的社区治理体制是什么样的，我想这个问题恐怕在未来很长时期内都没有答案。或许，将来随着叠加期过去，社会相对稳定下来，经过多年实践，我们的社区治理体制也会在不断的技术性改革中完善，结晶出一个理想的结果出来。但至少就目前而言，在不对现行体制进行伤筋动骨的变动前提下，通过动态的不断的社区减负，解决一个个具体的治理问题，才是成本更低、难度更小、效果更好的改革路线。

居站分设

社区去行政化的样板

社区改革的另一种路线是组织路线，即从组织架构上重组社区治理体制，核心是将居委会承担的行政职能剥离出去，由新设的组织承接，完全恢复居委会的自治属性。组织路线的改革要比技术路线彻底得多，后者只是优化社区承担的行政职能，并不触动体制，组织架构重组则是通过体制层面的改革，试图一劳永逸地解决社区行政化问题。组织架构重组包含三方面内容，一是新设的承接行政职能的组织如何定位，二是剥离行政职能后的居民委员会如何真正实现自治，三是组织架构重组后的组织协调问题。

组织路线改革的样板是居站分设。这方面改革最彻底也最成熟的是深圳，居站分设模式便是从深圳发源并走向全国的。

2016年7月，我们到杭州调研，上城区正在酝酿推进居站分设，模式是"一站多居"，将社区公共服务站的服务范围设在街道办事处和社区之间。其实，杭州早在2008年就设立了社区公共服务工作站，但长期以来，工作站与社区居委会、党组织一直实行"交叉任职、合署办公"，形成所谓"三位一体"管理模式。这种模式只是名义上在社区层面增设一个组织，实质上并未改变社区组织架构及其运作逻辑，倒是很巧妙地使政府职能能够更加名正言顺地下沉。杭州现在要做的，显然是将上次改革进一步深化，实现彻底的居站分设。

无独有偶，2017年7月我们去苏州姑苏区调研，发现当地一个街道正在实施"一站多居"的社区联合工作站改革，由3至4个社区工作站组成一个联合工作站，全街道共设6个，共有54名专职社工，服务21个社区，13万居民。有趣的是，两年前在南京某街道调研时，该街道刚刚"纠正"了一项"改革"：之前，街道设立社区服务中心，承接政府行政职能，将社区工作站的社工全部撤回，在服务中心办公，社区仅有党组织和居委会。实践仅两个月，居民普遍反映办事不方便，街道无奈，只好又将社工放回社区，恢复社区工作站。对比起来，将工作站设在街道办和社区之间，似乎不失为一个兼顾居民办事便利性和政府服务供给效率的好办法。

南京秦淮区在居站分设的道路上走得还要更远。2013年，该区蓝旗新村社区试点公共服务外包，将社区承担的政府公共服务职能外包给社会组织，街道则把原来蓝旗新村社区社工的经费划拨给该中心，社工纳入中心管理。2015年7月我们去调研时，当地正在积极推广"蓝旗模式"，全区111个社区中，有18个实行了服务外包制，街道分管副主任说这种模式是要建设"小政府、大社会"。我们以为承接服务外包的是专业的社会组织，调研一番才发现，其实就是原来社区的社工——一位原居委会副主任牵头，到民政部门注册，然后从原社区工作人员中分流出7个人组建一个社会组织，街道将原来10个社工的经费划拨给这个社会组织，每年55万元，这样就实现了"减员增效"。原社区12个社工，除去分流到社会组织的人外，剩下5个人也就是社区两委成员，只做居民自治工作。说实话，这个服务外包模式的改革，想象力还是蛮丰富的。

居站分设源于深圳，各地学习借鉴起来当然不会照搬照抄，而是要结合自身实践进行"再改革""再创新"，也就有了社区改革百花齐放的各种模式，似乎每个模式都可以去争几个"治理创新奖"。作为发源地的深圳自然也不甘人后，在居站分设之后的10多年里，同样是改革不断，创新迭出。这往好处说是政府创新意识强，可实际上恰恰说明以居站分设为核心的社区治理体制始终问题不断，政府只好通过不断"改革创新"去打补丁，其结果就是，深圳塑造了一个全国最复杂、运行成本最高的社区治理体制。

居站分设路线图

简单梳理一下深圳社区改革历史线条。[1]2005年，深圳率先探索设立社区工作站，当年全市共设600多个。2006年，深圳正

1　深圳各区在社区改革方式上略有差异，几乎每个区都创造了自己的模式。这里对深圳社区体制改革线条的梳理，主要基于我和张雪霖博士在罗湖区的调研经验，并不一定与深圳全市的轨迹完全相符，但总的改革逻辑是一致的。这里部分数据和背景信息参考了深圳当地媒体的公开报道，出于行文简洁需要，文中仅说明信息来源，恕不具体注明。

式推广"居站分设"改革。2016年深圳市民政局公布的《深圳市社区工作站管理规定（送审稿）》规定，社区工作站是街道办事处在社区的政务管理服务平台，其主要功能是：负责提供贴近群众的"一站式"政务管理服务，采集城市管理和社会管理信息，协助街道办事处及区级相关部门做好综治、维稳、信访、安全生产、计划生育等工作；指导和支持居委会开展居民自治相关工作。

一个工作站可以服务一个或多个居委会，2016年深圳共有695个社区工作站，804个居委会，平均每个社工站服务1.2个居委会。原来居委会的工作人员转为社工站社工，居委会委员由居民选举产生，但居委会主任仍由社区党委书记兼任，书记一般还会兼任工作站站长，村改居社区则还要兼任股份公司董事长。居站分设后，出现了两个吊诡的问题：一是居委会彻底边缘化，[1]事情都被工作站做了，居委会不知道做什么事；二是工作站的设立，使得政府更加名正言顺理直气壮下派行政任务，导致其行政职能不断膨胀。

《南方日报》的报道显示，从改革伊始的2005年到2010

1　"樊成玮等市人大代表在市六届人大二次会议提出了《关于强化居委会法定地位，纠正居委会被边缘化倾向》的建议。该建议指出，居委会在居站分设改革过程中被剥离政务服务职能后，政府关注的重心向社区工作站转移，居委会人财物等投入不足，自治能力不强等一系列因素导致居委会地位边缘化，作用空心化，并提出了加强居委会建设的诸多建议。为积极回应代表关切，切实解决上述问题，市民政局将通过进一步明确居委会地位、性质和作用；加强民主选举，增强居委会的代表性；加强民主管理，促进社区和谐发展等多手段强化居委会法律地位，纠正居委会边缘化等倾向。"——引自深圳市民政局网站"深圳市民政局2016年人大建议答复内容摘要公开"。

年，深圳共有186人次的市人大代表联名提出29件建议，反映工作站行政职能膨胀问题，要求为工作站减负。2008年，也就是完成居站分设，一届居委会任期届满后，深圳进一步深化改革，彻底实现居委会与社区党委和工作站的分离，此后连续两届都实行居民直选居委会委员和主任。居委会一般由5人构成，不值班，兼职化，政府每月发300元补贴。正是这两届任期的6年时间里，彻底独立的居委会出现不受约束乱作为的情况，一方面是居委会边缘化问题继续恶化，另一方面则是出现极少数居委会主任滥用和侵吞工作经费等问题。2014年，广东省出台加强基层党建的文件，深圳也确实认识到居委会彻底独立的问题，重新改回由社区书记兼任居委会主任，将居民直选改为楼组长间接选举，由一位副主任协助主任负责居委会日常运转，其补贴提高为2800元/月，其他委员补贴也提高到600元/月，[1]工作站还要配备一名专职文员协助副主任工作。

在居站分设不断改革的同时，深圳还构建了其他的社区组织。

一是社区服务中心。2010年，深圳开始设立社区服务中心。根据2011年颁布的《深圳市社区服务中心设置运营标准（试行）》规定，社区服务中心运营主体由具有独立法人资格的、在深圳市级或区级民政部门登记成立的社会组织，通过参加政府招投标而获得，主要从事政府资助或购买的公共服务项

---

1 居委会成员补贴差异较大，《深圳特区报》2016年的一篇报道提供的数据是，少数几个区给予居委会主任、副主任、委员每月补贴分别为1500、1000和800元，大部分区（新区）只有500、400和300元。

　　　　　　　　　　　　　　　　　　治　城

目的实施与管理，以及居民自助互助、文化娱乐、信息咨询等方面的服务，根据居民的需求情况，也可以开展必要的经营性服务项目，其运营经费主要来源于政府购买或资助的公共服务项目费用。到2016年，深圳共建设了668家社区服务中心，实现全覆盖，政府5年累计投入10亿元。

二是社区网格中心。2013年开始，深圳开始在原出租屋管理员基础上，整合城管协管员、计生协管员等，建立社区网格中心。网格员的主要职责是统一采集网格内"四个实有"信息，即实有人口、实有法人（机构）、实有房屋（城市部件）、实有事件（各类矛盾纠纷和隐患问题）等基础信息，同时承接社区综合治理、城市管理、劳动保障、民政服务、计划生育、环境卫生、矛盾纠纷等事务工作。深圳全市现有社区网格员约1.4万人，按照700个工作站算的话，平均每个工作站有20个网格员。罗湖区要求所有网格员全部下沉到各社区，其行政人事权由各社区负责，社区工作站副站长兼任网格长，并按比例配备副网格长，目前全区在岗网格员959人，平均每个工作站11.6人。

经过多年的改革，深圳的社区治理架构最终稳定为现在的样态，由政府推动组建的就包含社区党组织、居民委员会、社区工作站、社区服务中心、社区网格管理中心共5个类型。从我们调研的社区来看，居委会由9人组成：主任、副主任各1名，委员7名；社区工作站有站长、副站长各1名，社工专干9名；社区服务中心现有专职社工6人；社区网格中心现有网格长、副网格长各1名，网格员10多名。上述组织，社区书记、居委会主任、社区工作站站长由一人兼任，此外，每个社区工作人员总共接近20人，在我调研过的十几个城市里面，人员规模仅次于无锡滨湖区。

左支右绌的密集改革

从2005年开始，十几年时间内，深圳社区治理体制几经改革，除了市级层面的改革，区级乃至街道办事处都不乏自主的改革探索，改革不可谓不密集。多年改革的结果就是，深圳在社区层面形成了一个可能是全国最复杂的组织架构，且社区工作人员规模也十分庞大。相比之下，其他城市无论是否进行了居站分设改革，社区治理的组织架构总体上仍然比较简单，人员配置也比较少。

从我的调研来看，除了深圳，几乎所有城市的社区都面临社区人员配置不足的问题。当然，社区人员配置最多的还是"村改居"社区，尤其是拥有集体资产，集体经济收入比较丰富的社区。这样的社区一方面还处于从村庄治理结构向城市社区治理结构转型的过程中，大量原村庄安置的劳动岗位暂时难以取消；另一方面，其人员配置权限和使用成本也是由社区自己承担，并不纳入政府财政。深圳存在大量类似的村改居社区。深圳是一个移民城市，长期承受着巨大的外来人口管理压力，对诸如出租房屋协管员、计划生育协管员等社区协管员力量需求比较大，这也是其社区人员规模比较庞大的客观原因。

然而这套复杂的社区组织架构的形成，却暴露了深圳社区密集改革中的诸多问题。择其要者，大致有如下几点：

一、居站分设最初是要解决居委会行政化问题，恢复其自治功能，然而，分设后很快出现居委会边缘化问题。很简单，城市居民同社区打交道最多的事情之一就是获取各种政府供给的公共服务，此项职能剥离后，居民对居委会几无所求，居委会自然无事可做。此其一。居委会实行居民直选，委员在地化、兼职化，完全实现了居民自治组织的要求。问题是，包括深圳的社区在内，全国的社区人口规模动辄大几千甚至上万人，在这样一个人口众多且陌生化的社区中实现有效选举，难度不可谓不大。即使选出来了，时间精力分配问题、经验能力、组织建设等都可能成问题。此其二。社区问题虽小，但解决起来往往要牵涉到社区之外的主体，少不了要跟政府部门打交道。居站分设后，街道办事处几乎只跟工作站保持工作联系，居委会本身既无资源又无权力，又缺少与政府职能部门的关系，怎么帮居民解决问题？此其三。这三点存在，决定了居委会的边缘化难以避免。后来的改革，让社区书记兼任居委会主任，并实行副主任和委员待遇差别化，本意是通过书记增强居委会资源配置能力，提高居委会委员的工作积极性，实践来看，待遇差别化反而加剧了居委会内部的不团结，其他委员更加理直气壮不管事，责任全部推给副主任。

二、为让居委会有事可做，就大搞社区服务。深圳从2015年实施"民生微实事"项目，每年给社区一定资金，通过居民自主议事的方式开展社区公益事业建设。罗湖区2016年投入1.66亿，平均每个社区达200万元，而深圳全市更是投入14.63亿元，这个资源投放力度不可谓不大。然而，与此同时，深圳又推动服务外包，引入专业社会组织常驻社区，为居民提供服务。这与强化居委会职能存在一定矛盾。社会组织在为少数特殊群体提供专业化服务上或许有优势，但在为绝大多数普通居民提供基础性服务上，却与居委会高度重合，而后者因其在地化优势，服务供给水平其实更高。

三、居委会的行政化问题解决了，工作站的行政化却越来越严重。这就出现了一个很有趣的现象：其他城市没有实行深圳式的居站分设，而是通过社区减负化解社区行政化问题；深圳彻底居站分设后，反而也在搞社区减负，只不过减负对象从居委会转到了工作站。工作站本来就是定位于承接政府职能的，按说它的行政化不应该成为一个问题，怎么到头来它也要减负？其实很简单，工作站也好，居委会也好，都是要与居民直接打交道的最基层组织，不管叫什么名，其在治理体系中的末端定位，决定了它必须灵敏有效地发现和回应来自居民的诉求，掌握基层社会的基本情况。过度的行政化使其变成了正式科层组织的一部分，丧失了其感知和捕捉基层信息的末端优势，就必须要改。也就是说，深圳的改革使得工作站替代了原来的居委会，成为治理体系末端最重要的组织，所以也要减负。这也反证了，政府管理和服务下沉是大势所趋，社区行政化有其必然性和合理性，不管是否实行居站分设，都会出现。

四、深圳改革将社区层面的组织架构复杂化，带来各主体关系不顺、职责不清的问题，为理顺关系、明晰职责，又推行法治化、标准化建设，试图从法律上制度上解决这个问题，设立清单、定岗定责、分工明确。如果说社区有行政化，这才是最极致的行政化。这是将现代正式科层组织内部的管理制度、运行规则直接移植到最基层组织，将基层组织彻底科层化的做法。给工作站减负，增强其作为感知和捕捉基层信息的末端优势，可彻底的科层化又在消解这一优势。这是继强化居委会与服务外包这对矛盾之后，深圳社区改革的又一个明显的自相矛盾之处。

综上所述，深圳密集的社区改革，基本上都是前一个改革貌似解决了问题，实际上引发更多新的问题，然后再推出更多新的改革，可许多改革措施之间都是相互打架、自相矛盾的。这样的改革虽然创造出了形式繁多的模式，实际上却实在不可取。

动态社会的治理

上海市委2014年一号课题聚焦基层治理体制改革，课题成果迅速转化成具体的改革措施，对该市基层治理影响甚巨。其中最为引人瞩目的改革举措之一便是取消街道招商引资职能。时任市委书记强调："这是硬任务，没有例外。"取消招商引资之后，街道运转经费由区级财政通过预算全额保障，街道工作重心转移到公共服务、公共管理和公共安全上来。

一位街道工作人员对此却表达了一些忧虑："街道取消招商职能，确实是从某种程度上减少了街道的负担，但同时，街道自主的财力也有所损失。曾经，街道依靠这部分'活络钱'解决了很多问题。……比如一些必不可少的制度外用工的加班费（公务员法规定公务员不允许有加班费，但总不能让制度外用工人员也跟着谈'奉献'吧）。

在严格的预算制度框架内，现实的问题是：今后街道想多用1块钱，可能都要向区里相关部门化缘，这日子会不会有点难过？会不会导致'多一事不如少一事'的懒政？"[1]

---

1 这位公务员另外的忧虑是担心基层公务员待遇和升职空间受影响，这里暂不讨论。参见肖凡：《基层公务员：我们期待什么》，《上海观察》，http://web.shobserver.com/news/detail?id=3039，2014 年 12 月 28 日。最后访问日期：2019 年 6 月 3 日。

类似的担心还有：

"现在街道的担子更重了，管理功能放下来，'托底'全部落在街道。社会工作的这块责任也很大，但街道可以运用的手段和空间比以前有限，这怎么做？"

"三级政府究竟有多少事，是依靠招商截留的税款来开支的？不仅底下要说实话，上面也要实事求是。倘若金额巨大，没有了这块'转移支付'的'财政款'，街道基本运作可能会出大问题，'这需要量化的论据！'"

"这是对现有工作格局和重心的颠覆和重新布局。"[1]

"活络钱"的来源和使用掌握在街道手中，街道自然可以用这笔钱来处理一些棘手的治理难题，特别是那些通过制度化手段无法解决的问题。至于编外人员的加班费，同样是街道面对大量工作需要而不得不开支的。没有这些编外人员，在编制控制日益严苛的当下，仅靠正式工作人员在正常工作时间内的工作，根本不可能完成所有任务，更不要说主动作为了。基层公务员的担忧总结起来是这样一个问题：基层治理需要面对一些制度外的灵活性高的工作，而将治理资源全部制度化，可能会削弱基层治理的能力和活力。

对于这个担心，也有人认为，这其实是在"倒逼街道重新来衡量自己的行为模式"，需要"基层转变理念，同时也对区里的统筹能力提出更高要求"。媒体并举试点区浦东、静安的

1　什雅：《街道取消招商，账该怎么算》，《上海观察》，http://web.shobserver.com/news/detail?id=3045，2014 年 12 月 29 日。最后访问日期：2019 年 6 月 3 日。

经验说："当初我们街道招商一年可用的经费可达8个亿，剥离之后，每年2个亿，不是照样过来了？"

"倒逼职能转型"的说法很有意思。其中可能包含这样几层意思：一层意思是说，基层治理重心转向公共服务、公共管理和公共安全上来以后，面临的问题与以前不同，因此，依靠"活络钱"式的治理资源化解治理难题、维持灵活性和自主性的方式也没有必要了，因此无需对此过分担忧；另一层意思则是，虽然工作重心转变，但基层治理仍然要面临一些老问题，这些问题原来倚重"活络钱"来化解，但这种治理方式是落后的，要借这次切断"活络钱"的契机，来一次壮士断腕的转型。

当然不能排除基层会利用这些"活络钱"式的治理资源，做一些不合规的事情，也不能否认基层类似治理方式造成的负面效果，用人民币解决人民内部矛盾难免造成"会哭的孩子有奶吃"的不良示范效应。不过，一概否定基层的这种治理方式恐怕也不是理性的态度，我们还是应该在基层所要应对的治理环境中，认识和理解这种治理方式长期存在的必然性。仅仅归咎于基层治理理念落后，进而"倒逼"政府改革，可能会因为忽略了这种必然性而给基层治理造成不可预知的困难。上述基层工作人员的担忧即在此：若基层的治理环境尚未完全改变，单纯的治理体制改革反倒有可能削弱基层的治理能力和活力。

基层治理的首要特点是其"现场性"，即俗称的"第一线"。基层治理，就是国家权力与社会直接接触、打交道，责任吃重，资源却相对有限，而且在行政体系的追责机制中，基层往往扮演着第一责任人的角色。所以，基层治理就是要能够在有限的治理资源和日益严苛的制度约束下，尽可能实现治理绩效最优化。然而，在现实中，由于追责压力巨大，基层可能更愿意选择规避风险的"不出事逻辑"，即不求治理最优，而是维持治理最不差。如果整个治理体制完全变成这种状况，那基层治理可以说就彻底丧失了动力和活力，国家自然也谈不上活力了。

在现实的政治体制中，"晋升机制"和"激励机制"便成为赋予基层治理动力不可或缺的设置。不过，晋升机制惠及的群体毕竟有限，所以激励机制的作用其实相对更为重要。激励机制的运作要解决工作绩效评估的问题，奖惩必须尽可能精准地与工作绩效好坏对应起来，"干好干坏一个样"首先意味着评估机制失准，其次才导致了激励机制失效。提高评估机制的精准性，关键在于使其能够与基层工作的特点相匹配。基层工作人员常常抱怨待遇与付出不相称，部分地表明二者的匹配度还有进一步提高的空间。这与"活络钱"有什么关系呢？"活络钱"其实就是在正式的制度化激励外，由基层掌握的，可以弥补正式评估机制失准的非正式激励资源（当然不排除其中不乏不规范现象）。依靠这种相对灵活的资源，基层可以更加有效地进行内部的自我评估、自我激励，从而调动普通一线工作人员的积极性。为什么需要这种制度外激励呢？这便与基层治理的"现场性"有关。基层治理需要应对的是大量细小琐碎、频繁反复的事务，这些事务不像那些程式化程度高的事务便于评估，因此，难以完全依靠制度化的评估机制进行精准测度，故而，基层需要有一定的资源来对这些工作进行激励。

不过，激励问题还只是这个问题的一个次要层面。更为关键的在于，基层政权面临的治理环境仍然是一个处于变迁中的市场和社会，可以称之为"动态社会"。动态社会是一个社会结构快速重组，社会秩序和社会规则重构，因此"变量"多于"存量"的社会。相对地，"稳态社会"则是社会结构基本稳固，社会秩序和社会规则比较明晰，"存量"多于"变量"的社会。制度和规则的有效性更加依赖一个"存量"多于"变量"的社会。而在动态社会中，因为变量在时时刻刻生成之中，既有的制度和规则必然存在滞后性，再完美的制度设计也难以精确预测和涵括动态社会的情况。基层政权正是处于这样的动态社会之中，基层治理自然也就具有很强的不确定性，无法全部在既有制度和规则中完成；相反，基层治理需要能够及时敏锐地应对动态社会，应对过程也是一个制度和规则重构的过程。正是在这个意义上，基层治理的灵活性就是动态社会的必然要求。

上海市取消街道"活络钱"虽然是取消招商引资职能的副产品，但其实也反映了当前一种非常流行的基层治理改革理念，那就是提高基层治理的制度化、法制化、正式化。所谓倒逼治理模式转型，其实就是要削弱甚至消除基层治理当前存在的非制度化、非法制化、非正式化的一面，让基层治理全部在法律和制度的框架内运作。这种理念即使在稳态社会里也是不可思议的。稳态社会也不是一个消灭了"变量"的社会，基层治理仍然要面对诸多不可控"变量"的产生，只不过，由于社会的"存量"部分占主导，在长期的治理实践中，已经生产出了与其社会基本匹配的制度与规则，治理基本上得以在制度和规则框架内运作。对于动态社会的治理来说，最重要的不是用制度框住治理实践，而更要注重在灵活的治理实践中生成与完善制度和规则。当前的改革实践显然出现了某种程度的本末倒置。

在动态社会中，利益迅速重组，社会分化加速进行，必然会出现一些利益受损（无关分配规则的合理性）者，加上各种复杂变量的介入，会让简单问题变得非常复杂。这是我们不得不正视并且忍受的动态社会的现实，也因此，试图解决所有问题就是不现实的，最多只能作为一种理想，或者作为一种治理压力，督促治理者尽可能提高其治理绩效。但将其作为出发点，设计制度，并用制度束缚基层治理者，这种做法恐怕还是值得讨论的。

面对动态社会，基层治理必然要在各种约束中尽可能闪转腾挪，调用一切可以调用的治理资源，在激励机制和风险规避机制的双重作用下，维持基层社会的基本秩序。闪转腾挪需要类似"活络钱"的治理资源，手中无米，唤鸡也不灵。依靠上级全额拨款固然可以保障基本运转，但却可能削弱基层治理资源，从而削弱其治理能力。更重要的是，过度的制度化、法制化、正式化，会遏制基层治理的灵活性，那时，官僚体制的惰性将会蔓延到治理体系的整个肌体。一个"早熟的"、庞大而规范的法治政府面对一个变迁中的动态社会，可能会遇到很多始料不及也措手不及的困难。在这个意义上，如何在制度化与灵活性之间给予基层合理的治理空间，是一个非常有现实意义的课题，值得我们继续探索。有一点应该明确的是，在进行相关制度的顶层设计时，决策者应充分考虑到，给予基层治理一定的自主性与灵活性，以提高其应对动态社会的治理能力。制度万能，一劳永逸的想法是要不得的。

精细治理

精细管理运动

现在有个说法，我国的城市发展已经完成大规模粗放式的建设扩张期，今后要转入提升城市内涵和质量上来，像绣花一样，提高城市管理的科学化、精细化水平。

精细化管理涉及的内容是比较广泛的，我这几年调研接触比较多的，主要还是市容环境卫生方面的工作。这方面的工作涉及城市空间环境的整洁美观，是提升城市形象的重点工作。无论是面对"创文""创卫"等评比活动，还是面对G20峰会、青奥会等重大节事活动，城市政府都把市容环境卫生工作放在重中之重的位置。对市民和游客来说，市容环境也是直接感知城市管理水平的切口。我的感受是，这些年城市政府在市容环境工作上用的绣花功夫，真的是越来越大了。一些涉及居民生活区的工作，更是把社区基层社工折腾得够呛。

精细化管理，本应是一项功夫在平时的工作。俗话说，慢工出细活，绣花嘛，一针一线，都要精准而且细密，自然急不得。政府当然在做很多日常化的精细管理工作，只不过这种改变太过隐秘和细微，以至于我们感受得很迟钝。让我们感觉比较受冲击的，反倒是政府惯用的运动方式。运动式治理是一个非常具有中国特色的政府治理方式，以往它多用来应付重大政治任务，是用来做"大事"的。运动的方式本就是在短期内重组治理体系的运作机制，集中配置治理资源，特别擅长化解急难险重的事。不过，随着精细化管理的要求和标准逐渐普遍化，成为政府治理的常规要求，那么，再组织运动式治理的时候，就不得面对一个新情况：运动式治理也开始用来做小事了。

用运动的方式做小事，也不能说完全是个新鲜事物。这方面最典型的代表，是已经实施了60多年的爱国卫生运动。爱卫运动做的，都是打扫卫生、个人清洁、"除四害"等群众身边的小事情。60多年的爱卫运动，彻底改变了中国人的个人卫生习惯，也彻底改变了城乡环境面貌。北京龙须沟的故事，作为爱卫运动的光辉典范，至今让人赞叹不已。不过，我们必须面对的现实是，如今的爱卫运动跟1950年代初期相比已经大相径庭，其关键变化就是，爱卫运动从群众运动变成了政府运动。原来是政府动员和组织群众做小事，现在是政府自我动员替群众做小事。爱卫运动在基层，就是社区居委会定时给居民发老鼠药、蟑螂药，最极端的是，登革热疫情来临时，基层社工们还要上门帮居民倒积水。好在我们还有这么一批数十万人的基层干部队伍可以动员，也好在这样细小事务的治理运动以前并不多，基层工作人员还可以应付。

现在不同了。原来背街小巷、居民小区等都存在一些卫生死角，平时人员流动性低，比较隐秘，上级检查也不怎么关注，年深日久积累了下来；街巷两侧商铺的广告牌，各家都为了让自家广告牌更醒目，样式上也就五彩缤纷，大小不一；小区里，有人将楼顶开发出来种菜、放东西，甚至建阳光房，一楼也有人搭个小棚子花架子；装空调时习惯把空调外机挂在外面；诸如此类，小打小闹的违章搭建层出不穷。这些都是各个城市普遍存在的历史性问题，当然反映了以往的城市管理确实不精细，才久积成疾。精细化管理，管的就是这些以往不管的小事情。

于是，当精细成为一切工作的标准后，政府的运动式治理方式，就开始轰轰烈烈做小事了。由于群众动员不起来，管小事的运动，只能依赖政府体系的自我动员，尤其是对基层工作人员的动员。

"运动"与"精细"的矛盾

"精细"意味着在这个社会最细微的层面上实施标准化，"运动"则意味着通过政府行政强力去推动社会的标准化。借用《重庆市城市精细化管理标准》中的"全时空精细化标准"，就是要做到：白天夜晚一个样、天晴下雨一个样、节假平时一个样、主要干道与次支干道一个样、大街小巷一个样。能不能做到是一回事，但这个标准确实代表了政府在这样推动。管理效果确实非常明显，而且用运动的方式做工作，效果还会特别立竿见影。我在黄冈调研时，当地正值创卫，几十年没人管的背街小巷、垃圾死角全部被翻了个底朝天，居民生活环境的面貌确实焕然一新。当然，运动结束后，常态化的精细管理同样重要。

通过运动的方式去实现精细化的目标，肯定意味着更高的行政成本。我这里想重点讨论这种方式存在的两个难以克服的内在矛盾：一是标准精细化与社会差异性的矛盾，二是运动的粗放与精细要求的矛盾。

第一个矛盾在于，社会的差异性在最细微的层面才最明显，也正因为其在最细微的层面，决定了这是社会自生自发的领域，是社会最具活力的领域；在这个层面实现标准化，就意味着，行政力量要同社会最有活力的部分对抗。

为什么这么说呢？举两个例子，一个是小区环卫标准化，一个是户外广告标准化。小区环境卫生情况的差异，与两个因素有关，一是居民生活卫生习惯，二是小区管理水平，而后者又受到居民支付能力影响，物业费交得高，物业公司就能够提供更高水平的环境质量。除了少数特别明显的违建行为，有一些居民的生活行为，并不见得违法违规，或者说，就算其存在模糊之处，也有一定合理性。比如，老旧小区常有堆放物，是由于老小区存在设计问题，户型较小，因此就会出现比较普遍的居民占用公共空间以扩大实际使用面积的情况。以杭州拆除居民户外保笼为例：基层干部都认为，很多居民的房子确实太小，凸保笼（即凸出外墙的防盗窗）至少可以供其放点东西——实际上，这些细微之处，如果发生了明显侵犯他人利益或影响公共安全的情况，通过居民之间的协商，或者基层组织的介入，冲突和隐患会被及时消化掉；而没有化解掉的，则是社会本身容纳了它们，往往具有一定的合理性。现在的标准化就是要消灭这些细微之处。因此，杭州要求居民楼所有户外凸保笼更换为平保笼（即与外墙平齐的防盗窗），阻力非常之大。基层干部在做工作时，为了及时完成任务，不得不"许诺"峰会结束后可以将保笼换回去，所以很多居民其实都保留了旧的保笼。又比如，绍兴为了实现所有小区环卫水平的标准化，将一些原本有物业公司管理的小区改为由政府管理，原因就是有物业的小区环卫质量难以掌控，且大多达不到政府标准。此举引起了一些居民不满：为什么交了物业费的小区政府还要管？再说户外广告标准化。形式多样、大小不一、参差不齐的广告牌，看上去确实杂乱无章，但这是各经营主体出于营销目的自主决策的行为，除了少数明显违规或存在危险的广告牌应该整治外，大多数其实没有必要标准化。即使政府追求整齐划一的美感，也应该通过缓慢的引导，通过严管增量，调整存量来实现。

第二个矛盾在于，用运动的方式推动工作，必然存在在任务目标时限要求的硬约束下，运动实现手段的相对粗放，与精细管理所要求的精准细致、科学规范之间的矛盾。运动有运动的组织规律，对治理体系和治理资源的高强度动员不可能长时间维持，因此，运动式治理往往伴随对实现任务目标的时限要求，这种要求本身也是形成运动时期行政高压的重要因素。但是，治理体系内部的层级性，几乎必然意味着实现任务目标的手段粗放性。一般来说，上级为实现任务目标，默认基层在可控范围内自主选择实现手段，前提是不出大事。预留自主空间是必需的，上级不可能同时追求目标的时限性和手段的规范性。程序规范，在常规治理状态下是可能的，但在运动状态下就不一定完全合适了。当这种治理方式直接深入到社会最细微的领域时，就必然直接对人们正常的日常生活秩序产生影响，并因其手段粗放性而产生不良后果。

比如，杭州在对居民小区进行外立面改造时，为了赶工期，忽略了实用性和技术要求，导致一些居民的空调外机被移动后，后来出现使用故障；统一更换的"三合一"遮阳板在空调滴水和下雨时噪音过大；拆除旧保笼到新保笼安装之间的空档期造成了安全隐患，等等。一些城市在集中清理小区堆积物时，做法粗暴，难以及时有效甄别废弃物和有用财产，造成居民与社区很大的纠纷。有的城市搞"美丽示范街"建设，短期内对主干道路两侧的建筑物进行美化，对商家正常经营造成影响，引发一些群体性事件；而拆除户外广告牌、更换标准化户外标识，也造成识别困难，又加之由于时间紧任务重，很容易发生旧的广告牌已经拆除，而新的标识却更换不及时的情况，引起商铺和居民不满。这些情况的出现，都是运动方式本身固有的缺陷：当它用来做大事时，出现一些小的纰漏或许可以接受，毕竟没有什么是可以做到完美无缺的；但是，当它用来做小事时，这些小纰漏就可能是致命的了，因为小事涉及的主体往往特别多，其引发的抵触力量可能超出政府的承受能力，迫使政府不得不中断或调整既定计划。

重点在"精"不在"细"

倡导城市精细化管理的人，是基于对城市发展阶段的判断，认为城市需要精细化的管理模式，以实现从规模扩张向质量提升的转型。问题是，这个判断是否适合我国城市发展的阶段呢？我以为，除了极少数城市规模扩张受到各种限制的超大城市，全国绝大多数城市还远未到规模扩张结束的时候。须知，我们还在城市化快速发展的时期，这个阶段恐怕还要持续二三十年时间。这个时期必然以规模扩张为主，这里的规模扩张，既包括城市空间范围的扩展，也包括内部空间结构的大尺度重组。这个时期搞精细化管理，难度是很高的。而且，在这个阶段，治理资源的分配应该集中于大尺度目标，而不是过于偏重绘画绣花式的小微尺度的事务。现在一些城市在市容环境卫生上面近乎洁癖的精细标准，说实话，有点过了。

精细管理确有其必要性，不过，我以为其重点应该在"精"不在"细"：确实需要提高治理的精心、精准甚至精致程度，但并不是说要把琐事、细事和小事全部抓起来。提高治理精度，为的是克服科层组织内在的官僚主义弊病。常态下，科层组织有其惰性，基层对治理资源的分配，往往会集中于上级重视的地方：领导看得到的，经常检查的，力量分配就比较多，工作做得比较认真；相反，就会应付，不出事就好。这样当然有其合理性，毕竟治理力量和治理资源还没充裕到随心所欲的程度。问题是，这种治理资源的人为的不均衡分配，会造成某些问题在某些区域的积累，久而久之，小问题积累成大问题，直到爆发了问题，再来一次运动式治理。小区里的违建问题就是个典型的表现。常态下，包括城管在内的执法部门，对居民小的违章搭建采取的都是"不诉不理"、能拖就拖的办法，真的投诉太多，其执法手段也比较有限，而且执法部门很可能采取程序到位的免责策略，比如现场执法予以告诫，发放停工整改通知书，至于最终效果如何，却并不一定认真追究。这里面固然有执法成本高、取证难、执法力量不足等各种客观原因，可一旦问题积累到一定程度，或者上级有紧急的治理任务，相关部门还是能够行动起来进行治理。精细管理的要求，应该是改变这种过于粗放的模式，在选择性治理和运动式治理两种强度之间，形成一种新的常态化的治理强度。它虽然很难完全做到抓早抓小、将问题消灭在萌芽状态，但也不至于总是将小问题积累成大问题。

提高治理精度，却并不一定要把小微事务全部抓起来，尤其是，不能依靠正式治理体系将小微事务抓起来。精细化管理的"细"，适合采取两种方式去应对，一是半正式的治理体系，二是群众动员。群众动员，是将社会动员起来，让社会自己去应对自己最具活力的部分。半正式治理体系，则是介于群众动员和科层组织之间的组织体系，其组成结构包括正式治理力量和社会性力量，其治理方式既包括正式的执法，也包括非正式的治理措施，其最具优势的便是社会性的部分。越是微小的事务，越是社会自主性强的部分，只有社会力量本身才对这部分事务最具敏感性，其采取的方式也最具适应性。曾经的爱国卫生运动，靠的就是半正式的基层居委会工作人员，加上以群众积极分子为主的被动员起来的群众。这种方式创造了一个在资源极度匮乏的基础上，实现高精度目标的治理奇迹。

无论治理资源如何丰富，都需要这样一种治理结构和治理方式，来应对最细微的社会事务领域。在这个意义上，靠政府单方面去搞精细化管理，是不经济的，也是不现实的。

创新，创新！

社区书记的委屈

小市社区是杭州乃至全国的明星社区，居委会办公所在地隔壁，是一个国家级的社区展示中心，每年前来考察学习的各地代表团不计其数。作为杭州社区建设的一个窗口，小市社区可谓风光无限。

可是，就在我们到社区调研的第一天上午，社区书记就哭了一场。那天，区民政局一位副局长到社区来，看到社区门口又有车辆停放，就把社区书记狠狠批评了一番："你连这么点小事都管不好，还当什么书记？！"然后又反复强调，社区创新工作今年要抓紧，要有新的亮点新的成绩。说实话，我们都替社区书记感到委屈。居委会门口车辆乱停问题看似"小事"，其实一直难以解决。我们后来问过门口保安，保安对此也是一肚子委屈，因为他的领导也经常为这个批评他。保安说："这事儿没法管，居民说车就停一会儿，到居委会办个事，马上出来。你不让他停，他说社区就是这么为群众服务吗？有的妇女推着婴儿车来办事，按规定也不准放在门口，这规定就有问题。"社区门口禁停，主要是考虑到居委会办公场所同时也是社区展示中心的入口之一，每天都有各级领导和游客参观，若门口车辆乱停，会影响美观和秩序。问题的复杂之处在于，对于小市社区的居民来说，这里首先不是旅游景点，而是居委会，他们来这里是要办事而非旅游。景点管理要求和居委会便民服务需要之间的矛盾恐怕会一直存在下去，社区书记能怎么办呢？面对自己的居民，她只能劝说，让居民把车停在巷子外面，步行过来办事。

不过，社区书记的泪水显然并非仅仅因为领导的批评。书记在百忙之中坐下来跟我们交流时，讲出了她满腹的困惑："都说要开展居民自治，但现在根本不大有（居民）参与度，现在老百姓依赖性很强，觉得应该政府来负责。这是个主要困境。政府做了很多事，却还是被居民骂，这是为什么呢？我们天天忙得不可开交，可居民就是不理解，觉得我们天天坐在空调房玩电脑，不知道在干什么，还是老居委会好。"书记列举了社区在老旧小区物业管理、环境卫生（特别是大件垃圾清运）、拆违、老旧小区立面改造等工作中遇到的各种难题，而谈到现在社区各种改革的效果，则直言"理想状态还没有达到"。

再后来，随着调研的深入，我们发现，其实真正让书记感到苦恼窘迫的是：一方面，社区常规工作琐碎，且得不到居民的有效参与和积极配合；另一方面，作为明星社区，她又有巨大的压力，要搞创新，出亮点。常规工作年复一年、日复一日，长期"锁定"在固有的工作模式中，效果差强人意，创新工作则似乎空间有限，特别是这样一个多年来已经有很多"创新"的社区，再创新的难度不是一般社区可比。

这位从其他社区副职任上调过来还不满一年的书记已经萌生退意了。明星社区的工作要比普通社区压力大多了。

常规工作难，创新更难

虽然是一个明星社区，但小市也是一个不折不扣的老旧型社区。社区3000多户居民中，有2000多户居住在老旧小区，仅有的高层小区也因为建筑年代日久而进入物业管理矛盾多发期。老旧小区的物业管理实行政府兜底：杭州市采取准物业管理的模式，向居民收取每平方米每月1毛5分钱的准物业费，并为居民提供保修、保绿、保序等"五保"服务。社区专门设立的准物业管理处，由一位社区副主任和一名协管员组成。对于准物业管理，正如书记所说："说是准物业，实际上就是政府在做。"

老旧小区居民长期形成了对政府服务的依赖性。居民认定了"社区是我家，有事找社区"，书记认为这是一种错误导向，实际上强化了居民的依赖性："比如社区环境，很多人垃圾乱扔，他会说怎么社区还不来清理？他不想应该自己先做到（不乱扔），把垃圾带到垃圾桶。"准物业管理虽然一定程度上缓解了政府兜底的经济成本，但依然给社区带来了沉重压力。准物业管理模式使得社区必须回应居民日常生活最复杂、最繁琐的需求，但在为居民解决问题的同时，却难以塑造和激发居民自我管理的意识与能力，反而加剧了居民对社区的依赖，提高了居民对社区服务水平的预期，给社区工作带来持久的压力。

　　除了物业管理，社区还面临大量常规工作。这些常规工作与普通社区并无本质不同，但小市似乎并没有因为是明星社区，就获得比普通社区更多的治理资源，特别是可以用于应付常规工作的治理资源。或者，即使有更多的治理资源，但面对更高的治理要求，使得社区的治理压力也并不轻松。实际上，我们调研的感受是，更多的资源被用在了社区创新工作上，而且这些资源的分配与使用并非完全由社区做主，作为明星社区，小市的许多创新工作不得不服从街道甚至区政府的要求。

　　小市的创新工作目前被归结为"左邻右舍"模式，大致包括两大方面，一方面是居委会自身的改革，另一方面是培育社会组织。居委会改革，是要探索更加高效、更加便民的服务模式，目前的做法是将社区服务中心分为前台与后台，前台受理，后台处理。前台设在居委会办公楼的一楼大厅，负责接待居民，居民所有的诉求被前台受理后，由前台转交给后台，后台再进行分工和处理。针对当前居委会严重的行政化问题，前台承接了所有条线的行政工作。培育社会组织方面，社区引进了一个叫作"亲民社会工作服务中心"的社会组织，在社区打造了众多居民公共活动的空间，比如"邻里学苑""邻里舞台""祥和家园"等等，组织居民开展各种活动，包括亲子家庭服务、青少年服务、长者服务、社区建设、志愿者建设等众多内容。这些创新工作也成为小市社区对外展示的主要内容，仅从硬件建设上来看，确实成绩斐然。当然，维持硬件设施的运转也是一笔不小的开支，仅仅是场地租金每年就要花费上百万元。

问题是，这些社区创新工作存在两个明显问题：一是创新本身实质效果不大，二是创新因脱离社区常规工作需要而陷入空转。创新本身效果非常有限。居委会改革还停留在形式上，尽管空间上进行了前台后台的区分，改革预期根本没有达到，试图将行政工作与社区自治剥离开来的努力毫无效果，社区书记也坦承，目前工作还是分解不开。当遭遇G20峰会时，这种创新就显得更加尴尬了。峰会工作需要社区全体社工的参与，根本分不开。社区工作本身的混合性，也决定了这种人为的切割是脱离实际的空想。社会组织的实际作用也非常有限，其服务人群本来就有限，其组织开展的活动也更适合青少年，而很难吸引老年群体。社会组织针对老年人提供的所谓"长者服务"，大多是一些教老人学电脑、做手工艺品、做美食等的活动，与老年人的实际需求关系不大。

实际上，社会组织带动居民参与社区建设的效果非常弱，居民大多是来享受免费服务，活动结束了依然回归生活常态，活动本身和参与活动本身都是悬浮于社区之外的。这种免费服务从某种意义上也是在强化居民的依赖性，于塑造居民的责任观念和义务观念助益不大，反而进一步加剧了个体的权利意识。社区书记对社区工作的困惑，则揭示了创新工作的第二个问题：这些创新对于改善社区常规工作中遇到的问题基本上没有作用——创新工作脱离社区常规工作，陷入了空转。首先，居委会改革并没有提高居委会的治理能力，纠结于切割行政工作与自治工作，却不能解决居委会常规工作中的任何具体问题，比如准物业管理，纠纷调解，或拆违控违。实际上，行政工作与社区自治是相辅相成的，而非对立矛盾的关系。开展行政服务能够密切社区与居民的关系，社区承担的行政任务，固然存在许多不合理的地方，但总体来看，社区确实具有简约高效完成的优势，很难也不应该将其从社区剥离出去。

当创新工作脱离常规工作而空转，也就意味着所谓创新有沦为形式主义的危险。常规工作是社区之本，却长期被锁定在固有模式中，难以突破。创新本应有助于改善社区常规工作状况，反而陷入空转。常规工作难，创新也难，两难叠加，无怪乎明星社区的工作压力巨大。

社区改革不应一味求新

小市社区的创新难题并非其独有。实际上，"创新"已经成为日益普遍的衡量社区工作的话语，并且在某些城市已经具体化为对社区工作实实在在的考核。杭州上城区在这方面就是典型代表。上城区对社区建设之重视程度，是我们调研地点中最突出的，其表现之一就是区民政局直接对全区50多个社区进行社区建设考核与排名。这项考核目前是社区最为重要的考核，考核内容中除了常规的居民满意度（这个主要受社区常规工作的影响），还有一项权重非常大的内容，就是社区"金点子"。所谓"金点子"，就是社区在推动居民自治工作上的新思路、新措施、新模式。"金点子"几乎成为衡量社区创新工作的最重要指标，往往一个"金点子"就能决定社区的排名。在各社区常规工作的得分差距微乎其微的情况下，[1]创新工作便成为影响社区排名的关键变量。

在候门社区调研时，社区书记说："上级考核，要求搞居民自治创新，我没人怎么自治？都是些老头老太太。""比如组织居民搞活动，年年都是包饺子包粽子，基本上就是那几个骨干在搞，来参加的就那么些人。我也想搞些高雅的、洋气的，比如上次想请人来教画油画，我个人觉得挺好，但发了通知没人来。老人就是喜欢唱唱歌跳跳舞，老是搞这些活动也没什么意义啊，没法创新。创新是有偶然性的。比如今年我这里正好有块空地，居民想建设一个活动场地，居委会可以引导他们一起开会讨论，大家一起出点钱，做个东西出来，再起个好听的名字，什么议事厅之类的，这就是创新了。可是我们老小区，哪有这么多空地让居民来讨论搞建设。"

创新当然是好事，但创新的价值恰恰在于其稀缺，如果每个社区年年都能创新，那创新的意义也就不大了。稀缺的创新变成常规性的考核就更不合适了。实际上，社区工作的根本在于做好常规工作，而不是创新。要做好常规工作其实并不容易，要解决居民各种鸡毛蒜皮的小事，满足他们各种各样的利益诉求，这本身就非常考验社区的服务能力与治理能力。作为最基层的组织，社区的主要角色就应该是通过提高常规工作能

1　常规工作得分很难拉开差距，这是调研中各社区的共识，毕竟要做的事都一样，好不到哪里去，也差不到哪里去。

力，及时有效地解决发生在居民日常生活中的小事。群众利益无小事，把居民的小事及时化解掉，也就避免了小事发展成大事，矛盾上移到更高的政府部门。居民的小事很少有什么新鲜事，年复一年，日复一日，总不过就是楼上漏水、油烟扰民、高空抛物、停车矛盾等等，解决这些事情更多是靠社区常规的工作能力。即使有创新，也应该是在具体的工作实践中，在解决居民小事的过程中，探索出来的。创新有其偶然性，自然也就不应该作为常规考核指标变成社区每年都要完成的任务。

南京雨花区一位社区书记说："我认为就不该让社区搞什么改革创新，社区就是要给居民服务好。"这话貌似说得绝对，但在我看来，相当有道理。

社区关联有机化

党的十九届三中全会通过的《中共中央关于深化党和国家机构改革的决定》提出，要构建简约高效的基层管理体制，这个体制要面向广大群众，符合基层事务特点。城市社区治理体制是基层管理体制的重要组成部分，自然也需要以简约高效为目标进行完善和创新。我将结合对近年来各地社区治理改革的评析，探讨构建简约高效的社区治理体制的路径问题。

"吊诡"的社区改革

当前我国城市社区治理正在迎来深刻变革，其中社区居委会的去行政化改革便是其中的重要内容之一。居委会是法定的居民自治组织，但是长期以来承接了大量上级政府安排的行政工作，还要接受各类行政色彩浓厚的检查评比，自治功能难以发挥，越来越难以适应城市基层治理的需要。去行政化改革就是要解决上述问题，让居委会"归位"，更好地推动社区自治。其实，行政化也好，社区自治也好，作为一个基层组织，居委会的功能还是要协调好各类治理主体，实现社区善治、居民宜居的目标。在这个意义上，去行政化还只是改革的第一步。

　　各地实施居委会去行政化改革的具体做法虽然各有不同，但总的思路相似，即剥离居委会承担的行政职能。有的地方设置社区工作站，有的则服务外包，将行政服务外包给社会组织，还有的推动社区工作者职业化，由专业社工承担行政服务，居委会其他人员开展居民自治。去行政化改革效果立竿见影，居委会确实被解放出来了，但同时却出现了另一个让人始料未及的后果：闲下来的居委会竟然陷入无事可做的窘境。我在南京调研时，一位居委会主任很困惑地说，感觉居委会被"架空"了。其实原因很简单，行政服务虽然让居委会忙得不可开交，但却是维系其与居民的制度化关联机制，如今，这种关联机制被取消，居委会反倒与居民疏远了。

　　造成这种后果的原因与社区的属性有关。城市居民生活在社区（特别是住房小区）中，更生活在整个城市系统中。居民的很多生活需求可以通过相对完备的城市系统满足，发达的市场体系可以满足居民几乎全部的物质生活需求（包括物业服务）和休闲娱乐需求。还有部分社交休闲需求，居民可以通过城市公园、广场等公共设施来满足。

　　可以说，城市系统越发达完备，居民对社区的需求就相应地越少。但是，有两个方面决定了居民与社区仍保持着不可切割的关联：一是作为国家权力和福利体系的末梢，居民还要在社区层面与国家打交道，社区即是一个便捷的中介，一个平台；二是随着年龄增长，居民生活和社交半径会逐渐缩小，老年人群体对社区的依赖性非常高。正因为上述原因，尽管有的城市在街道一级成立了诸多公共服务中心，但对居民，特别是老年人来说，家门口的社区居委会才是他们与国家权力和福利体系打交道的首选。在社区居委会承担的行政任务中，有相当多正是居民不得不与国家打交道的事务，可以想见，一旦这些行政任务被剥离出居委会，居民对居委会的需求便会大为减少。正是在这个意义上，社区居委会承担部分行政职能，恰是其与居民之间建立制度化关联的有效机制。

当然，去行政化并非完全没有意义，毕竟有许多行政职能本身意义就不大（比如一些区、市级的检查评比），或者不应由社区居委会承担（特别是一些证明盖章类的事务），通过改革削减这类事务是完全有必要的，也是非常受欢迎的。不过，一刀切地去行政化，反而会产生让居委会在社区工作中边缘化、空壳化的可能。

陌生的社区

社区居委会与居民的疏离，其实也不完全是行政化造成的。我在上海调研时，一位资深的社区居委会副主任讲述了她从事社区工作10多年的体会，从中能发现这种疏离其实还有其他原因。

陈丽是居委会的老同志，1999年，她从某研究所的职工转型为居委会干部，这些年来先后历经"镇改街"，居委会合并、更名等变迁。今昔对比，她颇多感慨，其中最让她感慨的是，如今，居委会管辖人口规模越来越大，但居委会干部与群众的关系却越来越淡漠了。

陈丽当年因为单位改制，被分流到居委会当干部。那时居委会辖区内居民约800户，集中在如今的某某路350弄。当时，居委会只有4个干部，但干部跟群众关系很紧密。陈丽对每家每户的情况都了如指掌，甚至"比他家亲戚都要了解情况"。她说："我住在260弄，每天去350弄上班，一上楼就开始跟人笑脸相迎，打招呼，居民都知道，哦，她来上班了。"与居民之间建立熟悉且亲密的关系，是当时居委会的普遍现象，所以那时居委会工作很好开展，居民都非常配合。陈丽举了一个例子：当时的居民当中有许多是从事法律工作的，居委会组织这些人，利用业余时间上门为居民提供法律援助，他们都非常积极。如今，她所在的居委会辖区人口4000多人，根本不可能熟悉。相应地，社区工作难度也增加了不少，凡是需要居民参与的工作，基本都是固定的一些积极分子，对这些人还需要经常性给予一些物质奖励，大多数人对居委会的工作毫不关心、毫不热心。居委会每周四组织小区卫生清洁，但参与的全是居委会干部和部分固定的积极分子，普通居民几乎不会参加，相反，他们正是卫生问题的制造者。陈丽感慨说，居委会的规模大了不好，还是几百户的小规模比较好。

陈丽的感慨也是很多社区干部的共同感受。2015年7月份我在南京调查时，有位社区老主任说，以前她跟社区居民都非常熟悉，居民有什么事情经常找她帮忙出主意。最能体现这种亲密关系的是，居民会主动把家里的私事告诉主任，请主任帮忙出谋划策，或者只是单纯找主任倾诉。有一位主任甚至当起了红娘，替许多家庭操心年轻人的婚姻问题。但是，随着那一批老社区工作者陆续退休，以及南京市开展社区工作者职业化改革，再加上社区规模日益扩大（南京社区规模多在万人左右，相比之下，上海这边三四千人的规模并不大），如今，已经很少有这样与居民保持亲密关系，对社区情况了如指掌的社区干部了。当然，造成这个结果的原因是社区人员异质性大大增加，而异质性的产生又与人员流动性增加有关系。

有机关联与有效对接

为什么说基层组织与居民建立亲密的联系很重要呢？这就要从基层组织在大城市治理中的职能定位说起。大城市的治理必须要解决的一个问题是，庞大的政府如何及时有效地与分散的居民对接。在这个剧烈变迁、利益重组的转型时期，城市政府更需要能够及时敏锐地发现、捕捉、甄别基层社会的变动与居民的诉求。这光靠政府本身显然是难以做到的，还必须依靠深入到社会中间的基层组织，以及通过基层组织链接起来的积极分子、楼栋长、党员等等。如此，基层组织构成了链接政府与居民的毛细血管。基层组织的优越性在于其能直接与居民打交道，具有先天的敏锐性和灵活性，最适合及时发现居民身边鸡毛蒜皮又层出不穷的小事，然后将这些信息及时传递上去。也就是说，基层组织的功能其实应该很简单，主要就是信息发现和传递，以及协助政府解决问题。

我们知道，城市是一个非常复杂的系统，某个社区的问题往往不是社区自身的问题，而是作为城市问题的其中一个环节。社区问题具有非常强的系统性和外部性，这就决定了很多问题仅仅依靠社区居委会或者居民自治是难以解决的。基层组织能够及时将居民的诉求和社区的情况发现并传递到行政体系内，再经过行政体系内的分工合作去解决就不错了。现实中，居委会解决居民的问题，其实也是通过找各个职能部门或者通过街道来解决，很难依靠自身力量完成。也就是说，城市基层组织的能力其实是非常有限的，这是基层治理事务的细小琐碎性和城市治理的系统性共同决定的。

另外一个重要原因是基层治理的独特运作逻辑。基层治理要直面的，是一个正处于剧烈变迁时期的动态社会：社会规则和秩序随着社会结构的重组而重构，社会几乎每天都会产生既有规则和制度框架难以涵括的"增量"。这也就决定了基层治理不可能完全按照成熟的制度规则来运作，而必须具有一定程度的灵活应变能力，并在灵活应变的过程中，通过多元主体的互动和博弈，逐渐凝聚社会共识，形成制度和规则的"存量"。因此，基层治理离不开一些非正式化的运作，离不开非正式化的制度外的治理资源。基层组织与居民之间建立起有机化关联，实际上就是在储备这种治理资源。社区积极分子便是重要的非正式治理资源之一，他们既是社区治理的参与主体，也是基层组织动员普通居民的发动机和传递信息的中介。

有机化关联，就是基层组织与社会形成比较亲密厚重的非正式关联。在制度化关联之外形成更加具有弹性、人情味、灵活性的关系，也就是让基层组织工作人员与社区居民建立亲密的熟悉的关系，形成这样的关系后，基层组织才能真正进入居民的生活，而不是像现在这样，变成了浮在水面上的一层油。建立在这种有机关联基础之上的社区治理，就可以称之为"有机化治理"。这种治理方式更能适应动态社会中基层治理事务的特点，更能调动非正式治理资源，因而，比单纯的去行政化改革或者社区自治，更能把握社区治理的实质。

如何建立有机联系呢？陈丽举了一个非常有趣的例子。陈丽初到居委会时，什么情况都不熟悉，当时街道便利用第五次人口普查的机会，让居委会干部走家入户。正是通过这次人口普查，陈丽有了足够正当的身份和理由敲开居民的门；而通过普查，陈丽很好地做了一次自我展示，从此居民都知道居委会来了这么一位年轻漂亮的干部，陈丽也因此掌握了每家每户的家庭情况。这些信息是非常关键的。遗憾的是，如今，人口普查都是交给专业的普查员，居委会干部失去了走家入户的大好机会。陈丽的例子很能说明问题。现在居委会干部整天坐在办公室，居民对此有意见，其实，很重要的原因是政府将很多推动干部入户的工作，通过购买服务或者专业化外包的形式，交给了其他人。居委会做的大量的工作都是应付一些台账之类的案牍工作，这样怎么可能有压力、有动力、有机会与居民建立亲密关系呢？从这个意义上讲，片面推动去行政化或者服务外包、引入社会组织，实际上会弱化基层组织与社区的制度化关联，更不利于形成和强化有机关联。如何在去行政化和服务外包的同时，适当保留基层组织与居民制度化关联的事务，如何在社会组织和基层组织之间形成比较合理的边界，是今后的社区治理改革必须要解决的问题。

　　城市的治理，要在不同层级之间形成合理分工。基层组织的恰当定位，应该是发现问题，传递信息，协助居民与上级政府或职能部门打交道。基层组织有活力，政府也就有了定力。依靠基层组织与居民之间的有机亲密关联，政府及时掌握一手信息，这是提高其治理能力的基础。

用自主权激活自治权

　　社区治理是指对社区范围内公共事务所进行的治理，是治理理论在社区领域的实际运用。当下城乡社区治理仍然面临着各种各样的问题。其中，城市社区居委会行政化色彩过重一直被认为是制约社区治理的重要原因，各地推动的社区治理改革首先要解决的便是如何淡化居委会行政色彩的问题，以真正激活其作为居民自治组织的功能。但是，从我对南京、上海部分社区的调查来看，单纯的去行政化不能够充分激活社区自治的活力。党的十八大报告提出，要"加快形成党委领导、政府负责、社会协同、公众参与、法治保障的社会管理体制"。只有准确理解把握"社会协同"和"公众参与"的含义，社区治理工作才不会出现这样的自治困境：居委会去行政化改革使居委会被"架空"，造成行政工作虽"去"，居民自治却没有"来"。

社区自治难

　　社区治理的愿景，就是不断地提升社区的品质，让社区居民拥有归属感和幸福感，让居民主动参与到社区治理工作当中。而居民自治难以激活的一个关键原因，就是居民的社区参与意识和社区参与途径不足。很多地区在增加社区参与途径上虽然做足了文章，并试图以此调动居民参与的积极性，但是从结果来看，居民参与意识提高的效果并不显著。这种类型的居民参与，结果往往是社区参与的"专业户化"，即表面上社区开展了丰富多彩的活动，真正参与的却都是些老面孔，其中甚至不乏有居民是冲着活动的物质奖励而来的。这种参与非但对于提高社区治理效果无益，而且示范效应也不好，甚至会适得其反，造成居民对居委会和积极分子的反感，自主权非但没有激活，社区的凝聚力反倒受到了破坏。

由居委会来提供各种服务，组织开展各类活动，是增加社区参与途径的重要方式之一。政府调用大量资源为居民提供服务，却并没有有效提高社区治理绩效。导致这种局面的主要原因是需要进一步挖掘的。我通过在上海A社区和南京B社区两地的调研，针对实地取得的第一手资料和信息进行分析，对影响社区自治的因素进行了梳理和探讨，以期从总体上提出推动我国城市社区建设的对策，破解社区自治困境，为创新社会治理提供具体思路和政策支持。A和B这两个社区都属于老旧小区，居民结构类似，老龄化特点比较突出。B社区有近万人口，拥有一个高层小区和一个多层小区；A社区人口规模只有4000，拥有两个多层小区。

案例一：老旧小区的自治困境

A社区的党总支书记一开始就对调研团队坦言：作为区里下派的书记，他最初是带着抓好居民自治的抱负来的，但是，工作5个月以来，七成精力用在了物业问题上，剩余的就是忙于组织党总支、居委会和业委会的换届工作，而在居民自治方面却一筹莫展。尽管如此，社区居委会还是想方设法地建立了很多居民组织，比如读报小组、舞蹈队、歌咏队、巡逻队，开展了清洁家园行动等活动。让书记和居委会工作人员苦恼的是，虽然许多活动都具有多年传统，但这些活动的参与群体仍然非常有限，而且活动参与成员基本固定，多是楼组长，或者社区积极分子。虽然社区积极分子带头参与了社区活动，但并没有发挥很好的带动作用。此外，A社区居民还对居委会在很多民生服务工作上的不作为意见强烈，其中最典型的事件就是平安小区260、296弄里的老年人活动场所改造问题。

平安小区作为一个老旧小区，由于先天规划缺陷，整个小区内公共活动用房严重缺少，露天活动场所也非常狭小。目前，只258弄有一处可供老年人打牌聊天的活动室，但是活动室空间狭小、基础设施条件也差，因此去那里活动的老年人比较有限。260和296弄的老人也都不愿意到258弄的活动室，大家就聚集在两个弄堂中间的小区中心花园内活动。花园中心有一处约100多平方米的小广场，居民自发地把一些旧家具安置在广场边缘的一条走廊内，于是走廊便成了露天活动室。老人们聚集在这里打麻将、打牌、聊天，或者休息。由于空间仍显不足，有些居民便在花园其他地方自发安置了一些桌椅，并找来一些破雨布盖在树上来遮阴避雨。这样的小空间总共有三四处。相比于258弄里的活动室，这个小广场的人气非常旺，最多的时候有上百个老人来此活动，平常也保持在几十人的规模。但是一

治　城

旦赶上连日阴雨或寒冷天气，老人们就得穿着厚厚的棉衣，裹着毯子棉被到这里来。针对活动空间的不足，小区居民把改造中心花园的想法向居委会反映，甚至形成了比较具体的规划和初步的预算，估计最多2万块钱就能改造好。而另一方面，因为封闭走廊导致空间狭小，存在一定的安全隐患，且私搭乱建不仅违章，也不美观，街道和居委会曾多次制止甚至取缔居民对走廊和花园的自发改造行动。针对小区花园改造这件事情，居民要实用，街道和居委会要的是美观，二者之间出现了分歧。其实，居民一定程度上冤枉了居委会：居委会主任上任后已经多次向街道反映过此事，街道答复是，在改动小区内的公共设施，尤其是牵涉到绿化的问题上，街道也没有权限。于是，这个由改造小区花园引起的分歧只能继续存在。

表面看起来，分歧主要是由于居委会的不作为而引起的，但实际上，却是居民的需求偏好与街道的服务供给方向不一致导致的。居委会主任说，居民要的是打麻将的地方，可以这个理由上报上面肯定不会批准，因为没有新意，没有特色。街道的服务供给往往要通过项目方式实施，而往往立项的标准是申报项目要有"创新性"。简单而言，要想获得项目资助改造中心花园，要么居民放弃打麻将，做点高雅积极的活动，要么居委会"包装"出一个符合标准的项目来申请资金。然而，"包装"一个项目其实并不容易成功——街道会派专人在项目立项前进行现场调查评估，这使得申请工作的难度增加。此外，真的按照项目要求改造的空间场地，也并不一定就符合居民的需求。

如果知道相距两公里外的C社区的事情，A社区的居民们对借助街道资金改造活动场所或许就不会抱有这样高的期待。C社区新任书记工作能力很强，从街道争取了一笔项目资金，为社区老年人改造了一处活动室——把原来的自行车库改造为老年活动室，内设乒乓球台、心理咨询室、文艺活动室、报纸书刊阅览室等。活动室制定了严格的管理制度，比如不准吸烟、不准打麻将，按说这些规定并不过分，有趣的是，正是这些规定让很多老人"望而却步"了。对于许多老年人来说，他们的活动需求也许只是打打麻将聊聊天，轻松自由是第一要求，活动室硬件环境虽然好，可软件环境却有点不够友好，让老人觉得去里面活动太拘束，不自在。于是，大多数老人仍然像A社区的老人们一样，自发搭建了露天的简易活动场所，街道和居委会则继续将这些活动场所作为违章搭建加以制止，仍免不了要跟老人们发生一些冲突。

以A社区和C社区为代表的老旧小区呈现的自治困境可以概括为：一方面是居民需求强烈，却长期得不到正面回应；另一方面是政府公共服务的项目化供给因其标准上的要求，无法对接居民的普通化需求，项目成果普惠性不足，且项目实施基本将居民排斥在外。这种自治困境的出现耐人寻味。在居民需求最强烈、利益最相关，因而也是最有参与积极性的事情上，政府反倒越俎代庖，将居民排斥在外。政府想方设法提供的扩大居民参与的活动，却将大多数居民排斥在外。因而，治理目标很难达到，治理主体缺位，治理内容也出现了越位。错位的治理途径，或许是居民自治长期无法实质破题的直接原因。

赋予社区自主权

案例二："自主"激活"自治"

南京B社区将由政府直接供给的公共服务下放到社区，用赋予社区自主权的方式激活了社区自治。B社区居民自治有两个外部因素，一是街道办事处引入一家社会组织，要选择社区试验罗伯特议事规则，二是上级政府为社区配置20万元资金支持。这笔资金称为"幸福资金"，只能用于社区内的公共服务项目上，包括一些基础设施建设和公共文化活动，但不得用于本应由物业公司承担的设施维修建设，而资金具体用来做什么，怎么做，则完全由社区居民议事代表决定。议事代表通过向居民征求意见，提出项目方案；社区议事大会对各位代表的提案进行讨论表决，每位代表都有义务提出充分完整的项目论证和实施方案，并充分表达个人意见，最后由全体代表投票决定。议事大会的热烈讨论，让一些居民代表认识到自己建议的局限性，会后自觉进行调整和完善，最终达成了共识。自治试验在第一年取得显著效果。最终获得通过的项目不仅方案论证充分，而且也都经过了非常民主的调研，居民不是只给自己争蛋糕，更是在这个过程中履行自己的公民责任。2015年上半年，为方便老人下楼，预防摔跤，议事大会就通过了一个为多层小区的某个楼栋安装扶梯把手的项目，这个项目需要约5000元资金，居民自主解决了2000多元，只需动用3000元的幸福资金。

虽然事情很小，但是居民讨论很热烈，参与的积极性很高。将项目决策权交给社区，交给居民，居委会只是组织和指导议事会，其实也减轻了居委会单独分配项目时很容易引发的"公平困境"的压力。

B社区的自治试验为社区自治提供了一个非常鲜活的样本，也说明城市社区居民自治的空间确实存在。但是这个空间到底在哪里，如何激活，许多地方仍然不得要领。对于城市居民来说，他们需要的是一个宜居的生活环境。这种环境包括硬件和软件两个方面，硬件环境主要通过市场化的物业公司供给，软件环境则长期由政府及居委会包办，包括一些基础性的公共服务供给。生活环境是否宜居，依赖于居民的主观感受和评价，公共服务的质量和效果如何，也依赖于居民的直接体验。这使得如何精确满足居民差异化的需求偏好成为服务好坏的关键所在，也是居民参与社区治理最应该也最有可能切入的空间。若想真正站在居民的角度，来思考怎样让居民积极地参与到社区治理中来，首先就要将治理变成一项与居民利益直接相关的事情。赋予社区、居民某些公共服务供给的自主权，其实就是赋予和激活其自治权。

治理不是一整套规则，也不是一种活动，而是一个过程；治理过程的基础不是控制，而是协调。不难发现，许多地方在做社区治理工作的时候，政府对公共服务大包大揽，这种包办不仅不能保障服务质量，而且还和"有限政府"的理念相悖。于是，"向社会组织购买服务"就成为当下非常时髦的选择。

而根据我们的调研，一些专业社会组织，企业化运作非常明显，社会动员效果并不好，其提供的某些活动类的服务，特殊化、个别化倾向更为明显，有些甚至与绝大多数居民的基础需求毫无关系。

上海市街道设计的项目标准与这些社会组织提供的时髦服务很类似。这种标榜人性化、个性化、特殊化的服务正在主导政府公共资源分配的方向和方式，是很值得反思甚至警惕的。政府直接供给服务无法调动居民参与，就交给社会组织供给服务，这更像是从一个极端走向另一个极端，是另一种控制，而不是协调。如果要交给社会组织来供给服务，我们要弄清楚，这些社会组织是否能够真正调动居民，这些社会组织又是否真的比居委会（真正的居民自治组织）更能也更适合调动居民参与。

真正赋予社区和社区居民自主权，似乎并不一定非要通过社会组织这个中介。B社区的经验表明，直接赋权给社区和居民，在治理的过程用自主权激活自治权，很可能效果会非常好。我们可以这样假设，如果A社区也能够拥有一笔"幸福资金"，居民又可以通过充分的自主讨论，决定老年活动室应该如何建设的问题，或许更能及时有效解决普通居民所急需的公共服务。

重塑群众性

多年来，城市社区基层组织（基层党组织和居民委员会）

承担了日益繁重的行政任务，直接服务群众的时间和精力持续减少，同接应社会治理重心下沉和回应群众需求的治理转型要求很不相称。许多地方在推进社区治理创新时，将重点突破口放在了培育和引入专业社会组织上，认为社会组织比政府和基层组织直接供给服务的效率更高、质量更好。

我在调研中却发现，专业社会组织供给社区服务的实践中存在如下问题：

一、专业化服务与群众基础性需求错位。社会组织"专业化"决定其服务对象的"特殊化"，而居民在小区管理、环境卫生等方面的基础性需求，社会组织既不擅长也无能为力。专业化服务与居民基础性需求错位，造成了政府公共服务供给小众化、特殊化，大量公共服务资源被用于满足极少数特殊群体的特殊需求，绝大多数普通居民的基础性需求却得不到有效回应。

二、社会组织悬浮于社区表面，无助于增强基层组织治理能力。社会组织对社区情况不熟悉、不了解，局限于同特定服务对象打交道，不能解决社区治理中居民最关心的"老大难"问题，社会服务同社区治理脱节，服务水平无法转化为治理水平。

三、社会组织垄断服务供给，弱化基层组织治理能力。政府购买社区服务的项目越来越多，留给基层组织的服务内容越来越少，客观上减少了基层组织与群众直接打交道的机会，而这些机会本是基层组织联系群众、掌握社区情况、积累治理资源的重要渠道，长此以往会造成基层组织治理能力的弱化。

而且，政府有限财政资源的分配明显向社会组织倾斜，相比之下，基层组织资源紧缺、人手不足等问题却长期得不到解决，基层社区工作岗位因为待遇低吸引力低，基层组织建设困境至今没有有效化解。

政府职能转型、建设服务型政府无可厚非，需要慎重的是不能因为重视专业性社会组织，而忽视基层组织的建设。社会组织的专业性，可以在某些领域发挥其优势，但并不一定适合回应居民基础性需求。居民基础性需求决定社区治理的基本问题，是居民关切之所在，是社区治理痛点之所在，也理应是社区治理创新要解决的核心问题之所在。因此，社区治理创新，应紧紧围绕提高社区治理体系的群众化、社会化水平，以最大化发挥群众工作优势为原则，提升基层组织回应居民基础性需求的能力。

首先，精简基层组织行政任务，构建多层次群众自治体系。行政事务是基层组织与社区居民最重要的制度化关联，社会治理重心下沉也要求基层组织承接更多职能，全部去除既不现实也不应该，应该根据实践需要和居民需求进行动态精简和调整。同时，构建以门栋单元等为单位的多层次居民自治体系，基层组织在社区层面发挥引导统筹作用，识别和动员出真正的居民积极分子，再将其输送到居民自治活动中去，通过他们带动最大多数普通居民在相关事务上的有效合作。

其次，创新社区服务供给机制，实现社区服务水平同治理水平的同步提高。改变社区服务供给中居民被动接受的模式，防止服务越多居民，"等靠要"越严重，实质性提高基层组织服务能力向治理能力的转化率。关键是扩大基层组织分配服务资源的自主权，将资源分配同居民自治有效结合起来，将立项、实施、监督、评估等全过程开放给社区居民参与，将外部资源分配内部化为居民自己的事情，提高其参与意愿，提升资源供给同居民需求的对接水平，解决过度依赖专业化和外部化组织供给的"高成本、低效率"问题。

最后强化基层组织建设，重塑基层组织群众性。将购买服务的公共资源更多地转移到充实基层组织工作经费、人员力量和提高基层工作人员待遇上来，使基层组织有更多人力资源和物质资源投入到直接为群众办小事的工作中，并在办小事的过程中发现和动员更多的居民积极分子，构建专职社区工作者同群众积极分子相辅相成的、群众化和社会化水平更高的社区治理体系，真正形成"共建共治共享"、简约高效的社区治理新格局。

社区治理现代化

社区是社会的基本单元，是创新社会治理的基础平台，是巩固党的执政基础的重要基石。[1]改革开放以来，我国城市社会发生深刻转型，社区治理体制也实现由"街居制"向"社区制"的转变。构建适应我国城市社会特点的社区治理体制，实现社区治理体系和治理能力现代化，是推进国家治理体系和治理能力现代化建设的题中应有之义。党的十九大提出，要"打造共建共治共享的社会治理格局"，党的十九届三中全会提出"构建简约高效的基层管理体制"；习近平总书记强调，"要推动社会治理重心向基层下移，把更多资源、服务、管理放到社区"，这为新时代创新和完善城市社区治理体制指明了方向。

城市社会转型与治理单元重构

我国城市社会转型的两大要素，是城市经济体制改革和快速城镇化。城市经济体制改革推动单位体制解体，附属于单位

1　黄树贤：《奋力开创新时代城乡社区治理新局面》，《求是》2018 年第 15 期。

体制的单位社会随之发生深刻重组。一方面，城市居民从与单位的依附关系中解脱出来，获得工作与居住生活的自由选择权，城市社会流动性剧增。另一方面，原本附属于单位、具有熟人社会性质、同质性较高的居住空间，因流动性增加而认同弱化和异质性增强，城市社会整合性下降。这场变革于1990年代中后期随国有企业改革而加速，至今仍在部分城市持续发生。其产生的社会结果是，因单位密集而形成的居住空间随城市发展而变为老城区，成为经历过单位体制的老年人聚集的社会空间。老城区设施设备老化，但经济机会和公共服务资源相对密集，加上居住成本相对较低，也吸引大量外来务工人员和年轻工薪阶层在此租住或短期居住。这样的社会空间，便形成以高稳定性的老年人群体和高流动性的务工群体为主的二元社会结构。

与此同时，我国进入城镇化快速发展期，城镇化率从1978年的17.9%提高到了2017年的58.5%，城镇常住人口也从1.7亿人增加到8.1亿人。快速城镇化带来城市空间的深刻重组，首先表现为城市空间的迅速拓展：仅2000年到2016年底，全国城市建成区面积就从2.24万平方公里增长到5.43万平方公里。[1]其次是城市存量空间的更新改造，大规模的城市更新改造既重塑了城市形貌，也造成了城市社会形态的改变，城中村和老城区的大拆大建，改变了城市原住民的空间分布和原有社会关联形式，改

1　相关数据分别来自住房和城乡建设部《2000年城建统计公报》和《2016年城乡建设统计公报》。

变了城市存量空间的居住结构和社会结构，出现了一定程度的"绅士化"现象[1]。

伴随城市经济体制改革和快速城镇化的，是城镇住房制度改革。住房制度改革先是实现了对原有福利分配制度下的居住格局的重构，城市居民在支付一定货币成本后获得房屋所有权，"房屋公有—家庭居住—单位管理"的相对简单且明晰的权利义务关系被打破，造成的老旧小区管理问题至今仍未获得有效化解。更重要的是，住房市场化催生了我国城市独具特色的居住模式和城市社会空间形态，即以高密度集合式居住构成的封闭式商品房小区，和建立在建筑物区分所有权基础之上的"业主社会"[2]。这是一个因购房行为而偶然形成的陌生化的社会空间，缺乏老旧小区老年人群体之间在长期单位生活中形成的社会资本，社会原子化程度更高，社区认同感更弱。由此，我国城市社会形成以老旧小区和新型小区为主体的二元空间格局，二者的居住群体、社会性质和管理模式皆存在重大差异，是城市社区治理体系和治理能力现代化建设的社会基础。

因应城市社会转型，我国社区治理体制也在发生深刻变革。2000年开始，全国开展城市社区建设活动，在新的社会空间格局上重构基层治理单元。尽管各地略有差异，但基本确立

---

1 朱喜钢、周强、金俭：《城市绅士化与城市更新——以南京为例》，《城市发展研究》2004年第4期。

2 参见夏建中：《中国公民社会的先声——以业主委员会为例》，《文史哲》2003年第3期；郭于华、沈原：《居住的政治——B市业主维权与社区建设的实证研究》，《开放时代》2012年第2期。

以社区为城市基层治理单元，其空间范围大致在原街道办事处和居民委员会之间，辐射人口规模数千乃至上万。城市基层治理单元重构，直接表现为社区居民自治组织数量的变化。根据民政部的统计，1998年，全国居民委员会数量达到顶峰，为11.9万个；社区建设开始后数量迅速减少，2003年社区居委会数量下降到7.7万个；此后开始恢复增长，截至2017年达到10.8万个。[1]由于我国仍处于快速城镇化时期，城市社会转型也远未完成，城市基层治理单元的重组仍将持续发生，社区治理体系和治理能力的现代化建设必然是一个长期的动态过程。

社区治理基本功能与现实困境

社区是连接国家与城市居民的"最后一公里"，社区治理体系是国家治理体系的末端组成部分，其基本功能包括三个方面。

一是实现国家公共服务资源与居民差异化需求之间的有效对接。社区是供给国家公共服务的一线平台，城市居民所需要的社会保障、社会救助、养老服务、文化服务等，都需要通过社区基层组织获得。经济社会发展和社会多元化使得居民需求差异化程度提高，是社区公共服务供给面临的一大挑战。

二是实现城市社会管理目标在社区层面的有效达成。社会

---

[1] 相关数据分别来自民政部《1998年民政事业发展统计公报》《2003年民政事业发展统计公报》《2017年社会服务发展统计公报》。

转型时期，利益多元化造成社会矛盾纠纷多发，社会稳定压力巨大。社区面对的是居民生活中非常日常化、琐碎化和重复度高的矛盾纠纷，诸如停车、油烟噪声扰民、环境卫生等方面的鸡毛蒜皮的小事。办好小事，将矛盾有效化解在基层，是提高居民生活幸福感和实现基层社会稳定的基本要求。[1]

三是实现国家对基层社会的信息汲取等认证能力的有效延伸。[2]现代国家面对日益复杂化和不确定性的基层社会，需要有效获取包括居民诉求、社会状况等方面的基础信息，以实现常规管理与服务目标的有效达成，实现对重大突发事件的有效预防和应急处置。除了构建专业化、技术化的信息汲取体系，社区也承担着采集基础信息的重要功能。

社区治理功能的实现，有赖于三个机制的有效衔接，即国家资源与权力配置机制、社区链接机制和社会合作机制。国家资源与权力配置机制实现的是治理重心下沉，其目的是提高基层的问题发现能力和化解能力，其实现方式就是将原来集中在上层的治理资源向基层倾斜，一定程度上改变基层"责权利"不对称的问题。[3]治理重心下沉还包括政府公共服务供给平台的前移，既有助于方便群众办事，提高公共服务的投递效率，也能够提升信息甄别能力，尽可能减少社会复杂化和信息不对称带来的政策执行风险。社会合作机制实现的是居民在社区小规

1　潘维：《当前"国家治理"的核心任务》，《人民论坛》2014 年第 13 期。
2　欧树军：《基础的基础：认证与国家基本制度建设》，《开放时代》2011 年第 11 期。
3　贺雪峰：《行政体制中的责权利层级不对称问题》，《云南行政学院学报》2015 年第 4 期。

四　破局之路

模公共事务上的自主治理，达成对身边小事的快速反应和有效化解，是基层群众自治的重要内容。社区链接机制则是实现国家正式治理资源同居民社会合作的有效对接，既实现正式治理资源对社会合作的有效支持，又实现社会合作对正式治理的有效补充，最终达到简约而又高效的基层治理目标。

当下社区治理面临的基本困境，是上述机制无法有效衔接，影响了社区治理基本功能的实现。其具体表现，就是治理重心下沉带来的社区基层组织的正规化，也就是饱受诟病、越改越严重的社区行政化问题。[1]社区基层组织淹没在完成行政任务和提供行政服务中，减少了直接为社区居民办理身边小事的精力。它表现为基层社工常年久坐办公室，应付文牍工作，等待群众上门，很少深入到社区当中和居民身边，几乎蜕变成行政化和官僚化组织。当然，在长期历史实践中，行政属性已然成为社区基层组织的重要组织属性，不能简单否定。问题在于，治理重心的下沉，并没有带来社区治理能力的提升，反而影响了社区链接机制的有效发挥。其根源在于，重心下沉更多强化了社区基层组织发现问题、传递信息和投送服务的能力，却没有提高解决问题，特别是解决社区小事的能力。

随着重心下沉，"市长热线"等形式多样的信息汲取渠道不断丰富，居民有了更多直接向政府表达利益诉求的渠道，基层组织也增加了收集居民诉求和采集社会信息的责任。这的确充分发挥了基层组织的组织优势，但大量诉求，甚至是不合理

1　潘小娟：《社区行政化问题探究》，《国家行政学院学报》2007 年第 1 期。

诉求被激发出来，最终仍要依靠社区基层组织去回应。一些原本可以通过动员群众，在社区内部化解的小事，经过这个渠道转化为行政任务派发下来，反而无法从容灵活地运用群众工作手段去解决。更重要的是，社会治理重心下沉与社区治理体系正规化同时发生，行政任务的紧迫性要求和行政服务的标准化规范化要求，进一步强化基层组织对自身职业化组织力量的运用，强化基层组织的专业化程度，更加锁定在治理能力被弱化的困境中，其损害的，终究还是社区更有效地承接社会治理重心下沉的能力。

与此同时，社会合作机制始终难以有效实现。在老旧小区，居民的义务观念远远滞后于权利意识的提高，通过小规模合作自主实现社区公共事务治理的能力极度弱化。在新型小区，高密度集合式居住造成合作成本和合作难度高，业主自治体系面临弱监督和弱激励的双重困境，居民自治体系、业主自治体系和物业服务体系之间的有效协作远未实现。社会多元化还使得传统的群众动员方式面临"精英替代"的风险，[1]社区基层组织正规化也在一定程度上封闭了社区精英的制度化参与空间，使得即使被动员起来的积极分子，也存在动员脆弱性问题。

1　王德福、张雪霖：《社区动员中的精英替代及其弊端分析》，《城市问题》2017年第1期。

社区治理现代化的路径选择

　　一个时期以来，社区治理体系和治理能力现代化建设，在实践中主要采取重塑组织架构的路径。它主要包括两个相互关联的内容：

　　一是推进社区"去行政化"改革，剥离社区基层组织的行政职能，恢复其自治组织的属性，主要做法包括社区减负和居站分设。前者是一种技术路线，是对社区基层组织承接的具体的不合理行政事务的减量化改革，实践效果相对较好。后者则具有明显的组织重塑性质，将基层组织行政职能从居委会中剥离出来，单设社区服务站或社区工作站，而居委会只负责居民自治事务。这项改革实践效果并不理想，关键在于执行行政任务是基层组织与居民打交道、积累治理资源、锻炼治理能力的重要方式，刻意将其与居民自治剥离开来，结果就是居委会的边缘化，而新增设的组织又增加了组织间的协调成本，组织多元化可能导致社区整体治理能力的弱化。

　　二是引入专业型社会组织，向居民供给更加专业的社区服务。珠三角许多城市甚至将社会组织在社区的存在常态化，将政府购买服务变为社区治理常规内容，使得社区治理的组织体系更加多元化。社会组织进入社区供给服务，除了供给本身的边界问题和效率问题，其根本问题更在于，它并未有效转化为社区治理能力。社会组织的服务供给泛福利化，进一步强化了居民权利义务观念的不对称，没有转化为居民在社区公共事务上的合作能力，也难以有效提高社区基层组织与居民的联系水平。

基于上述分析，目前以组织架构重塑为主要内容的社区治理现代化建设路径需要进行调整、创新和完善。其基本要求是，以实现社区治理内在机制有效衔接和提升社区治理能力为核心，以实现社区治理三重功能为目标，构建一个适应城市基层社会特性的简约高效的社区治理体系。择要来说，可从以下几个方面进行探索：

一是构建更加有效的社会合作机制，提高社区公共事务自主治理能力。城市二元社会空间决定了社会合作机制建设的差异：在老旧小区，应该以重塑居民同社区、同国家的权利义务关系为核心，以构建积极分子的识别机制和制度化输出机制为抓手，以多层次、小尺度事务合作为主要内容来实现。社区基层组织的作用，是从居民中识别出热心公益的积极分子，通过赋予其"居民组长""楼栋长"等公共身份实现组织吸纳，再将其输送到具体的社区事务合作中，动员、引导和促成居民合作的达成。在新型小区，社区基层组织要以业主委员会建设为契机，将真正热心公益且有能力的业主积极分子识别出来，建立对其的制度化支持与保护机制，形成有效的监督机制，实现居民自治体系与业主自治体系的有效衔接。

二是构建"专群结合"的社区基层组织体系，提升社区链接机制的运行效率。社区去行政化的关键不在于行政职能剥离和组织架构重组，而在于提高基层组织的"群众化"水平，构建专业化社区工作者队伍与群众性居民积极分子相结合的社区组织体系。可以尝试开放社区组织体系，将在地化的居民积极分子由非正式治理力量转为半正式化，更好地发挥其联系普通群众、熟悉社区情况的作用，弥补治理重心下沉所必然带来的社区基层组织正规化的不足。

三是以治理重心下沉为契机，提高城市基层治理体系的回应能力。在提高基层问题发现能力的同时，通过向基层倾斜配置治理资源和权力，弥补问题化解能力的不足，提升社区链接正式治理资源支持和补充社会合作机制的能力，真正实现国家与社会有效协作，形成共建共治共享的社区治理格局。

大国小事（代后记）

　　这是我将主要精力转入城市基层治理研究后的第一部书，呈现给大家的还是一些粗浅的感知与认识，以相对自由的学术随笔形式结集成册，也就是大家看到的这个样子。这些随笔大部分是我于2017年年末，在麻城五脑山上集中写的，还有一部分是几次调研后写作的，其中一些是2018年增补的。2017年末的初稿"后记"，开头是这样一句话，记录了我当时的心境："终于赶在2018年到来之前，完成了这部书的初稿。此刻，五脑山上天空阴沉，新一轮冷空气的前锋如约而至。我可以踏踏实实下山回武汉'避寒'了。"

　　这本小书的形成纯属偶然。我是2015年的7月份开始做城市社区调研的，从那时算起，先后到南京、上海、佛山、黄冈、杭州、重庆等10多个城市的20多个街道社区做了调研，粗粗统计，前后大概接近200天。坦白说，我还只是个社区治理研究的新手。研究时间这么短，就急着出书，确实是因为有些心得，不揣浅陋，拿出来求教于方家。

　　我所在的研究团队被学界称为"华中乡土派"，"乡土"二字有两个含义，一是说我们主要在做农村研究，二是说我们专注于经验研究，自认为是全国做农村调研最多的学术机构。

实际上，我们从来没有把自己局限在农村研究领域，农村只不过是研究中国问题的切口罢了。我从硕士开始追随这个学术团队，从博士开始做农村调研。受益于团队的集体学术机制，我在前几年连续出版了三本农村研究的小书。也正因为我们有志于做中国研究，从农村转到城市，也就既有偶然也有必然了。在这方面，师兄吕德文是很好的表率，他对城市街头治理的探索早就走在了前头。

刚刚"进城"时，我确实有些不适应。城市社区调研跟村庄的感觉差异太大了，村庄是一个有着明晰边界的社会空间，村庄内部沉淀着上百年的记忆，村民之间凝结着厚重的恩怨情仇，只要你深入进去，很快便能形成对村庄的整体认知。城市社区就不同了，似乎每个信息都是碎片，缺少社会性的东西将它们关联成一个整体，以至于最开始我们调查了几个社区后，还是难以形成类似村庄的那种整体性的经验感知。不过，受益于从博士开始的500多天的调研训练，这个"不适应期"很快就度过了，从第三次即佛山调研开始，我就能够逐步感知到了"社区"的整体性。现在看来，城市与农村虽然差异巨大，但"经验"是相通的，接受了我们所称的"饱和经验法"训练后，即使面对异质社会和新问题域，也能很快找到切入进去的方法，并由此形成一些对问题的颇为独特的认识。

在这本书里，我尝试讨论了一些社区治理研究的经典问题，比如城市社会性质、社区行政化、业主自治等等，还讨论了一些其他问题。应该说，确实有不少跟既有观点存在张力的看法。这些东西中有不少也是一直困扰着我的，让我在调研的时候经常在经验现场反复去思考。比如，社区去行政化问题，记得第一次在南京做调查时，我跟几位团队的师弟师妹们就注意到了这个问题。我们当时的看法是，"行政性"已经成为城市基层组织内在属性的一部分，正是它的存在，使得基层组织能够同城市居民保持制度性关联，否则的话，居民根本没事需要找社区，更不会关心居委会在哪里。正是从对这个问题的讨论开始，我们逐步展开了对城市社区治理的全面认识。具体的一些看法，都在这本书里了。由于时间尚短，而现实又是如此复杂，以中国之大，我也不过才走了10来个城市，所以难免有错漏，希望能够引起大家的讨论，一起来推动真正扎根中国经验的社区治理研究。

这些具体问题背后，是这本书想要讨论的一个核心问题。这本书名为《治城》，其实是从基层社区切入，讨论大国治理中的小事。借用北京大学潘维教授的观点，大国治理，不光要善于集中力量办大事，还要能够组织群众办好小事。基层社区就是办小事的，小事虽小，办好了，群众才有获得感、认同感。但是，小事办起来并不是那么容易，最不容易之处是如何将办小事同组织群众结合起来。现在社区治理的突出问题，是基层组织不做群众动员，不组织群众，只是包办代替，这不是长久之计，也不符合我党的优良传统。党在革命时期就注重关心群众的小事，红军战士每到一处都要主动帮老乡打扫院子，挑水劈柴。挑水劈柴只是手段，是跟群众打成一片，进而动员群众组织群众，领导群众自己解放自己的手段。也就是说，办小事是有两个层次的。现在，基层干部和工作人员也会帮群众买菜送药，做各种小事。可基本生就停止在这个层次了，更高层次的动员群众、组织群众的目的反而被忽略了。从这个意义上说，现在的各种社区治理创新，本质上都是"半拉子工程"，还没有真正破题，任重道远。

这几年来，贺老师给了我充分的自主权，使我能够相对自由地在各个城市之间跑来跑去，并且始终怀有充分的耐心，忍受我相当长时期内，都没有拿出关于社区治理研究的像样的研究作品。这正是贺老师一直在团队里强调的，包括论文、著作在内的作品，是研究积累到一定程度自然流淌出来的结果，而不是去刻意追求的符号，所谓学术共同体，就是能够用除这些外在符号之外的方式，来甄别一个人真正的学术成长。在这个意义上，这本小书算是给贺老师和团队的一个阶段性的交代吧。

我要感谢这几年来多次随我一起调研的师友，他们几乎全部来自这个团队，我无法一一具名，但那些大家一起行走在大街小巷和热烈讨论的场景一直印刻在记忆中。开始时，我们还只是这个学术大军中一支小小的分队，但我欣喜地看到，越来越多的团队同人加入进来，一起挖掘这口深井。以后，我和我们的学术团队，将为大家奉献更多的城市基层治理研究作品，同团队的农村研究一道，为建设中国社会科学大厦添砖加瓦。

本书中有极少篇幅的内容曾经发表于《政治学研究》《国家治理》《领导科学》等刊物，我向这些仍然为并不符合严格论文规范的学术随笔保留发表空间的刊物表示感谢。当然，所有收录进本书的文字，均由本人承担责任。

尤其要感谢这些年来接受我们调研的街道和社区的干部群众。社区工作主要都是在做婆婆妈妈的小事，我欣喜地看到，越来越多的年轻人来了，留下了，成长并成熟了，新一代优秀的社区干部正在崛起。虽然我们的调研不能帮他们解决什么实际问题，但他们每次都热情地支持着我们。接受我们访谈的热心居民同样如此，我们没有任何回报，甚至不曾回赠过小礼物，但他们总是跟我们毫无保留地畅谈与讨论。理论是灰色的，实践中的探索则是常青的，不断地向他们学习，是我们的研究之所以能够保持活力的根本所在。

2017年12月12日 初稿于麻城五脑山
2019年1月28日 改定于武汉珞珈山

代后记